Sicher Eskimotieren –

Spielbootfahren und Kanurodeo

Impressum:

Rotdornstraße 7, D-85764 Oberschleißheim

Autor: Paul Dutky
Repro: Titelseite Publicdesign, Bernau/Chiemsee
Satz: Brita Maier-Broszeit, München
Druck: Pollner Verlag
Übersetzung: Waltraud Felsel, Siegertsbrunn
Redigiert: Till Steinhard

Dieses Buch wurde in Zusammenarbeit mit
Menasha Ridge Press herausgegeben.
Titel der amerikanischen Originalausgabe:
The Bombproof Roll and Beyond!
Mastering balance and boat control
Paddling On The Edge
Menasha Ridge Press Birmingham, Alabama

ISBN 3-925660-70-4

Gedruckt auf chlorfrei gebleichtem Papier.

Paul Dutky

Sicher Eskimotieren – Spielbootfahren und Kanurodeo

Übersetzung: Waltraud Felsl

Pollner Verlag

Inhaltsverzeichnis

Danksagung

Meine Freunde vom East Tennessee Whitewater Club halfen mir bei der Realisierung dieses Projekts. Debbie Ashton, Paul Akers und Diane Baldwin wirkten bei der Zusammenstellung einer kleinen Videosammlung mit, die uns viele Male als Referenzmaterial für die Illustrationen diente, und uns zu einem besseren Verständnis der Eskimorolle mit Paddel und Hand verhalfen. Sam Suffern, Frank Modine, John Andriulli und Gunar Leipins leisteten einen wertvollen Beitrag bei der Erstellung eines Textrohentwurfs. Mein Dank gilt ihnen allen, und auch meiner Schwester Sandra Brow, die meinen ersten Entwurf Korrektur las und redigierte.

Besonderen Dank schulde ich Bryan Tooley von der Firma Sundance Expeditions in Oregon, der für einige Tage zu mir nach Eugene kam um mir zu zeigen, wie die Bogenschlagrolle in Sundance gelehrt wird. Ich allein bin verantwortlich für den Inhalt des Buches, dennoch verdanke ich es Bryan, sollte es mir gelungen sein, Bogenschlag- und Stützrolle erfolgreich und präzise nebeneinander als gute Wildwassertechniken zu beschreiben.

Die Erstellung der Illustrationen zu diesem Buch erwies sich als unerwartet schwierig. Ich möchte mich bei Jan Atlee und Cynthia Cassell bedanken, die durch ihre Skizzen zur Erstellung der endgültigen Entwürfe beitrugen. Besonderen Dank schulde ich meiner Schwester Marsha Nipper, die die ersten 120 Bleistiftskizzen gründlich überarbeitete und eine spätere Version des Textes redigierte, und auch Sally Wiggins, die half, die Perspektive bei einigen meiner eigenwilligen Zeichnungen zurechtzurücken. Außerdem möchte ich Fonda Cloe und Mike Stoy, die mir bei den Fotoarbeiten behilflich waren, und Mike zusätzlich für die Beratung bei den Tuschzeichnungen und Beschriftungen meinen Dank ausdrücken.

Nach Erstellung des ersten Satzes der Illustrationen bat ich einige erfahrene Kajakfahrer um ihre Meinungen bezüglich Inhalt und Verständlichkeit, von denen dieses Buch erheblich profitieren konnte. Ihren Beitrag leisteten hierzu Teresa Gryder aus Knoxville, Stan Stoy aus St. Louis, und die folgenden Paddler des Washington Kayak Clubs: Carol Volk, Gary Korb (Autor des Buches ‚A Paddler´s Guide To The Olympic Peninsula‘), Jennie Goldberg, Diane Troje und Rick Williams.

Rick Williams möchte ich hier besonders erwähnen; er gab während der verschiedenen Phasen in der Erstellung des Manuskripts und der Zeichnungen wertvolle Hinweise und brachte seine technische Expertise in die Kapitel zum Thema Spielbootfahren ein. Rick ist ein hervorragender Wildwasserfahrer und erfolgreicher Rodeoteilnehmer, der in der Lage ist, analytisch zu beschreiben, wie er die Kanten seines Bootes kontrolliert, und Gleichgewicht, Schwerpunktverlagerung und das Paddel benutzt, um Wildwasser der Klasse V+ kontrolliert zu befahren. Einige seiner Hinweise waren auch mir neu, und ich konnte meine Technik beim Spielbootfahren sofort deutlich verbessern – ich habe sie in diesem Buch an Sie, den geneigten Leser, weitergegeben.

Zu guter letzt möchte ich noch jenen Freunden und Bekannten danken, die hier nicht namentlich erwähnt sind, und die mir zu irgendeinem Zeitpunkt halfen, oder durch unzählige Diskussionen über Paddeltechnik einen Beitrag zu diesem Buch leisteten.

Einführung

Bei einem guten Kajakfahrer sehen schwierige Manöver spielend einfach aus.

Er kämpft nicht gegen die Strömung, sondern benutzt die Kraft des Flusses um das Boot zu stabilisieren und durch das Wasser zu bewegen. Das Paddel und vor allem das Kajak sind die beiden Hilfsmittel, mit denen diese Energie genutzt werden kann. Mit wachsendem Bootsgefühl wird immer weniger Kraft beim Paddeln verschwendet bis man einen Punkt erreicht, an dem die Rolle und viele Manöver (wie z.B. Surfen, Spielen in Wellen und Walzen) ohne Paddel ausgeführt werden können. Das Paddel spielt zwar eine wichtige Rolle, es kann jedoch gute Bootskontrolle nicht ersetzen, sondern nur unterstützen.

Mit ´Bootskontrolle´ meine ich die Fähigkeit, das Kajak allein mit dem Druck der Oberschenkel gegen die Schenkelstützen zu kanten, das Gleichgewicht mit Hilfe der Verlagerung des Körperschwerpunkts zu halten, und den Oberkörper, falls notwendig, jederzeit nach vorne oder hinten schieben zu können. Diese Fähigkeiten stellen die Grundlage selbst für einfache Manöver wie z.B. Stützen und Seilfähren, sowie für die Eskimorolle dar. Die bei durchschnittlichen Paddlern oft anzutreffende Unfähigkeit, ein gekantetes Kajak während des Paddelns im Gleichgewicht zu halten, war ein erster Beweggrund, dieses Buch zu schreiben.

'Sicher Eskimotieren' ist eine Einführung in Bootskontrolle und Verbesserung des Gleichgewichts für Anfänger und Fortgeschrittene. Ein großer Teil des Buches widmet sich der Eskimorolle, da der Weg zur perfekten Rolle über beinahe alle Grundtechniken, die auch für fortgeschrittene Wildwassermanöver benötigt werden, führt. Außerdem gibt uns eine sichere Eskimorolle genügend Selbstvertrauen um neue Techniken auszuprobieren.

Dieses Buch enthält Beschreibungen verschiedener Roll-, Stütz- und Surftechniken – als neuen Ansatz zum Erlernen der grundlegenden Paddeltechniken. Das Beherrschen unterschiedlicher Techniken verbessert das Verständnis für die Wirkung der auf das Boot angreifenden Kräfte Gravitation, Auftrieb und Strömung. Anfängern wird oft der ‚einfachste Weg' gezeigt, der eigentlich aus einer Mischung verschiedener Techniken besteht, die so verwendet werden, weil sie leichter zu vermitteln sind. Beläßt man es bei einer Variante, so vernachlässigt man viele gute und effektivere Alternativen.

Einige in diesem Buch beschriebenen Techniken sind einfach, andere komplizierter, und viele können nur in ganz bestimmten Situationen angewendet werden – trotzdem sollte man sich mit allen vertraut machen. Eine aufgeschlossene Einstellung wird das Auge für Spielstellen schärfen und den Wildwassergenuß erhöhen.

Teil I dieses Buches enthält eine allgemein verständliche Beschreibung der Eskimorolle, verschiedener Stütz- und anderer Techniken zur Verbesserung von Bootsbeherrschung. Der Paddeleinsatz bei Paddelstütze und Eskimorolle dient zur Längsachsendrehung und unterscheidet sich deshalb von dem der Grund-, Zieh- und Bogenschläge – den Paddelschlägen, mit denen ein Kajak normalerweise bewegt wird. Alle in Teil I angesprochenen Techniken können in einem Schwimmbecken oder auf Flachwasser erlernt werden. Die Aufgabe, grundlegende Schlagtechniken, Kehrwasserfahren und Taktik der Flußbefahrung zu beschreiben, habe ich anderen überlassen.

Teil II beschreibt die Umsetzung der in Teil I erlernten Fähigkeiten auf bewegtem Wasser, und bietet eine Einführung in den Bereich des Spielbootfahrens.

Um die im Buch besprochenen Körperpositionen in den Illustrationen genau wiedergeben zu können, wurden die meisten Modelle in meinem Wohnzimmer genau ausgerichtet und abfotografiert, und anhand von Videoaufzeichnungen noch einmal überprüft. Die Fotos wurden dann in Bleistiftskizzen übertragen, und der Hintergrund hinzugefügt. Die Paddler wurden oft ohne Schwimmweste und Helm dargestellt – dies geschah um die Stellung und Neigung des Oberkörpers hervorzuheben. Den Lesern rate ich jedoch, beim Paddeln immer Schwimmweste und Helm zu tragen.

- **Beschränkt man sich auf das Erlernen von nur einer bestimmten Technik, so vernachlässigt man viele gute und effektivere Alternativen.**

Teil 1 Stütztechniken und Eskimorolle

1 Ausrüstung und Vorübungen

Die in diesem Kapitel beschriebenen Vorübungen werden helfen, Ihr Selbstvertrauen beim Paddeln zu stärken, ganz gleich ob Ihr Kajak mit der Luke nach oben oder nach unten im Fluß liegt. Sie werden auch eine Beschreibung dazu finden, wie man aus einem gekenterten Kajak aussteigt, wie der Sitz des Kajaks optimiert werden kann, und wie man mit einer kleinen Hilfestellung sein Kajak wieder aufrichten kann. Jene, die mit diesen Themen bereits vertraut sind, können zu Kapitel 2 übergehen.

Jeder, der zum ersten Mal in einem Kajak sitzt, fühlt sich unsicher – nicht nur deshalb, weil man darin hin- und herwackelt und umzukippen droht, sondern auch weil die untere Körperhälfte im Boot steckt, und durch die Spritzdecke ´eingeschlossen´ ist. Das Gefühl, im Kajak gefangen zu sein, und nicht herauszukommen, falls es umkippt, kann sich zu Panik entwickeln. Daher sollte man zuallererst erlernen, wie man unter Wasser aus einem Kajak kontrolliert aussteigt. Sobald man weiß, wie leicht es ist, ein umgekipptes Boot zu verlassen, wird man mit mehr Ruhe weiterüben können.

Der erste Ausstieg unter Wasser sollte im Beisein eines erfahrenen Freundes durchgeführt werden, der sich neben das Boot ins Wasser stellt. Hierzu kippen Sie das Kajak selbst um, und warten einen Augenblick bevor Sie die Spritzdecke vom Süllrand ziehen. Führen Sie dann in aller Ruhe eine Rolle vorwärts aus, während Sie das Kajak nach vorne schieben um Ihre Beine zu befreien (siehe Abbildung 1.1). Sollten Sie Hilfe benötigen, können Sie dies ihrem Partner zu verstehen geben, indem Sie mit den Händen auf das Unterschiff schlagen – dies ist das unter Paddlern allgemein gültige Notsignal. Natürlich läuft das Boot bei jedem Ausstieg voll Wasser und muß wieder ausgeleert werden. Diese lästige Begleiterscheinung stellt eine starke Motivation für das Erlernen der Eskimorolle dar!

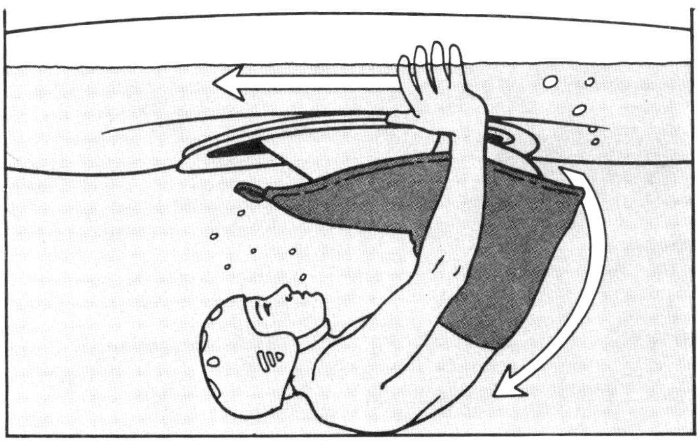

Abbildung 1.1: Der Ausstieg unter Wasser.

Ausrüstung

Kajakausrüstung ist am Anfang unbequem und unförmig. Helm, Schwimmweste und Spritzdecke können oft klaustrophobische Gefühle auslösen. Mehrere Stunden Flachwasserpaddeln schaffen hier Abhilfe und schulen zudem neben dem Gleichgewicht auch den automatischen Paddeleinsatz.

Man sollte besonders beim Erlernen der Rolle auf warme Kleidung achten. Trägt man keinen Kälteschutz an Schultern und Armen, können die Muskeln nicht genügend Wärme produzieren und ein zu starkes Auskühlen ist die Folge. Selbst in einem geheizten Schwimmbecken beginnt man ziemlich schnell zu frieren, wenn man ständig naß ist. Eine einfache Paddeljacke aus Nylon über einen Fleece- oder Polypropylenpullover kann hier schon ausreichend sein. Ein Trocken- oder Neoprenanzug leistet in der Regel jedoch bessere Dienste. Bei Neoprenanzügen dringt eine geringe Menge an Wasser ein, die schnell durch die

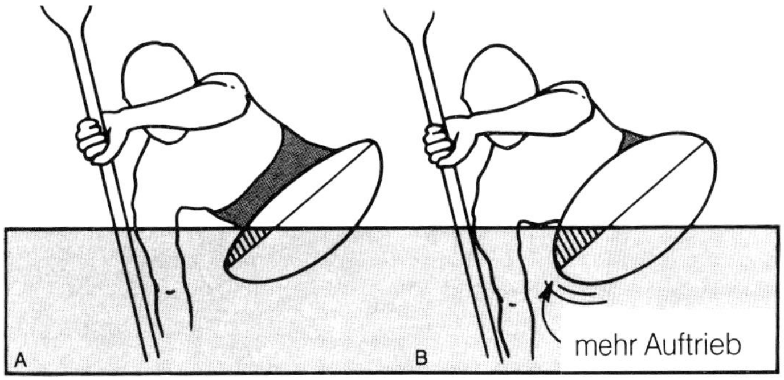

Abbildung 1.2 A,B: Das angekantete Kajak in B bietet durch seine abgerundeten Kanten mehr Auftrieb als das Kajak mit scharfen Kanten in A. Für die meisten Anfänger ist B einfacher zu Rollen. Der Volumenunterschied an den Seiten erscheint im Durchmesser gering, berücksichtigt man jedoch die Länge eines Kajaks, so stellt er einen beträchtlichen zusätzlichen Auftrieb dar.

eigene Körperwärme aufgeheizt wird. Man bleibt warm, da die Neoprenschicht des Anzugs diesen dünnen Wasserfilm von der umgebenden Wasserschicht isoliert. Ein Trockenanzug besitzt Latexmanschetten an Armen, Beinen und Hals, so daß kein Wasser eindringen kann. Darunter zieht man wärmende Funktionsunterwäsche und einen Fleecepullover. Wenn Sie sich für einen Neoprenanzug entscheiden, so sollten Sie ein Modell ohne Ärmel, einen sogenannten ´Long John´ in Verbindung mit einer Paddeljacke oder Trockenjacke wählen, um eine uneingeschränkte Bewegungsfreiheit der Schultern zu gewährleisten. Ein Auskühlen verkürzt die Zeit, die man im Wasser verbringen kann, und macht aus Spaß schnell eine Qual. Daher ist warme Kleidung selbst beim Rollentraining zu empfehlen.

Eine weitere Unannehmlichkeit ist das meist schmerzhafte Eindringen von Wasser in Stirn- und Nebenhöhlen. Da das Erlernen der Eskimorolle einige Zeit und Energie in Anspruch nimmt, lohnt sich die Anschaffung einer Nasenklammer oder Taucherbrille, um eine verstopfte Nase oder eine Reizung der Nebenhöhlen zu vermeiden.

Das Kajak

Sollte man beim Erlernen der Eskimorolle einen bestimmten Kajaktyp benutzen? – Eigentlich nicht, obwohl manche Kajaks sich leichter rollen lassen als andere. Mit einer guten Technik ist es möglich, jedes im Handel erhältliche Kajak hochzurollen, selbst 5 Meter lange, offene Kanadier sind kein Problem! Ein Paddler mit schlechter Technik wird jedoch bei Kajaktypen mit scharfen Kanten größere Probleme haben, als bei runderen Modellen. Für diese Theorie gibt es vielerlei Begründungen. Nach meiner Meinung liegt es daran, daß ein größeres Luftvolumen (Auftrieb) an den Seiten eines runden Bootsrumpfes einer ineffektiven oder noch nicht ganz beendeten Rolle eine größere Stützwirkung verleiht (siehe Abbildung 1.2).

Viel wichtiger als Form und Volumen des Kajaks ist jedoch der gute Halt im Boot. Sind die Pads für Oberschenkel, Knie und Hüften zu dünn, können die Beine in turbulentem Wasser leicht aus der Schenkelstütze schlüpfen, und man verliert sofort die Kontrolle über sein Kajak, oder rutscht bei einem Überschlag aus dem Sitz. Beides kann ein unfreiwilliges Bad zur Folge haben. Ein zu enger Sitz kann leicht die Blutzufuhr der Beine beeinträchtigen oder ein schnelles Verlassen des Kajaks verhindern. Extreme Wildwasserfahrer bevorzugen in der Regel eng gefittete Kajaks um eine optimale Bootskontrolle zu gewährleisten, während Anfänger lieber locker im Boot sitzen.

Doch auch das beste Fitting bewahrt den Paddler nicht vor Kenterungen, solange er seine Fußstütze nicht benutzt, oder die Schenkelstützen nicht richtig eingestellt hat. Um sicher im Boot zu sitzen, drückt man die Fußballen gegen die Prallplatte, gleichzeitig werden Knie und Oberschenkel nach oben gegen die Innenseite des Decks gepresst. Der mit den Füssen ausgeübte Druck trägt also dazu bei, das Gesäß fest im Sitz, und den Paddler fest in der Sitzluke zu verankern.

- **Erwarten Sie auf keinen Fall, daß ein neu erstandenes Kajak optimal paßt. Im Gegenteil!**

– Kajaksitze müssen meist an einer oder an mehreren Stellen ausgekleidet werden, um schmerzhafte Druckpunkte abzudekken. Pads an Oberschenkeln und Hüften sollten individuell zurechtgeschnitten werden. Wie in Abbildung 1.3 A und B dargestellt, sollten die Knie durch die Schenkelstützen nach unten und nach außen, weg von der Bootsmitte fixiert sein. Diese Beinstellung verbessert den Hebel am Rumpf, und erleichtert die

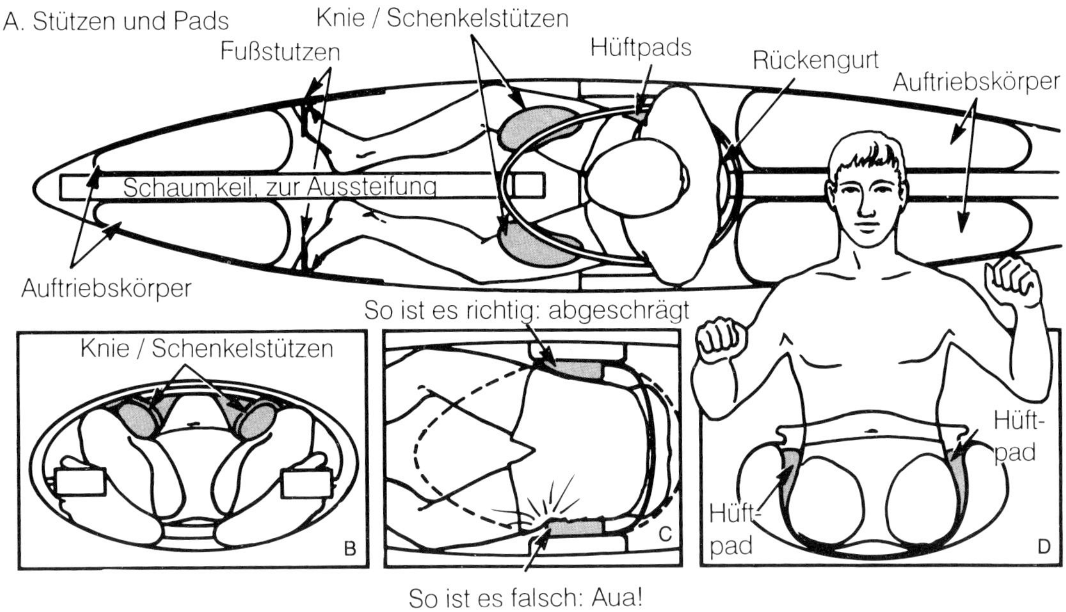

Abbildung 1.3 A-D: Statten Sie Ihr Kajak so aus, daß Sie bequem sitzen, und einen guten Halt haben.

Eskimorolle und das Kanten des Kajaks; sie darf jedoch nicht als unbequem empfunden werden. Die Vorderkante der Hüftpads sollte abgeschrägt werden, so daß diese nicht auf die oberen Oberschenkelmuskeln drückt (siehe Abbildung 1.3 C). Ein niedrig angesetzter Rückengurt bietet eine gute Stütze, und kann aus einem Schaumblock oder aus einem abgepolsterten Nylongurt gefertigt werden. Für diese Veränderungen am Boot sollte man sich mehrere Stunden Zeit nehmen. Ein zu lockerer Sitz beeinträchtigt die paddlerischen Fähigkeiten und erschwert die Bootskontrolle. Ein unbequemer Sitz kann aufgrund von Haut-, Muskel- oder Gelenkschmerzen nach 20 oder 30 Minuten bereits den Spaß am Paddeln verderben. Selbst ein geliehenes Boot sollte wie das eigene ausgestattet werden – bringen Sie genügend Isolierband und Hartschaum mit, wenn Sie sich Ausrüstung leihen!

Beim Kontrollieren von Prallplatte und Schenkelstützen sollten auch gleich die Auftriebskörper vorne und hinten überprüft werden. Ein mit prall gefüllten Auftriebskörpern versehenes Kajak kann nicht so voll laufen wie eines ohne oder mit zu kleinen Auftriebskörpern; es ist leichter zu bergen und auszuleeren.

Angstabbau: Hüftknick und Eskimorettung

Mit Hilfe der folgenden Übungen wird man sich an die ungewöhnliche ‚Kopfüber-Position' gewöhnen. Dies sollte unbedingt schmerz- und angstfrei erfolgen. Dadurch verringert sich der Streßfaktor beim Erlernen der Eskimorolle erheblich.

Übung 1: Die Hände werden dazu auf eine feste Auflagefläche auf Höhe des Wasserspiegels (die Kante eines Schwimmbeckens) gelegt, der Kopf wird nicht hochgehoben und das Kajak wird mit Hilfe von Knien, Hüfte und Rumpf umgedreht und wieder aufgerichtet. Diese Bewegung, die in Abbildung 1.4 dargestellt ist, bezeichnet man als *Hüftknick*. Führen Sie diese Übung mehrmals hintereinander durch und lassen Sie dabei das Gesicht unter Wasser.

Das Kajak sollte nicht zu weit nach vorne wandern, oder sich von der Beckenkante entfernen. Ansonsten ist man gezwungen, sich weit zurückzulehnen und den Körper zu strecken, um sich am Beckenrand halten zu können; dadurch wird der Hüftknick erschwert und das Risiko von Schulterverletzungen oder -luxationen wird erhöht. *Sie bestimmen die Bewegung des Kajaks.* Halten Sie den Kopf in der Nähe der Hände und spannen Sie

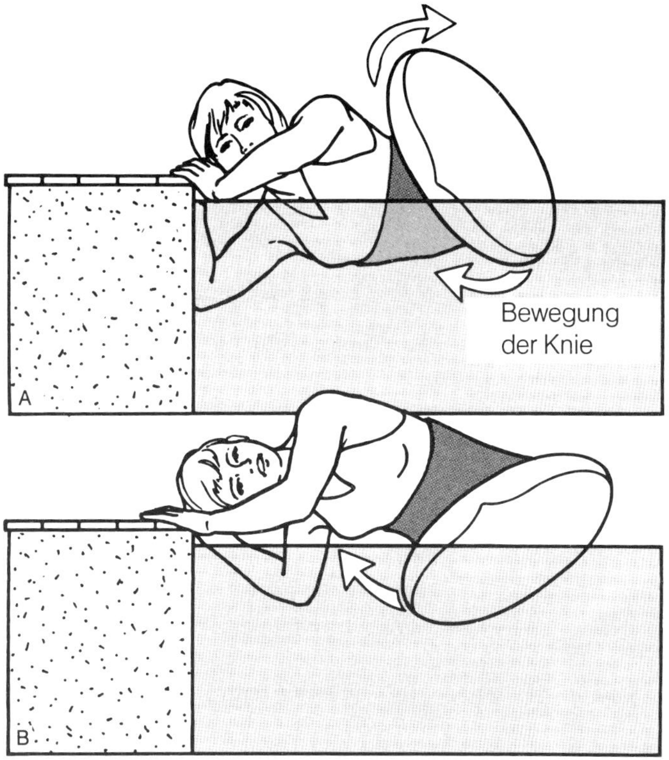

Abbildung 1.4 A,B: Mit dem Hüftknick kann ein Kajak ohne Kraftaufnahme aus Schultern oder Armen wieder aufgerichtet werden.

die Bauchmuskeln an um die Spitze des Vorderschiffs leicht zum Beckenrand zeigen zu lassen.

Hier bietet sich die erste Möglichkeit, den guten Halt im Boot zu überprüfen. Ein Kajak mit gut angepasstem Sitz kann mit Hilfe des Hüftknicks problemlos aufgerollt werden. Sollte man nicht fest genug im Boot sitzen, so verstellt man die Fußstützen oder paßt den Sitz mit einer weiteren Lage PE-Hartschaum entsprechend an.

- **Bei einem richtig ausgestatteten Kajak ist es kein Problem, das Boot mit Hilfe des Hüftknicks wieder aufzurichten.**

Übung 2: Die gleiche Übung wird nun an der Bootsspitze eines anderen Kajaks durchgeführt, wie in Abbildung 1.5A und B be-

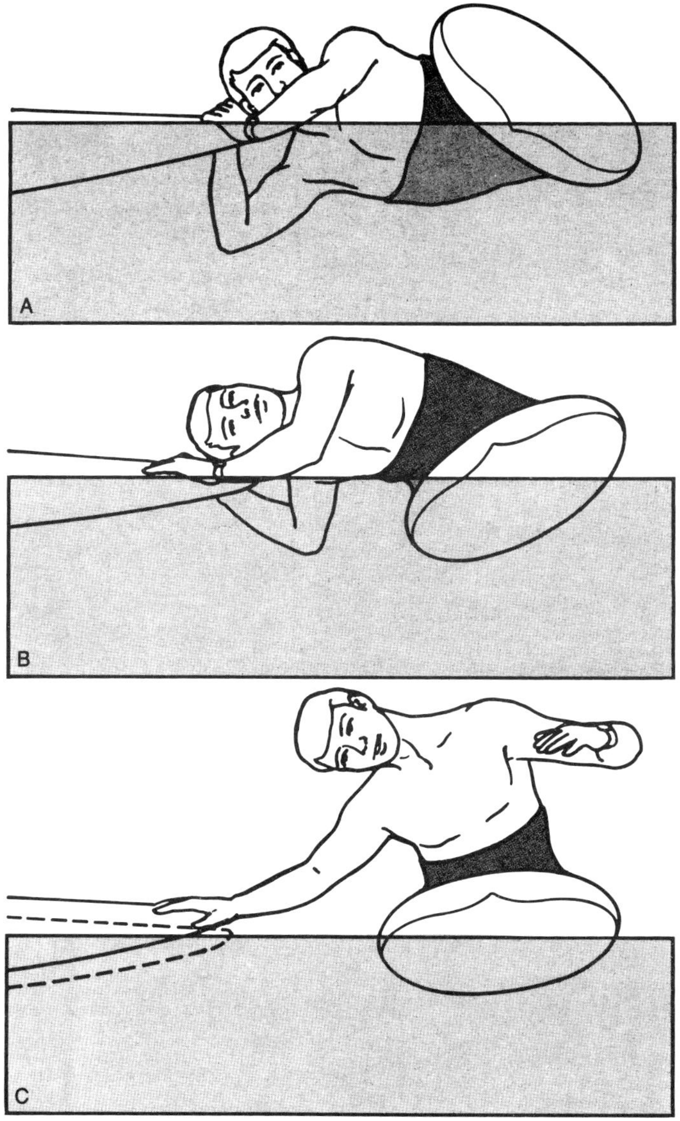

Abbildung 1.5 A-C: Selbst wenn man aufrecht im Boot sitzt erfordert der Hüftknick nur wenig Kraftaufnahme über die Hände – vorausgesetzt der Kopf kommt sehr spät aus dem Wassser.

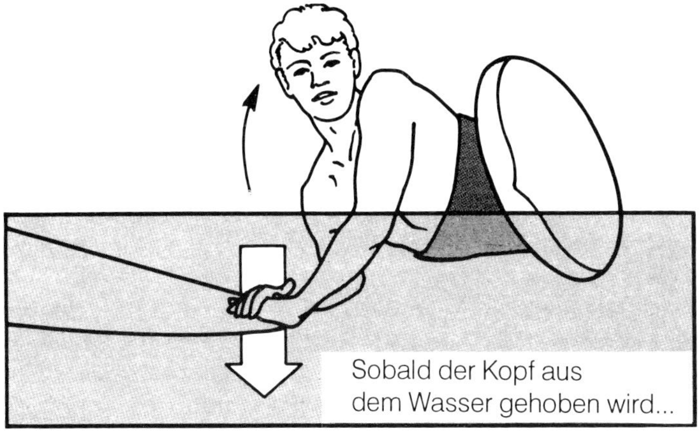

...wird das Kajak nach unten gedrückt

Abbildung 1.6: Schlechte Technik. Wird der Kopf zu früh aus dem Wasser gehoben, so wird das Gewicht des Körpers hauptsächlich von den Armen, und nicht vom Kajak getragen. Mit dieser Methode wird das Aufrollen sehr viel mühsamer.

schrieben. Der Kopf sollte nahe bei den Händen bleiben, der Oberkörper nicht nach vorne oder nach hinten ausweichen. Das Kajak wandert während des Hüftknicks mit Hilfe des Druckes aus den Oberschenkeln vollständig unter den Körper; anschließend wird der Körper aufgerichtet (siehe Abbildung 1.5C.). Der Kopf sollte dabei erst durch die Rotation des Kajaks aus dem Wasser kommen.

Die Reihenfolge ist wichtig. Das Kajak muß möglichst weit aufgerichtet sein *bevor* Oberkörper und Kopf aus dem Wasser kommen. Dieser Ablauf ist einfacher, als der Versuch, den Kopf aus dem Wasser zu strecken während das Kajak noch umgekippt ist, oder noch auf der Seite liegt (siehe Abbildung 1.6). Nicht die Arme, sondern das aufgerollte Kajak sollte das Gewicht des Körpers tragen.

Die Eintauchtiefe der Bootsspitze des Partners läßt erkennen, wieviel Kraft beim Hüftknick benötigt wird. Bei einer ausgereiften Technik nehmen die Hände kaum Druck auf; man sollte in der Lage sein, das Kajak mit Hilfe von nur zwei Fingern hochzudrehen.

Übung 3: Ausgangsstellung ist hier die Kenterlage, Oberkörper und Kopf sind vollständig unter Wasser. Die Bootsspitze des Partners wird nur mit einer Hand gehalten. Dann legt man auch

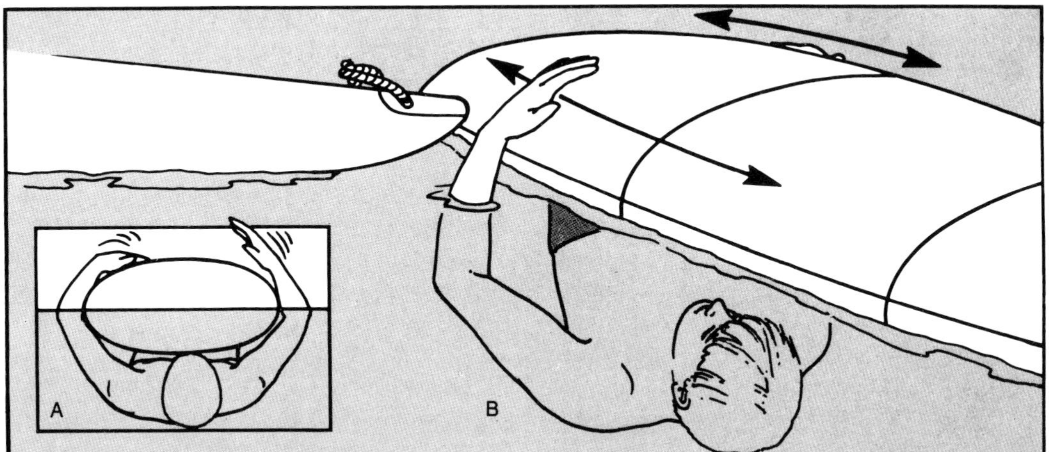

Abbildung 1.7 A,B: Die Eskimorettung.
A Signalisieren Sie zuerst, daß Sie Hilfe benötigen.
B Bewegen sie dann beide Hände parallel zum Boot hin- und her während Sie auf Hilfe warten.

die zweite Hand auf die Bootsspitze, der Oberkörper orientiert sich dabei etwas nach oben. Anschließend bewegt man den Kopf in der Nähe der Hände und dreht dann das Kajak mit einem Hüftknick wie in Übung 2 beschrieben auf. Diese Bewegung muß nicht besonders schnell oder ruckartig ausgeführt werden. Öffnen Sie unter Wasser die Augen, schauen Sie nach unten und überlegen Sie sich, wie Sie Ihr Knie in Richtung Kopf ziehen. Während das Kajak seine Drehung beendet, kommt der Kopf automatisch und fast ohne Kraftanstrengung aus dem Wasser. Benutzen Sie die Bootsspitze des Partners so wenig wie möglich.

Übung 4: Hier handelt es sich um eine Wiederholung von Übung 3, man bleibt jedoch fünf Sekunden lang unter Wasser bevor man sich zur Oberfläche orientiert und das Boot hochdreht. Steigern Sie die Zeit auf zehn, dann auf fünfzehn Sekunden.

Übung 5: Der letzte Schritt dieser Übungsreihe wird in Abbildung 1.7 dargestellt; man bezeichnet ihn als ‚Eskimorettung'. Hierzu läßt man sich in der Nähe des Rettungskajaks umkippen, und signalisiert um Hilfe, indem man mehrmals mit der Hand auf das Unterschiff schlägt. Dann bewegt man die Hände parallel zum Kajak hin- und her. Dadurch kann der Retter das Kajak berühren, ohne die Hände des Gekenterten zu verletzen; ganz gleich von welcher Seite sich der Retter nähert, der Gekenterte ist immer in der Lage, die Bootsspitze zu finden. Sobald er das andere Boot fühlt, hebt er den Kopf an die Wasseroberfläche, und dreht sein Kajak mit einem Hüftknick nach oben. Bei einer echten Eskimorettung im Fluß sollte der Gekenterte unbedingt sein Paddel festhalten während er die Arme bewegt.

Für ein Gelingen der Eskimorettung darf der Gekenterte nicht in Panik geraten; es bedarf einer ganzen Menge an Selbstvertrauen, kopfunter im Boot hängend auf Hilfe zu warten. Wer die Eskimorettung sicher beherrscht, kann mit Stützschlägen und Rolle experimentieren – vorausgesetzt andere Paddler sind dabei, und bieten ihre Bootsspitze notfalls als Hilfe an.

2 Gleichgewicht

Anfänger, haben oft Probleme beim ´Zureiten ihres Wildpferdes´. Obwohl sich das störrische Verhalten des Kajaks nach einer Gewöhnungsphase legt, so bedarf es doch einiger Jahre bis man sicher und mühelos Wildwasserflüsse befahren kann. Leider greifen viele Paddler in dieser Phase auf die Stütztechniken zurück um sich über Wasser zu halten, anstatt an ihrem Gleichgewicht zu arbeiten. Dieses Kapitel beschäftigt sich daher mit Bootskontrolle als Gleichgewichtshilfe selbst in turbulentem und wuchtigem Wildwasser.

Im ruhigen Wasser (z.B. im Schwimmbad) ist es sehr leicht, die Balance zu halten, indem man sich einfach nur aufrecht in das Kajak setzt. Lehnt man sich jedoch zur Seite, so verlagert sich der Schwerpunkt und die Fläche, die im Wasser liegt wird kleiner. Der Paddler verliert das Gleichgewicht, wenn er sein Gewicht so weit auf die Seite verlagert, daß das Kajak zu kippen beginnt. Der genaue Punkt an dem der Paddler das Gleichgewicht verliert, variiert mit der Form des Bootes, seiner Körpergröße und dem Einfluß der Strömung.

Als Anhaltspunkt gilt: Ist der Kopf über dem Kajak, so befindet sich das System noch im Gleichgewicht, wandert er über die Kante hinaus, verliert der Paddler das Gleichgewicht. Aus diesem Grund hält man seine Balance sobald das Boot auf der Kante steht, indem man sich zum Boot lehnt und den Kopf und den größten Teil seines Körpers über das Boot bringt. Nicht das Paddel, sondern das Boot sollte das Gewicht des Kajakfahrers tragen.

Um auszuprobieren, wie die Gewichtsverlagerung das Gleichgewicht beeinflußt, kantet man sein Kajak am Rand eines Schwimmbeckens oder eines anderen festen Punktes an. Dazu setzt man sich zunächst ganz aufrecht ins Kajak und lehnt sich dann weit genug auf eine Seite um das Boot anzukanten, anschließend erhöht man langsam den Neigungswinkel des Bootes, wie in Abbildung 2.1 beschrieben. Wo befindet sich der Kopf relativ zur Kante des Bootes? Diese Körperhaltung tritt im Wildwasser öfters auf, wenn man zu steif in seinem Kajak sitzt.

Nun zieht man ein Knie an um das Boot auf die Kante zu stellen und lehnt sich seitwärts in diese Richtung wie in Abbildung 2.2 beschrieben. Eine Hand kann dabei mithelfen, die obere Kante zu halten. Wie weit können Sie Ihr Boot kanten bevor Sie

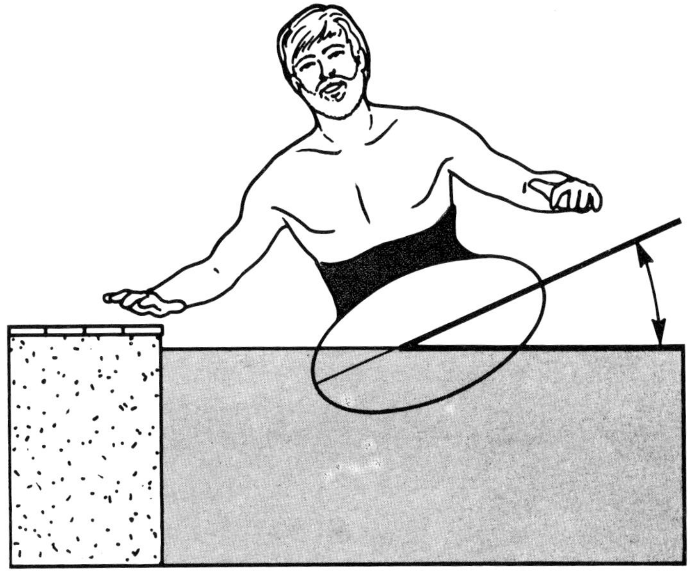

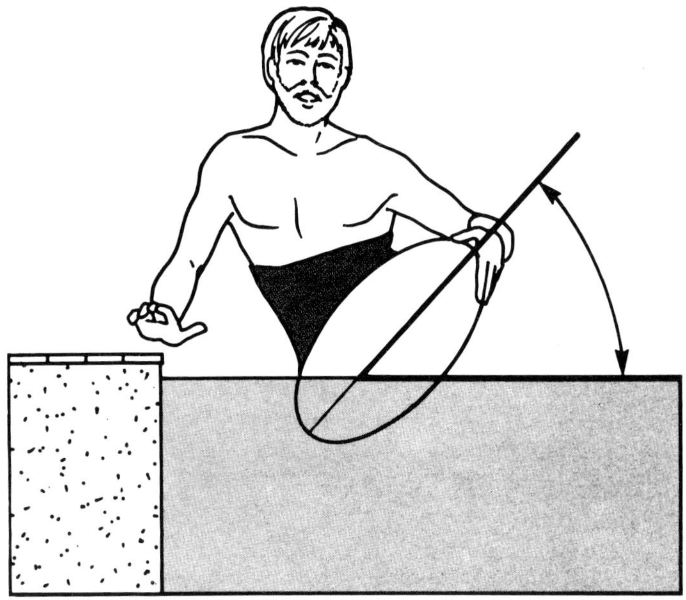

Abbildung 2.1: Das System gerät sehr schnell aus dem Gleichgewicht,wenn der Paddler zu steif im Kajak sitzt.
Abbildung 2.2: Lehnt man sich zur angehobenen (oberen) Kante, so ist es möglich, das Kajak sehr viel weiter aufzukanten ohne die Balance zu verlieren.

das Gleichgewicht verlieren? Wo befindet sich Ihr Kopf relativ zur Bootskante?

- **Nicht das Paddel, sondern das Kajak sollte das Gewicht des Paddlers tragen.**

Das Kajak sollte nicht zu weit nach vorne wandern, oder sich von der Beckenkante entfernen. Ansonsten ist man gezwungen, sich weit zurückzulehnen und den Körper zu strecken, um sich am Beckenrand halten zu können; dadurch wird der Hüftknick erschwert, und das Risiko von Schulterverletzungen oder -luxationen wird erhöht. *Sie bestimmen die Bewegung des Kajaks.* Halten Sie den Kopf in der Nähe der Hände und spannen Sie die Bauchmuskeln an, um die Spitze des Vorderschiffs leicht zum Beckenrand zeigen zu lassen.

Das Kanten des Kajaks im Wildwasser ist nur eine Frage der *Entspannung*; man muß seine aufrechte Sitzposition beibehalten, während das Unterschiff mit den Oberschenkeln hochgezogen wird. So behält man im normalen Wildwasser ohne Zuhilfenahme des Paddels das Gleichgewicht. Das Rollen und Stampfen des Kajaks wird dadurch aufgefangen – ähnlich dem Reiter, der die ungleichmäßigen Bewegungen in den Gangarten des Pferdes mit seiner Körperbewegung ausgleicht. Ein erfahrener Paddler, der es versteht, die Balance ohne Paddeleinsatz zu halten, macht den Anschein, als ob er sich nur treiben läßt, obwohl das Kajak tief ins Wasser taucht und sich zur Seite neigt, und um ihn herum das Wasser aufspritzt und schäumt. Das offenbare Fehlen von Bewegung täuscht jedoch, denn der untere Rumpfbereich fängt die Stöße ab, und so ist es ein Leichtes, das Gleichgewicht zu halten.

Im Gegensatz zum Flachwasser, verändert man im Wildwasser den Kantwinkel des Kajaks oft absichtlich. Beim Spielen in Walzen bleibt das Kajak manchmal eine Minute lang gekantet. Die hierfür erforderliche Muskulatur sollte möglichst bereits mit dem Erlernen der grundlegenden Paddeltechniken entwickelt werden. Bauen Sie das Kanten des Kajaks in Ihre Aufwärmübungen ein, indem Sie, wie in Abbildung 2.3 A beschrieben, einmal zur einen, dann zur anderen Seite aufkanten. Anschließend versuchen Sie, langsam vorwärtszupaddeln (siehe Abbildung 2.3 B); zum Schluß wird diese Übung auf beiden Seiten rückwärts ausgeführt.

Es ist sehr schwierig, mit gekantetem Boot links und rechts zu paddeln, jedoch keine Zauberei. Technisch anspruchsvolle Flüsse und Spielstellen machen es oft erforderlich, das gekantete Kajak in der Balance zu halten, und gleichzeitig auf der hochgezogenen Seite Paddelzüge anzusetzen.

Viele, wenn nicht die meisten der durchschnittlichen Paddler schaffen dies nicht, da sie gelernt haben, sich vom Kajak wegzulehnen, *um* es auf die Kante zu stellen. Diese irrtümliche Annahme macht es unmöglich, auf der oberen Seite zu paddeln, ohne das Boot wieder waagrecht zu stellen – eine gefährliche Situation im Wildwasser, wo nur ein gekantetes Boot eine

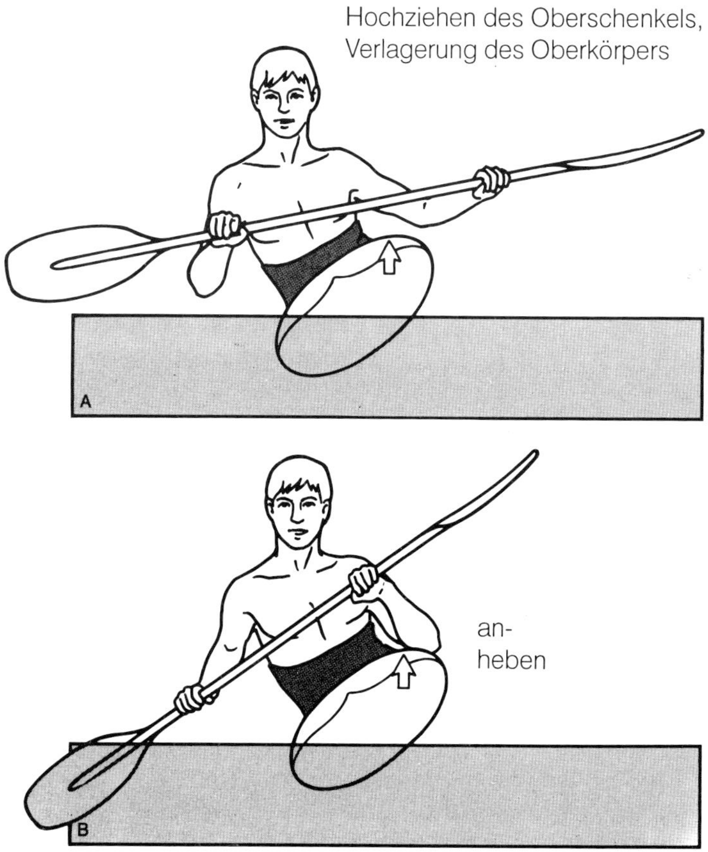

Abbildung 2.3 A,B: A Üben Sie beim Aufwärmen, das gekantete Boot im Gleichgewicht zu halten – diese Fähigkeit ist ebenso wichtig, wie die grundlegenden Paddelschläge. B Paddeln Sie anschließend im gekanteten Boot langsam vorwärts und rückwärts.

Kenterung verhindert. Solche Paddler entwickeln oft eine Angst davor, das Paddel auf der anderen Seite einzusetzen.

- **Üben Sie, Ihr Boot mit dem Druck aus den Oberschenkeln auf die Kante zu stellen, und so zu halten, und bringen Sie den Körperschwerpunkt *über* das Kajak um das Gleichgewicht zu halten.**

Um diesem Mißverständnis nicht zu erliegen, üben Sie, Ihr Kajak mit dem Druck aus den Oberschenkeln auf die Kante zu stellen und so zu halten. Dabei wird der Körperschwerpunkt *über* das Kajak gebracht um das Gleichgewicht zu halten. Auf diese Weise ist es möglich, auf beiden Seiten zu paddeln. Fortgeschrittene Kajakfahrer, die ihr gekantetes Boot problemlos im Gleichgewicht halten, sollten versuchen, in einer geraden Linie vorwärts und rückwärts zu paddeln, und dabei, wie in Abbildung 2.4 dargestellt, das Paddel auf beiden Seiten einzusetzen. Diese Übung ist besonders auf Flachwasser nicht einfach. Im Wildwasser unterstützt oft die Strömung das gekantete Boot, und es ist leichter, die Balance zu halten.

Bei diesen Übungen benützen Sie wahrscheinlich Muskeln, von deren Existenz Sie bisher nichts gewußt haben. Ziel ist die Stärkung der Rumpfmuskulatur und die Verbesserung des Gleichgewichtsgefühls, das Ihnen in turbulentem Wasser, in Löchern und Wellen zugute kommt. Sie arbeiten weniger mit dem Paddel, und können sich mehr entspannen. Da ein gutes Bootsgefühl auch Stützschläge effektiver und einfacher macht, sollten Sie keine Probleme haben, wenn Sie das Gleichgewicht doch einmal verlieren.

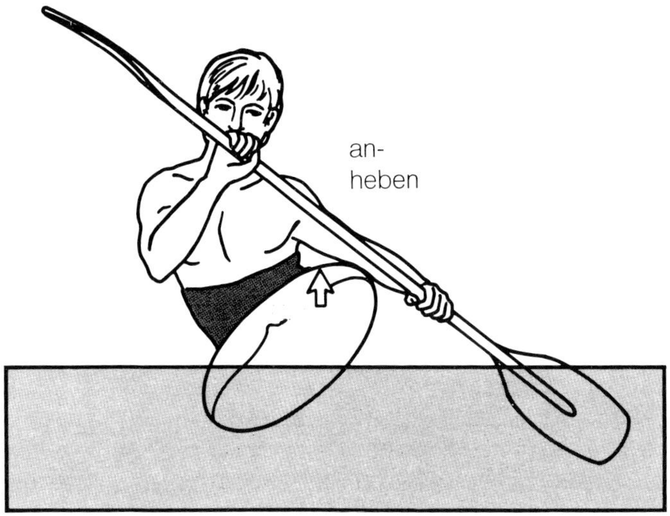

Abbildung 2.4: Üben Sie so lange bis Sie in der Lage sind, das Kajak auf der Kante zu halten, während Sie auf beiden Seiten paddeln.

3 Grundlegende Stütztechniken: Stabilisation

Obwohl man mit guter Bootskontrolle in den meisten Situationen das Gleichgewicht halten kann, muß man doch das eine oder andere Mal einen Stütze ansetzen, um eine Kenterung zu verhindern. Die einfachen Stütztechniken haben mit der Eskimorolle einiges gemeinsam: Sie beide bedienen sich einer Kombination aus Kanten, Paddeltechnik und Auslage. Ihr Wesen liegt in der Koordination von Kant-, Paddel- und Oberkörperbewegung. Sie bieten eine gute Hinführung zur Eskimorolle. Fortgeschrittenere, kompliziertere Anwendungen der Stützschläge sind Techniken, die erst nach Erlernen der Eskimorolle in Angriff genommen werden sollten; diese werden in Kapitel 9 behandelt.

Bei der Paddelstütze dient das Paddel dem gleichen Zweck wie beim Erlernen des Hüftknicks in Kapitel 1 die Bootsspitze des Partners: Es liefert kurzzeitig eine Stützwirkung an der Wasseroberfläche (Auftrieb), die es dem Paddler erlaubt, das Kajak mit Hilfe des Einsatzes von Rumpf, Hüften und Oberschenkel wieder unter den Körper zu ziehen. Ein unter Anfängern weit verbreiteter Fehler beim Stützen ist es, auf den Paddelschaft ständig Druck auszuüben, und den Hüftknick dabei vollkommen zu vergessen! Dadurch wird das Paddel zu weit unter Wasser gedrückt.

Es gibt drei in der Praxis verwendete Stützen: die flache Paddelstütze, die hohe Paddelstütze, die auch als Paddelhang bezeichnet wird, und eine Variation dieser beiden Techniken, den Fangschlag. In den nachfolgenden Ausführungen bezieht sich ‚Aktionshand' oder ‚Arbeitshand' auf die Hand, die dem Blatt, das auf der Wasseroberfläche liegt, am nächsten ist. Die ‚bootsinnere Hand' befindet sich näher am Kajak, und fixiert den Schaft am Körper, daher wird sie oft als ‚Gegenhand' oder ‚Ankerhand' bezeichnet.

Die flache Paddelstütze

Bei der flachen Paddelstütze wird die *Rückseite* des Paddelblattes auf das Wasser gedrückt. Der Schaft wird dabei fast auf den Süllrand aufgelegt, um das Blatt so parallel wie möglich zur Wasseroberfläche zu halten (siehe Abb. 3.1). Die flache Paddelstütze kann blitzschnell angewendet werden, da das Blatt bereits bei leichtem Ankippen des Bootes sofort auf dem Wasser liegt.

Probieren Sie die flache Paddelstütze (und die anderen in diesem Kapitel beschriebenen Stützschläge) mit einem Partner aus, der direkt hinter der Sitzluke steht, und das Kajak gekantet hält. Hierzu lehnt man sich zur oberen Kante, um den Kopf so nahe wie möglich über der Bootslängsachse zu halten und setzt einen leichten Hüftknick und gleichzeitig eine flache Paddelstütze an, sobald das Boot losgelassen wird. Lehnen Sie sich nicht auf das Paddel! Hat man erst einmal Vertrauen in die Stützwirkung des Paddels gewonnen, so läßt sich diese Übung auch ohne Hilfestellung durchführen.

Abbildung 3.1: Die flache Paddelstütze mit leichtem Hüftknick.

Der Paddelhang (Hohe Paddelstütze)

Erweist sich die flache Paddelstütze als nicht ausreichend, um das Kajak zu stabilisieren, so dreht man während der Paddelstütze die Arbeitsseite, die sog. Kehlung des Blattes mit einer schnellen Drehung der Handgelenke nach unten. So wird die flache Paddelstütze zum Paddelhang. Da die bootsäußere Hand das Paddel direkt an der Wasseroberfläche hält, während das Kajak auf die Seite rollt, kann der Paddelhang das Boot selbst dann noch aufrichten, wenn es bereits fast vollständig umgekippt ist. Das Kajak wird mit Paddelhang und Hüftknick wieder hochgedreht, indem man das tiefer liegende Knie energisch nach oben in Richtung Arbeitsblatt zieht, und das Boot wieder unter den Körper holt (siehe Abb. 3.2). Der Paddelhang erscheint recht einfach, es gibt jedoch einige Punkte, die beachtet werden müssen.

Blattstellung: Das Paddel wird im rechten Winkel quer zur Bootslängsachse gehalten, das Blatt liegt an der und parallel zur Wasseroberfläche. In dieser Stellung bietet es den besten Auftrieb. Die bootsinnere oder Gegenhand fixiert das Paddel in der Nähe der Brust, so daß die Kraft für die Paddelstütze aus der starken Rumpfmuskulatur, und nicht aus den schwächeren Muskeln der Arme und Schultern kommt. Wird das Paddel in dieser Position gehalten, so kann das Kajak allein mit Hilfe des Hüftknicks vollständig aufgerollt werden.

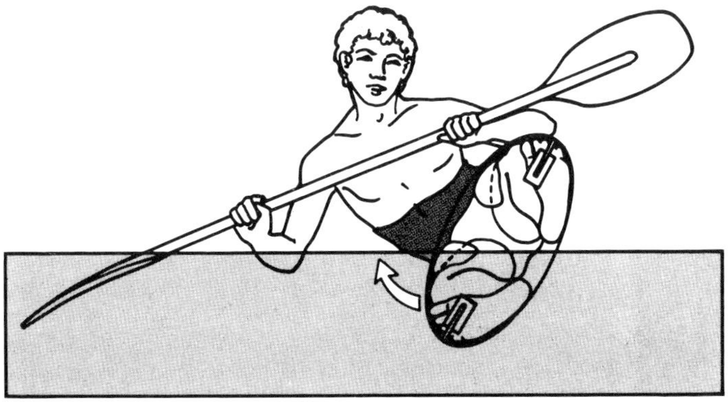

Abbildung 3.2: Der Paddelhang erfordert einen starken Hüftknick. Ziehen Sie das untere Knie nach oben in Richtung Arbeitsblatt, während Sie das Kajak wieder unter den Körper drehen.

Auslage, Kanten und Gleichgewicht: Das Stützen erfordert wenig Kraftanstrengung, wenn man sich weit zur oberen Kante des Bootes lehnt. Diese Veränderung der Körperstellung verlagert das Gewicht vom Paddel auf das Kajak. Der Auftrieb des Arbeitsblattes unterstützt den Hüftknick, der das Kajak wieder gerade stellt. Der Rumpf des Paddlers beschreibt beim Stützen im Ausgangszustand ein ‚C', das zur oberen Kante hin offen ist. Mit dem Hüftknick dreht sich das ‚C' mit der Öffnung zur tiefer im Wasser liegenden Seite, und das Kajak bewegt sich unter den Körper.

Häufige Fehler bei der hohen Paddelstütze: Anfänger heben bei der hohen Paddelstütze die Fixhand oft zu weit nach oben und halten sie in zu großer Entfernung von der Brust, wie in Abbildung 3.3A dargestellt. Diese ‚Über-Kopf-Haltung' ist im ruhigen Wasser uneffektiv und riskant, im Wildwasser ist sie äußerst gefährlich. Das Paddel steht fast senkrecht zur Wasseroberfläche, und liefert nur sehr wenig Auftrieb. Während das Arbeitsblatt absinkt, dreht sich das Boot immer weiter in Kenterlage und macht so aus einer moderaten Paddelstütze mit geringem Kantwinkel eine extrem hohe Paddelstütze bei stark gekantetem Kajak (siehe Abbildung 3.3B). Beim Umkippen kann es leicht zu Schulterverletzungen kommen, und auch beim Wiederaufrichten werden Arme und Schultern über Gebühr belastet. Liegt das Arbeitsblatt weit unter Wasser, so ist es schwierig, das Kajak allein mit dem Hüftknick vollständig wiederaufzurichten, und das Paddel wird in einem Bogen unter das Kajak gezogen,um den Stütze zu vollenden. Da das Paddel nicht an der Brust fixiert wird, wirkt der Großteil der Belastung nicht auf die Rumpfmuskulatur, sondern auf die Schultern. Sollte die Paddelstütze trotz allem gelingen, befindet sich das Paddel danach in einer denkbar ungünstigen Position,um das Gleichgewicht zu stabilisieren, wie in Abbildung 3.3C deutlich wird. Kapitel 9 und 15 gehen detaillierter auf Schulterverletzungen beim Paddelhang ein.

Bei der hohen Paddelstütze ist die Verlockung groß, das Paddel nach unten zu ziehen und den Kopf aus dem Wasser zu heben; doch weder das eine noch das andere hat den gewünschten Effekt, denn das Kajak soll dabei aufgerollt werden. Natürlich

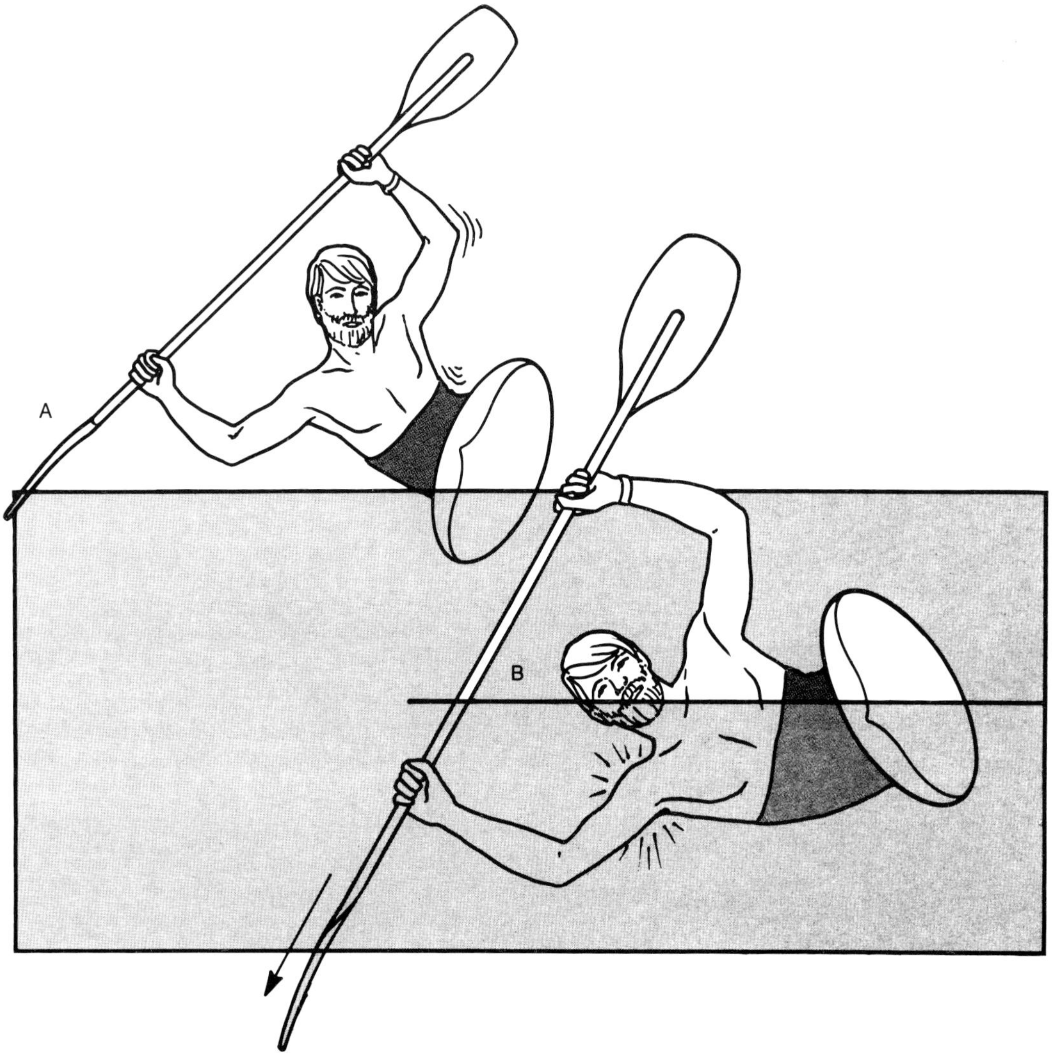

Abbildung 3.3 A,B: FEHLER bei der hohen Paddelstütze: A Die Fixhand wird hoch über dem Kopf und in großer Entfernung vom Brustkorb gehalten. B Die mangelnde Fixierung des Paddels am Rumpf verlagert die Belastung auf die Schulter. Das senkrecht stehende Paddel bietet wenig Auftrieb.

wird das Paddel bei der hohen Paddelstütze ein wenig absinken, dies geschieht jedoch durch die Ausführung des Hüftknicks. Stützschläge und Rollen erfordern ein Minimum an Kraftaufwand, konzentriert man sich auf Hüftbewegung und Druckaufnahme aus den Oberschenkeln anstatt sich an das Paddel zu hängen.

Der Paddelhang sollte auf beiden Seiten gleichmäßig geübt werden. Der Partner sitzt im Kajak und leistet, falls notwendig, Hilfe mittels Eskimorettung. Heben Sie ein Knie langsam an, bis das Kajak den Kippunkt überwunden hat, setzen Sie dann Stütze und Hüftknick an. Der Hüftknick kann bei dieser Übung jedesmal ein wenig später erfolgen, so daß das Kajak immer weiter umkippt. Es ist angebracht, so lange zu üben, bis Schulter oder Gesicht ins Wasser eintauchen, und das Kajak trotzdem wieder aufgerichtet werden kann. Gelingt der Paddelhang einmal nicht, sollte man nicht dagegen ankämpfen, und die Schultern unnötig belasten, sondern das Boot in Kenterlage gehen lassen. Bevor nun das Kajak stärker gekantet wird, sollte man hierzu die Beschreibung in Kapitel 9 zu Rate ziehen.

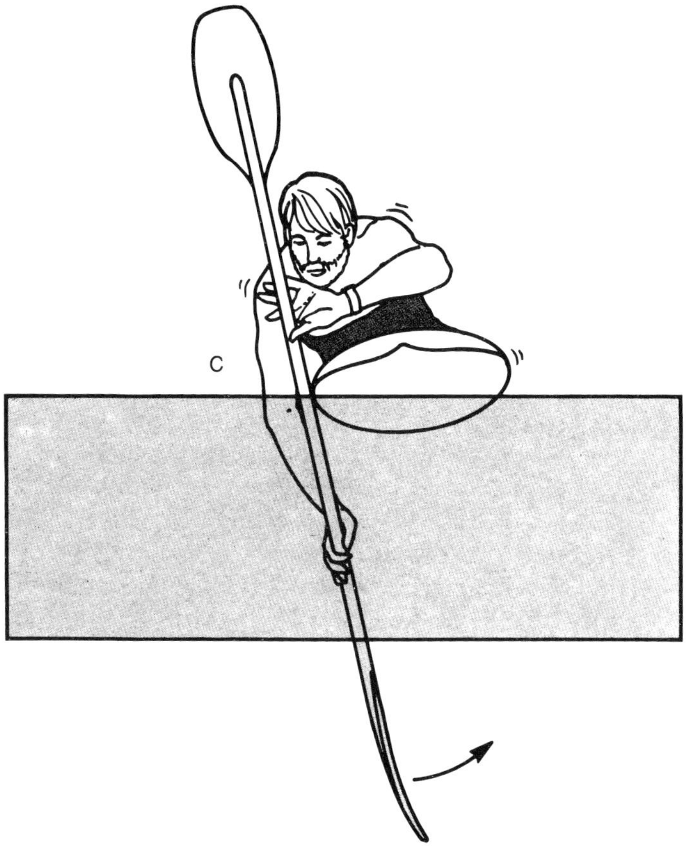

Abbildung 3.3C: FEHLER bei der hohen Paddelstütze: Das Wiederaufrichten des Kajaks bei senkrecht stehendem Arbeitsblatt stellt für Arme und Schultern eine große Belastung dar. In dieser ungünstigen Position kann kein weiterer Paddelzug angesetzt werden.

Der Fangschlag

Beim Fangschlag wird das Paddel in einem Bogen um das Boot über das Wasser geführt, das Blatt ist dabei so angestellt, daß es an der Oberfläche bleibt. Einen Fangschlag vorwärts könnte man mit einem horizontal ausgeführten Paddelhang vergleichen (siehe Abbildung 3.4A). Er beginnt an der Bootsspitze und endet hinter dem Körper. Ein Fangschlag rückwärts entspricht einer horizontal geführten, flachen Paddelstütze (siehe Abbildung 3.4B). Er beginnt am Heck und endet am Bug. Die Bewegung des Blattes liefert viel Auftrieb und ist unter bestimm-

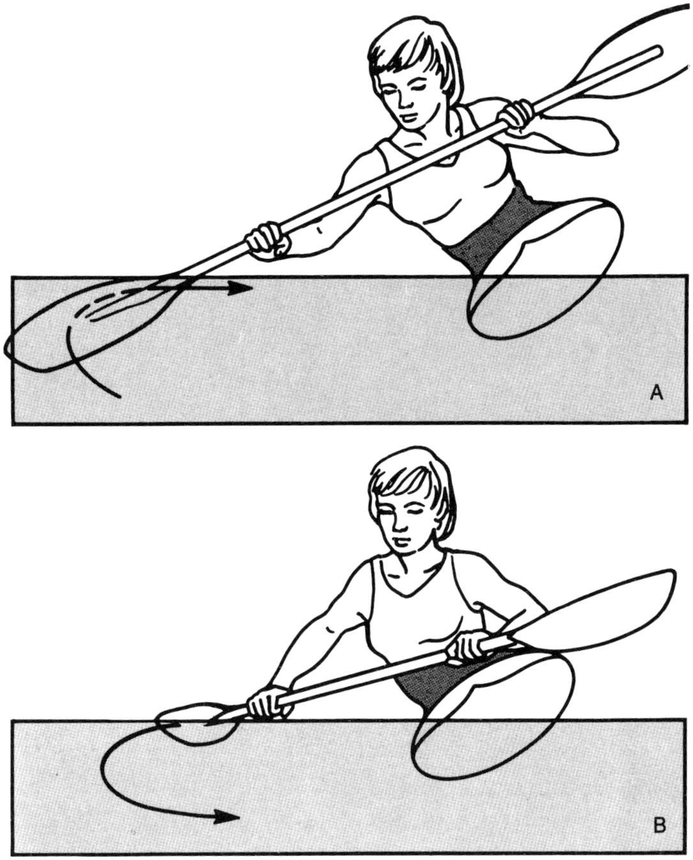

Abbildung 3.4A-B: A Vorwärtsbogenschlag. B Rückwärtsbogenschlag

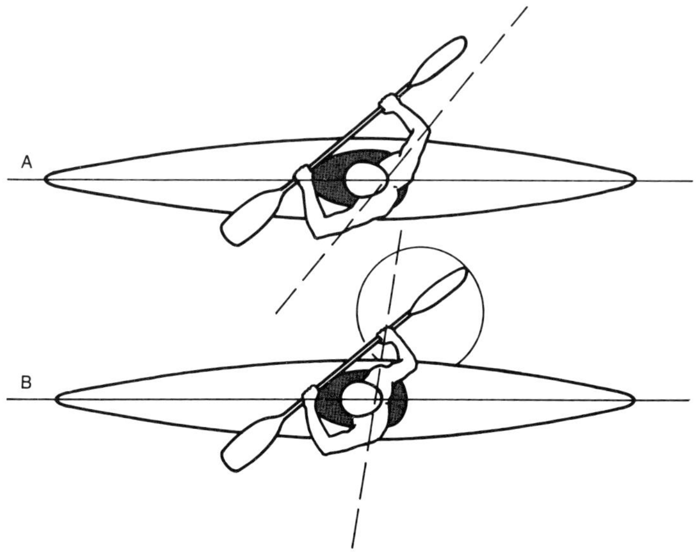

Abbildung 3.5 A,B: Ganz gleich, ob es sich um Rückwärts-, Vorwärts-, Bogen- oder Steuerschlag handelt – eine relativ gestreckte Haltung der Ellbogen, wenn das Blatt hinter der Sitzluke steht, sowie gute Schulterrotation erhöhen die Effektivität des Paddelschlages und fixieren es vor den Schultern. A Kräftiger Paddelschlag: Das Paddelblatt bleibt vor einer durch die Schultern gezogenen, imaginären Linie; die Kraft kommt aus der Rumpfmuskulatur. B Schwacher Paddelschlag: Das Blatt wird hinter eine imaginäre Linie durch die Schultern gezogen; das Schultergelenk muß die Belastung der Bewegung tragen.

ten Bedingungen sehr viel effektiver als eine statische Stütze (z.B. beim Stützen auf der flußaufwärts gelegenen Seite einer Walze).

Blattstellung: Um optimalen Auftrieb zu erzeugen, muß der Bogen rasch ausgeführt werden; dies geschieht durch schnelle Schulterrotation. Wie bei der flachen und hohen Paddelstütze sollte der Paddelschaft möglichst parallel zur Wasseroberfläche geführt werden; zu diesem Zweck bleibt die Gegenhand während der Bewegung in Höhe des Brustbereichs. Das Blatt sollte in Zugrichtung so geöffnet sein, daß es eine Tendenz nach oben zeigt, und an der Oberfläche bleibt. Beim Üben in leichter Auslage verändert man zunächst bei Fangschlägen vorwärts, dann auch bei Fangschlägen rückwärts die Blattanstellwinkel, um ein Gefühl für die optimale Lage des Blattes zu entwickeln. Ein steiler Anstellwinkel führt zu einem schlechten Bogenschlag, wenn das Gewicht des Paddlers über dem Boot liegt, als Fangschlag ist er jedoch nicht optimal. Legt man beim Umkippen zuviel Gewicht auf das Arbeitsblatt, so bietet es in dieser Stellung nur wenig Auftrieb und sinkt schnell ab. Ein Blatt, das ganz parallel zur Oberfläche liegt, kann beim Paddelzug sehr leicht verschneiden.

Das Arbeitsblatt sollte bei jedem Paddelschlag vor einer imaginären, durch die Schultern gezogenen Linie bleiben. Aus diesem Grund wird der Unterarm leicht angewinkelt, d.h. der Ellbogen bleibt vor den Schultern (siehe Abbildung 3.5). Wird das Blatt hinter diese Linie gebracht, verliert der Paddelschlag an Effektivität, und die Schulter wird stärker belastet. Für die korrekte Ausführung des Bogenschlags ist der bewußte Einsatz von Rumpf- und Schulterrotation unbedingt notwendig.

Beim Experimentieren mit Bogenschlägen wird sich schnell herausstellen, daß ein Rückwärtsschlag besonders nützlich ist, wenn das Kajak nach einem Vorwärtsschlag noch nicht ganz wiederaufgerichtet ist. Das Verbinden der Vorwärts- und Rückwärtsschläge ist eine sehr effektive Technik, erfordert jedoch ein schnelles Umklappen der Handgelenke, um die Blattrückseite während des Rückwärtsschlags ins Wasser zu bringen. Diese Bewegung sollte so lange geübt werden, bis sie harmonisch und schnell ausgeführt werden kann.

Auslage, Kanten und Gleichgewicht: Beim Fangschlag kontrolliert man das Boot genauso wie bei der normalen Paddelstütze; beim Umkippen behält man den Körperschwerpunkt so weit wie möglich über dem Kajak. Sobald das Paddelblatt dynamischen Auftrieb erzeugt, wird das Boot mittels Hüftknick flachgestellt.

Der Fangschlag sollte gleichmäßig auf beiden Seiten geübt werden. Dabei wird immer ein Knie langsam hochgezogen, bis der Punkt erreicht ist, an dem das Kajak umkippt. Um die Schwierigkeit zu erhöhen, wird der Fangschlag so lange hinausgezögert, bis die Schulter das Wasser berührt. Bei stark angekantetem Kajak reicht allein die Rotation der Schultern für den Fangschlag nicht mehr aus; durch eine Oberkörperverlagerung von vorne nach hinten oder von hinten nach vorne bleibt das Paddel beim Bogenschlag an der Oberfläche. Man sollte sich keine großen Sorgen machen, wenn schwierige Fangschläge in dieser Phase noch nicht so recht gelingen wollen. In Kapitel 9 wird noch einmal näher auf fortgeschrittene Anwendungsmöglichkeiten dieser Technik eingegangen.

Kapitel 1 und 2 beschreiben ausführlich, wie man in einem Kajak sitzen sollte, und wie man es mit Hilfe von Auslage und Kanten im Gleichgewicht hält. In diesem Kapitel wurde erklärt, wie man die Balance mit Hilfe von Stütztechniken wieder erlangt. Sobald Sie sich mit den verschiedenen Stütztechniken vertraut gemacht haben, sind Sie bereit, einen Schritt weiterzugehen und ein vollständig gekentertes Kajak aufzurollen. Jegliche hierzu verwendete Technik bezeichne ich als Eskimorolle.

4 Bewegungsteile der Eskimorolle

Ebenso wie bei der Stütze gibt es auch bei der Eskimorolle viele verschiedene Möglichkeiten, ein Kajak sicher und effektiv hochzurollen. Die verschiedenen Eskimorollen werden nach der Art und Weise benannt, wie das Paddel eingesetzt wird, um Auftrieb an der Wasseroberfläche zu erzeugen. Es gibt Bogenschlagrolle, Paddelhang und die sogenannte Handrolle, bei der das Paddel überhaupt nicht benutzt wird. Da alle Techniken den gleichen physikalischen Kräften unterliegen, ist es nicht weiter verwunderlich, daß die verschiedenen Rollen mehr Ähnlichkeiten als Unterschiede aufweisen. Dieses Kapitel befaßt sich mit den Bewegungsteilen der Eskimorolle, die in allen Techniken enthalten sind: Ausgangsposition, Bogenschlag und Hüftknick/Stabilisation. Alle drei Elemente werden hier einzeln besprochen, obwohl sie oft als eine Bewegung ausgeführt werden. Spezielle Rolltechniken werden in den Kapiteln 5 und 6 und im hinteren Teil des Buches beschrieben.

Die Ausgangsposition

In der Ausgangsposition ist der Oberkörper nach vorne gebeugt, das Paddel liegt an der Seite des Kajaks, der Kopf ist zum Paddel gedreht. In dieser Stellung nahe am Boot ist der Kopf des Paddlers am besten vor Steinen geschützt, an denen er unter Wasser vorbeitreibt. Der Helm schützt den Hinterkopf vor Schlä-

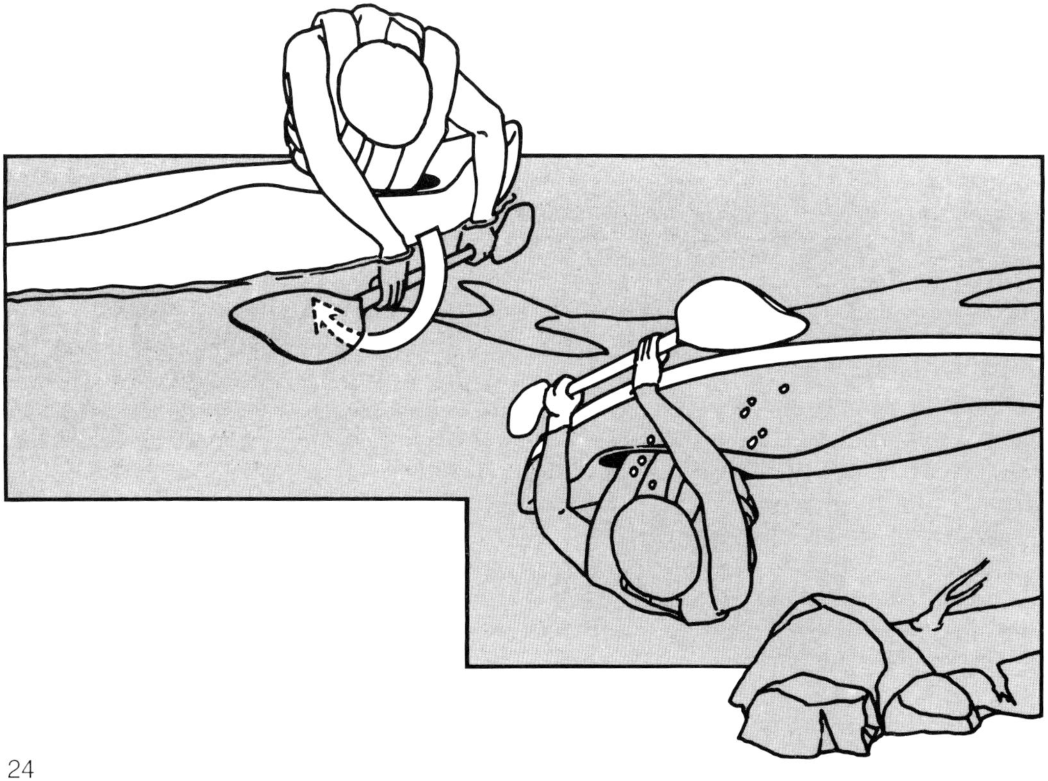

Abbildung 4.1: Diese Abbildung zeigt die Ausgangsposition für die Rolle auf der rechten Seite. Schnelles Nach-Vorne-Beugen und Kentern erleichtern das Durchrollen mit Schwimmweste. Automatisch wird der Paddler zur Rolle auf der anderen Seite richtig ausgerichtet. Gesicht, Kopf und Rücken sind vor Verletzungen durch im Wasser liegende Steine und andere Hindernisse weitgehend geschützt.

gen, die Schwimmweste den Rücken, und das Kajak das Gesicht des Paddlers (siehe Abb. 4.1).
Um seinen Kopf weitestgehend zu schützen, sollte man daher, sobald man zu kentern droht, und noch bevor der Kopf das Wasser berührt, nach vorne in die Ausgangsposition gehen. Neben dem offensichtlichen Sicherheitsaspekt kann eine schnelle Bewegung nach vorne auch das Durchrollen unter dem Boot mit Schwimmweste erleichtern. Der Schwung dieser Bewegung und der Auftrieb der Schwimmweste vereinfachen das Positionieren des Paddels an der Wasseroberfläche auf der anderen Seite, und somit den Ansatz zur Eskimorolle. Bei einer Kenterung in turbulentem Wasser ist es oft schwer, sich zur Wasseroberfläche hin zu orientieren; ein schnelles Einnehmen der Ausgangsposition beschleunigt diese Phase.

Die Eskimorolle kann auf der linken und auf der rechten Seite ausgeführt werden; je nachdem, welche Hand den Bogenschlag führt (die Hand, die in der normalen Ausgangsposition der Bootsspitze am nächsten ist). Falls nicht ausdrücklich erwähnt, so handelt es sich in den Abbildungen immer um die Eskimorolle auf der rechten Seite. Bei der Rolle rechts orientiert man sich zunächst zur linken Seite des Oberdecks und legt das Paddel an die linke Seite des Kajaks. Die rechte Hand (die Hand, die der Bootsspitze am nächsten ist) wird zur Aktionshand. Sie beschreibt mit dem Paddel einen weiten Bogen um das Kajak. Die linke Hand fixiert den Paddelschaft in Brustnähe. Sie wird zur ‚Anker'- oder ‚Gegenhand'. Die Begriffe ‚Gegen-', ‚Aktions-' und ‚Ankerhand' sind nützliche Begriffe bei der Beschreibung der linken und rechten Rolle. Die Unterschiede zwischen der Rolle auf der linken und rechten Seite werden in Kapitel 7 erläutert.

- **Verschneidet man mit dem Paddel beim Bogenschlag, und zieht es unter die Wasseroberfläche, so sind die Chancen für eine erfolgreiche Eskimorolle gering.**

Bei der Eskimorolle ist der Anstellwinkel des Aktionsblattes für ein Gelingen entscheidend. Das Blatt sollte in der Ausgangsposition in Zugrichtung geöffnet sein, so daß beim bogenförmigen Paddelzug ein dynamischer Auftrieb an der Oberfläche erzeugt wird. Die meisten Paddler benutzen ein rechtsgedrehtes Paddel, d.h. die Blätter sind zwischen 55 und 90 Grad gegeneinander gedreht und der Anstellwinkel des Blattes wird von der rechten Hand kontrolliert. In den Illustrationen wurde immer ein rechtsgedrehtes Paddel verwendet, so daß bei der Rolle rechts

Abbildung 4.2: Bei diesem rechtsgedrehtem Paddel wird ein Stück Nylonseil als Orientierungshilfe für die Hände verwendet.

in der Ausgangsposition das Handgelenk stark gebeugt dargestellt wurde (siehe Abb. 4.1). Umgreift man den Paddelschaft nicht fest genug, so kann es vorkommen, daß sich der Anstellwinkel des Paddels verändert und es unter die Wasseroberfläche gedrückt wird – die Rolle kann nicht mehr gelingen.
Umgreifen Sie den Paddelschaft fest mit der rechten Hand.

Hat man den Eindruck, daß sich der Paddelschaft nach einer Kenterung in den Händen gedreht hat, wird zunächst der Anstellwinkel überprüft bevor man zur Rolle ansetzt. Hierzu gibt es verschiedene Möglichkeiten. Anfängern empfehle ich, ein ca. 25 cm langes Nylonseilstück (oder etwas anderes mit ähnlichem Durchmesser), wie in Abbildung 4.2 dargestellt, am Paddelschaft zu befestigen. Diese Rippe erleichtert es, die richtige Griffstellung zu finden. Von Nachteil ist dabei jedoch, daß nur die eine Seite des Paddels in der rechten Hand liegen kann. (Bringt man auf beiden Seiten eine Rippe an, bekommt man in der linken Hand leicht Blasen.)

- **Beim Erlernen der Eskimorolle sollte man langsam und methodisch vorgehen, so daß alle einzelnen Bewegungsteile genau nachvollzogen werden können, und ihre Abfolge deutlich wird.**

Eine Technik, die mit weniger Aufwand verbunden ist, besteht darin, die linke Hand am Schaft entlang zum Blatt wandern zu lassen bis Mittel-, Ring- und kleiner Finger den Blattansatz berühren (siehe Abb. 4.3A). Das linke Handgelenk bleibt gerade, die rechte Hand dreht den Schaft so weit, daß die gestreckten Finger der linken Hand auf dem Blatt flach anliegen (siehe Abbildung 4.3B). Auf diese Weise überprüft man die Blattstellung bei (um 90 Grad gedrehten) rechtsgedrehten Paddeln. Anschließend umgreift zuerst die rechte, dann die linke Hand den Schaft ohne ihn dabei zu drehen (siehe Abb. 4.3C). Dieses Manöver

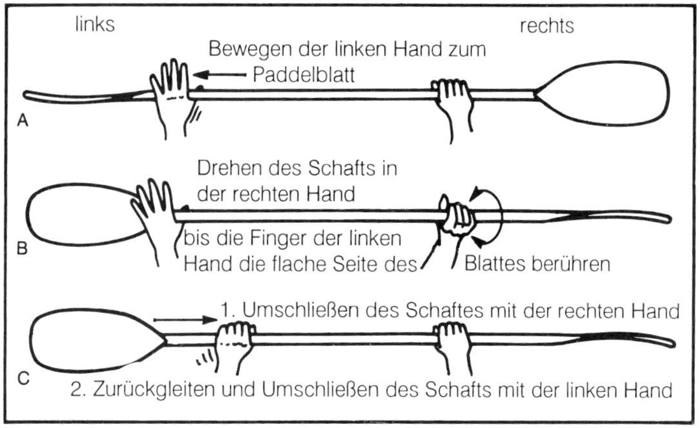

Abbildung 4.3 A,B,C: Blindes Wiederfassen eines rechtsgedrehten Paddels. A Bewegen Sie die linke Hand zum Paddelblatt. B Drehen Sie den Schaft in der rechten Hand bis die gestreckten Finger der linken Hand die flache Seite des Blattes berühren. C Umschließen Sie zunächst mit der rechten Hand wieder fest den Schaft... gehen Sie dann mit der linken Hand zurück zum Schaft.

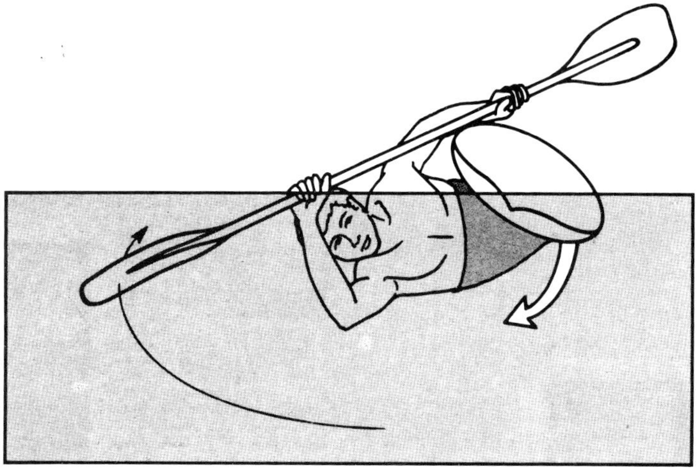

Abbildung 4.4: Eine rechte Rolle mit vorausgehendem Bogenschlag.

wird nur nach einer Kenterung notwendig sein, deshalb sollte man es so lange üben, bis es instinktiv, schnell und exakt funktioniert. Ganz gleich für welche Technik Sie sich letztendlich entscheiden, üben Sie, das Paddel mit geschlossenen Augen in der Hand zu drehen und es dann wieder richtig zu greifen.

Ein erfahrener Wildwasserfahrer setzt oft so schnell zur Rolle an, daß das Umkippen und Wiederaufrollen des Kajaks in einer flüssigen Bewegung erfolgt. Der Schwung des Kippens wird zum Aufrichten des Bootes auf der anderen Seite benutzt. Beim Erlernen der Eskimorolle sollte man sich jedoch für die einzelnen Teile des Bewegungsablaufs viel Zeit lassen, um sie bewußt und in der richtigen Abfolge nachvollziehen zu können. Gerade hier lohnt sich schummeln nicht, und etwas Geduld wird sich später auszahlen. Nach dem Kentern orientiert man sich mit dem Paddel unter Wasser, indem beide Handgelenke oder Unterarme an die Seite des Kajaks gedrückt werden. Sobald man merkt, daß mindestens eine Hand an der Luft ist, oder sich das Paddel leicht bewegen läßt, liegt es an und parallel zur Wasseroberfläche. Genauso wie bei einer technisch perfekten Ausholbewegung im Tennis, ermöglicht auch hier ein exaktes Ausrichten jedesmal eine technisch gute Rolle aus der gleichen Position.

Der Bogenschlag

Die Bogenschlagphase der Rolle wird so bezeichnet, da das Paddel, das zunächst parallel am Boot liegt, im Bogen wegbewegt wird, um Auftrieb zu erzeugen. Die verschiedenen Techniken der Eskimorolle unterscheiden sich voneinander in der Art und Weise, wie dieser Bogen ausgeführt wird. Das Paddel sollte jedoch in jedem Fall über oder an der Wasseroberfläche liegen, während es sich in der darauffolgenden Bewegung vom Bootsrumpf wegbewegt. Während die Aktionshand einen Bogen um das Boot beschreibt, schiebt sich das Paddelblatt der Gegenhand (manchmal auch die Gegenhand bis zum Ellbogen) über den Rumpf, wie in Abbildung 4.4 verdeutlicht wird.

Der Bogenschlag bereitet den Hüftknick vor; nicht nur, weil das Arbeitsblatt in dieser Phase an der Oberfläche liegt, sondern auch, weil sich Kopf und Oberkörper zur Wasseroberfläche bewegen. Je näher der Kopf an der Wasseroberfläche ist, desto waagrechter wird das Kajak nach dem Hüftknick gedreht sein. Daher ist die Orientierung des Oberkörpers zur Oberfläche während des Bogenschlages für die Durchführung einer schnellen und sicheren Rolle unerläßlich.

Hüftknick (Hüftrotation)

Der Hüftknick bewirkt eine Rotation des Kajaks um fast 180 Grad, die durch eine Umkehrung der Oberkörperauslage erreicht wird. Bei einer Rolle auf der rechten Seite zum Beispiel, liegt der Oberkörper zu Beginn des Hüftknicks zunächst links, am Ende jedoch rechts, wie in Abbildung 4.4 und 4.5 dargestellt. Hier fällt auf, daß die Stellung von Paddel und Oberkörper kaum verändert wurde. Für die Rotationsbewegung des Kajaks ist der untere Rumpfbereich zuständig. Dies trifft für die in Kapitel 6 beschriebene Hangrolle, sowie für die in Kapitel 5 beschriebene Bogenschlagrolle zu; deutliche Unterschiede gibt es jedoch beim zeitlichen Ablauf. Bei der Hangrolle handelt es sich um eine abrupte Bewegung, so daß das Paddel nicht genug Zeit hat, viel Wasser zu verdrängen und abzusinken. Bei der Bogenschlagrolle hingegen erfolgt der Hüftknick während der Ausführung des Bogenschlags. Das Ergebnis bleibt zwar das gleiche, doch ist die Bewegung weniger gewaltsam als es das Wort ‚Knick' vermuten läßt.

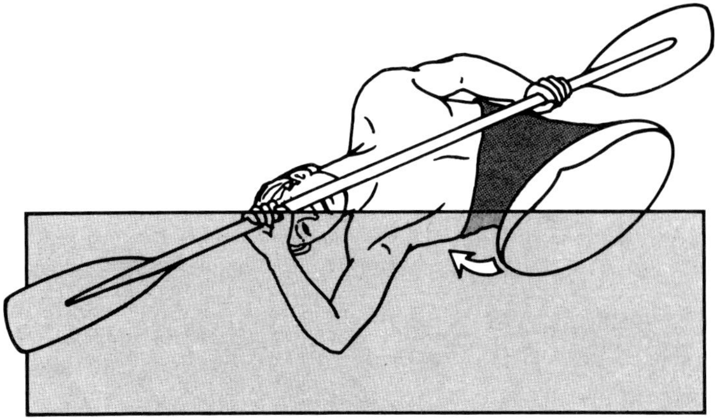

Abbildung 4.5: Der Hüftknick ist gerade erfolgt. Ein Vergleich der Abbildungen 4.4 und 4.5 läßt erkennen, daß die Bootsrotation fast ausschließlich über die Bewegung des Rumpfes erfolgt.

Die Stabilisation (Das Aufrichten)

Um zunächst den Körper und dann den Kopf aus dem Wasser zu heben und über das Kajak zu schieben, muß die Schwerkraft überwunden werden. Um während des Hüftknicks die Wirkung der Schwerkraft und somit den Druck auf das Paddelblatt zu minimieren, sollten Kopf und Schultern so lange im Wasser bleiben und so von ihm getragen werden, bis der Hüftknick fast abgeschlossen ist. An diesem Punkt wird das Kajak rasch unter den Oberkörper gezogen und mit kontinuierlichem Druck aus den Oberschenkeln mühelos aufgerichtet. Das Heben des Kopfes um die letzten Zentimeter erfolgt zeitgleich mit dem gänzlichen Aufrichten des Bootes, für das keine zusätzliche Bewegung des Paddels erforderlich sein sollte (Abbildung 4.6). Die Rotationsbewegung des Kajaks wird den Oberkörper regelrecht aus dem Wasser schieben.

Bei einer guten Eskimorolle ist also das Gesicht der letzte Teil des Körpers, der das Wasser verläßt, und die Stabilisation als abgrenzbarer Bewegungsteil existiert eigentlich nicht. Die Rolle

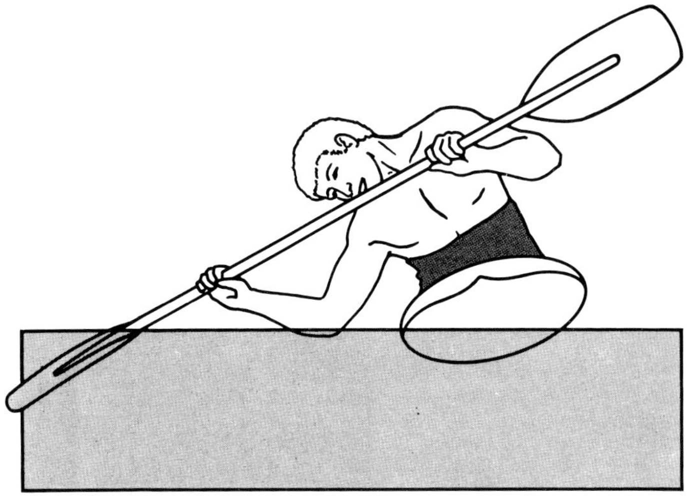

Abbildung 4.6: Die Stabilisation. Mit Hilfe des Hüftknicks und kontinuierlichem Druck aus den Oberschenkeln wird das Kajak unter den Kopf gezogen. Das Paddel leistet keinen Beitrag dazu, den Kopf nach oben und über das Kajak zu schieben.

ist abgeschlossen, und der Paddler sitzt beim Beenden des Hüftknicks wieder aufrecht im Boot – bereit, das Paddel auf beiden Seiten des Kajaks einzusetzen.

Zusammenfassung: Grundprinzipien aller Techniken der Eskimorolle

1. Beginnen Sie jede Rolle in der Ausgangsposition.
2. Während des Bogenschlags sollte die Aktionshand das Paddel nach oben schieben, das Blatt sollte so angestellt sein, daß das Paddel an der Oberfläche bleibt.
3. Kopf und Oberkörper sollten so weit wie möglich an die Wasseroberfläche gebracht werden, während das Aktionsblatt einen möglichst weiten Bogen um das Kajak beschreibt.
4. Der durch den Bogenschlag erzeugte dynamische Auftrieb leitet den Hüftknick ein. Richten Sie das Kajak auf, indem Sie Ihr Knie nach oben in Richtung des relativ stationären Paddelblattes ziehen, anstatt das Paddelblatt nach unten zu drükken, um den Kopf frühzeitig aus dem Wasser zu heben.
5. Kopf und Oberkörper sollten möglichst lange den Auftrieb des Wassers nutzen und so lange im Wasser bleiben bis das Kajak unter den Rumpf gezogen, und der Oberkörper nach oben und über das Boot geschoben wird.
6. Nach korrekter Ausführung des Hüftknicks und Verlagerung des Körperschwerpunktes erfolgt die Stabilisation. Bei einer guten Eskimorolle geschieht dies automatisch.

5 Die Bogenschlagrolle

Es gibt unzählige verschiedene Methoden, ein Kajak aufzurollen, jedoch nur zwei Methoden, dynamischen Auftrieb an der Wasseroberfläche mit Hilfe des Paddels zu erzeugen: Die eine bedient sich eines bogenförmigen, horizontalen Paddelzuges, die andere eines Paddelhangs mit vertikaler Bewegung des Blattes. Obwohl die meisten Rollen eine Mischung aus Bogenschlag- und Hangrolle sind, können sie mit Hilfe dieser Reinformen beschrieben werden. Seltsamerweise lehren viele Kajaklehrer an der Westküste der USA eine fast reine Bogenschlagtechnik, die in Rückenlage abgeschlossen wird, während die meisten Lehrer an der Ostküste mit einer fast reinen Hangtechnik mit Auslage arbeiten. Sowohl die Vertreter der einen als auch der anderen Technik sind der Meinung, daß ihre Technik und Lehrmethode die einzig richtige ist. Ich habe versucht, Vor- und Nachteile beider Rollen zu beschreiben, jedoch mit der Gewißheit, daß die Anhänger beider Seiten nicht voll zufriedengestellt werden können.

Ich persönlich habe diesbezüglich keinerlei Präferenz, ich glaube weder ausschließlich an die eine, noch an die andere Theorie. Ein Vergleich der beiden Rollen wird zusammen mit einem kurzen Abriß meiner persönlichen Erfahrungen am Ende von Kapitel 6 vorgestellt. Eine etwas andere Technik der Eskimorolle muß angewendet werden, wenn man im Rücklauf einer Walze hängt; diese wird in Kapitel 12 und 15 behandelt.

Die Bogenschlagrolle im Überblick

Die Bogenschlagrolle rechts ist in den Abbildungen 5.1 A-D beschrieben. Beginnen Sie in der normalen Ausgangsposition, die Handgelenke sind gebeugt. Diese Stellung ist notwendig, damit das Paddelblatt gleich zu Beginn einen leichten Anstellwinkel hat, und so einen sanften Bogen um das Boot auf der Wasseroberfläche beschreiben kann. Durch kleine Stellungskorrekturen der Handgelenke wird der gleiche Anstellwinkel während des Bogenschlags beibehalten. Der Kopf sollte an der Oberfläche liegen und dem Paddel in seiner Bewegung um das Boot vorausgehen. Beginnen Sie mit dem Hüftknick am Anfang des Bogenschlags und führen Sie ihn bis zum Ende des Bogenschlags weiter. Lehnen Sie sich beim Beenden der Rolle leicht nach hinten und neigen den Kopf zum Wasser.

Bryan Tooley, ein Lehrer an der Sundance Kajakschule in Oregon und Verfechter der Bogenschlagrolle, sagte mir, wenn der Bogenschlag richtig ausgeführt wird, so schneidet das Paddelblatt ohne Widerstand durch das Wasser. Dies ist leicht verständlich, da ein beinahe flach angesetztes Blatt besten dynamischen Auftrieb für die Bootsrotation bei gleichzeitig geringstem Widerstand für das Blatt bietet. Ist der Anstellwinkel des Paddels jedoch zu klein, so wird das Paddel schnell seinen Weg nach unten antreten.

- **Bei richtiger Ausführung der Bogenschlagrolle durchschneidet das Paddelblatt ohne jeden spürbaren Widerstand das Wasser.**

Ist der Anstellwinkel zu groß, so erhöht sich der Wasserwiderstand erheblich, und das Paddel sinkt ab – ein Phänomen, das man als ‚Verschneiden' bezeichnet. Passiert dies bei einer Rolle rechts, so dreht sich die Bootsspitze in der Horizontalen nach links weg.

Um ein Gefühl dafür zu entwickeln, wie die Stellung der Handgelenke während des Bogenschlags verändert wird, setzt man sich zunächst einmal an Land in sein Kajak und begibt sich wie in Abbildung 5.2A beschrieben in die Ausgangsstellung; die Handgelenke sind gebeugt. Dies ist die Position in der man umkippt. Anschließend richtet man sich auf und bewegt sein Paddel in die Position, in der man es am Ende der Eskimorolle halten würde (siehe Abbildung 5.2B). Bewegen Sie sich mehrere Male von der Ausgangsposition zur Endposition, und achten Sie darauf, wie die Stellung der Handgelenke während dieses Bewegungsablaufs verändert wird.

Lehrmethodik für die Bogenschlagrolle

Zum Erlernen der Bogenschlagrolle benötigen wir einen Assistenten, der idealerweise die Rolle bereits beherrscht. Jeder Schritt in der Lernphase führt zu größerer Unabhängigkeit, bis die Rolle schließlich auch ohne Hilfe klappt. Arbeiten Sie so lange an der Bewegung und am Timing bis die Rolle technisch perfekt ist. Eine erfolgreiche, jedoch mit großer Anstrengung

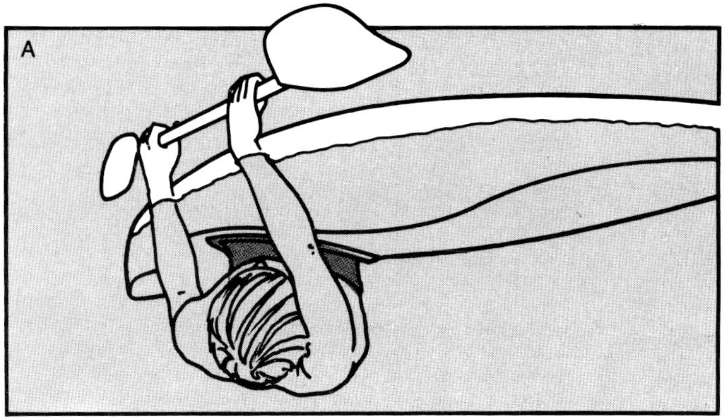

Abbildung 5.1A: Die Bogenschlagrolle. Die übliche Ausgangsposition auf der rechten Seite; die Handgelenke sind dabei gebeugt.

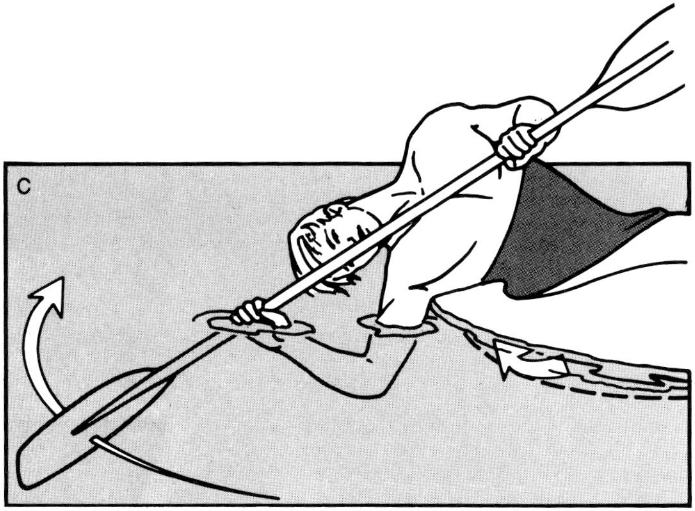

Abbildung 5.1C: Der Kopf kommt zuletzt aus dem Wasser. Beachten Sie, daß die Gegenhand nahe zum Brustkorb gezogen wurde.

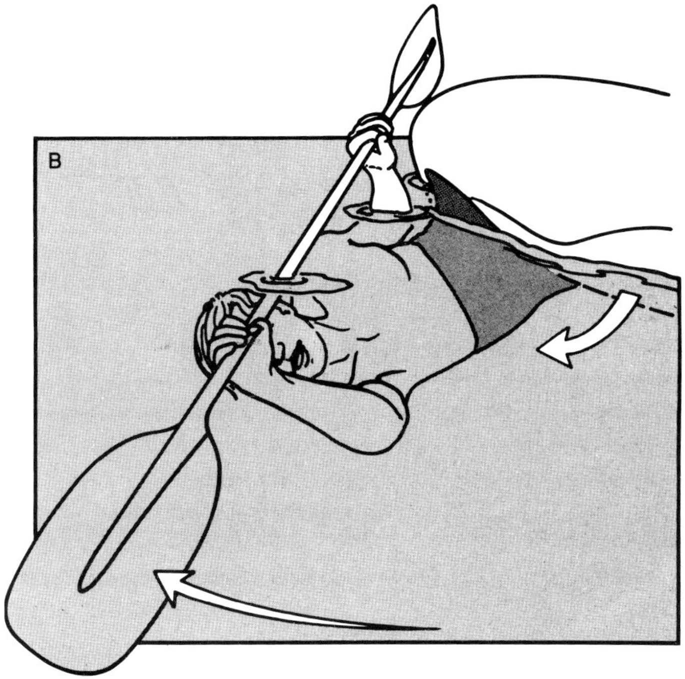

Abbildung 5.1B: Die Rotation der Hüfte beginnt bereits mit der Bewegung von Kopf und Paddel weg vom Boot. Beachten Sie die Bewegung des Oberkörpers zur Wasseroberfläche hin und den Anstellwinkel des Arbeitsblattes.

Abbildung 5.1 D: Die Stabilisation (der Kopf bewegt sich dabei aus einer Position über der Wasseroberfläche wieder über das Kajak) erfolgt automatisch sobald sich das Kajak unter den Körper des Paddlers schiebt.

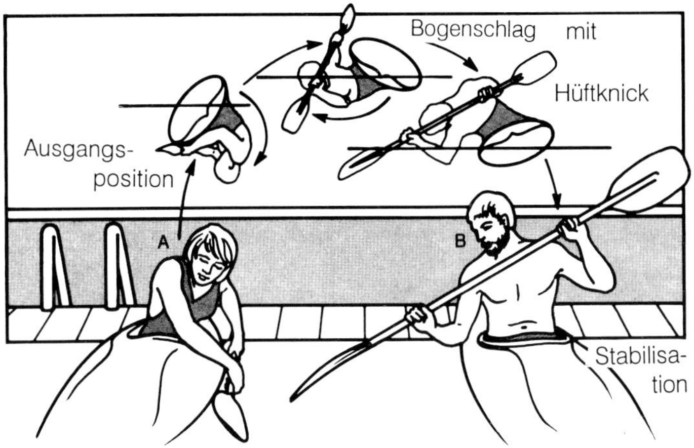

Abbildung 5.2 A,B: Setzen Sie sich an Land ins Kajak und bewegen Sie Ihr Paddel zwischen Ausgangs- (A) und Endstellung (B) hin und her. Die Handgelenke durchlaufen dabei sämtliche Positionen der Gesamtbewegungen. Wie hier bei der Rolle rechts gezeigt wird, sind beide Handgelenke in der Ausgangsposition gebeugt und in der Endposition gestreckt.

verbundene Rolle genügt nicht. Das Ziel ist, die Rolle jedesmal mühelos zu schaffen. Die Herausforderung beim Erlernen der Bogenschlagrolle liegt in der richtigen Koordination von Bogenschlag und Hüftknick, so daß diese beiden Bewegungen gleichzeitig ablaufen. Dabei ist es hilfreich, die Rolle in zwei Teilbewegungen zu zerlegen. Zunächst koordiniert man den Hüftknick mit den zusätzlichen Bewegungen von Kopf und Oberkörper (weg vom Boot), anschließend kombiniert man dies mit der kontrollierten Führung des Paddelblattes.

Übungen zum Erlernen der Technik der Bootskontrolle

1. Der Hüftknick. Legen Sie Ihre Hände auf die des Partners und drehen Sie das Boot langsam und gleichmäßig nach oben und wieder nach unten. Das Kajak wird um 180 Grad gedreht, und es erfolgt eine Umkehrung der Verlagerung des Oberkörpers. Die Hände des Partners sollten dabei ca. 30 cm unter der Wasseroberfläche liegen. Ihr Oberkörper liegt durch den Auftrieb des Wassers an der Oberfläche, auf die Hände des Partners wird nur leicht Druck ausgeübt. Im umgekippten Kajak wird das Gesicht wahrscheinlich gerade unter Wasser sein; um zum Atmen nach oben zu kommen, nehmen Sie einfach mehr Druck über die Hände auf.

Während des Hüftknicks sollte jedoch der Kopf so lange unter Wasser bleiben, bis das Kajak unter den Körper gezogen wird und diesen aus dem Wasser schiebt. Der Kopf verläßt das Wasser zuletzt; er ist zum Wasser geneigt, so, als ob er vor dem Herausheben noch zögern würde. Mit dem Druck der Schenkel wird das Kajak immer weiter gedreht, bis es wieder richtig im Wasser liegt. Führt man die Übung korrekt aus, so nimmt man sehr wenig Druck von den Händen des Partners auf.

Eine sehr interessante Übung ist es, die Hände des Partners an der Wasseroberfläche zu ergreifen und das Boot um 90 Grad aufzukanten. Der Kopf liegt über dem Wasser und wird, wie in Abbildung 5.3A dargestellt, noch hochgehoben. Beobachten Sie dabei, wo sich die Kanten des Kajaks hinbewegen. Wird der Hüftknick durch das Heben des Kopfes behindert oder unterstützt? Neigen Sie nun den Kopf zum Wasser (Abbildung 5.3B) und machen die gleiche Übung. Es ist am Anfang immer sehr wichtig, den instinktiven Drang zu unterdrücken, den Kopf aus dem Wasser zu heben, um nach Luft zu schnappen. Drehen Sie erst das Kajak nach oben und atmen Sie dann.

2. Die Rücklage. Die Rücklage sollte geübt werden, indem der Partner das Kajak vor der Sitzluke festhält und es ungefähr im rechten Winkel auf die Kante stellt. Setzen Sie sich, wie in Abbildung 5.4A beschrieben, aufrecht ins Kajak, der Kopf liegt an der Wasseroberfläche. Dann kippt der Partner das Boot wieder in die Ausgangslage zurück. Lassen Sie Ihren Kopf dabei an der Wasseroberfläche und legen Sie sich zurück (Abbildung 5.4B). Hierbei ist es eigentlich nur wichtig, sich zu entspannen und Kopf und Körper auf das Hinterschiff rollen zu lassen. Dem Partner wird es sehr viel schwerer fallen, das Boot hochzudrehen, wenn Sie versuchen, den Kopf aus dem Wasser zu heben, bevor der Oberkörper ganz auf dem Heck ruht.

3. Hüftknick mit vollständiger Rumpfbewegung. Nun probiert man eine Verlagerung des Oberkörpers von vorne nach hinten, während das Kajak mit Hüften und Oberschenkeln gedreht wird. Legen Sie dazu Ihre Hände an der Wasseroberfläche auf die

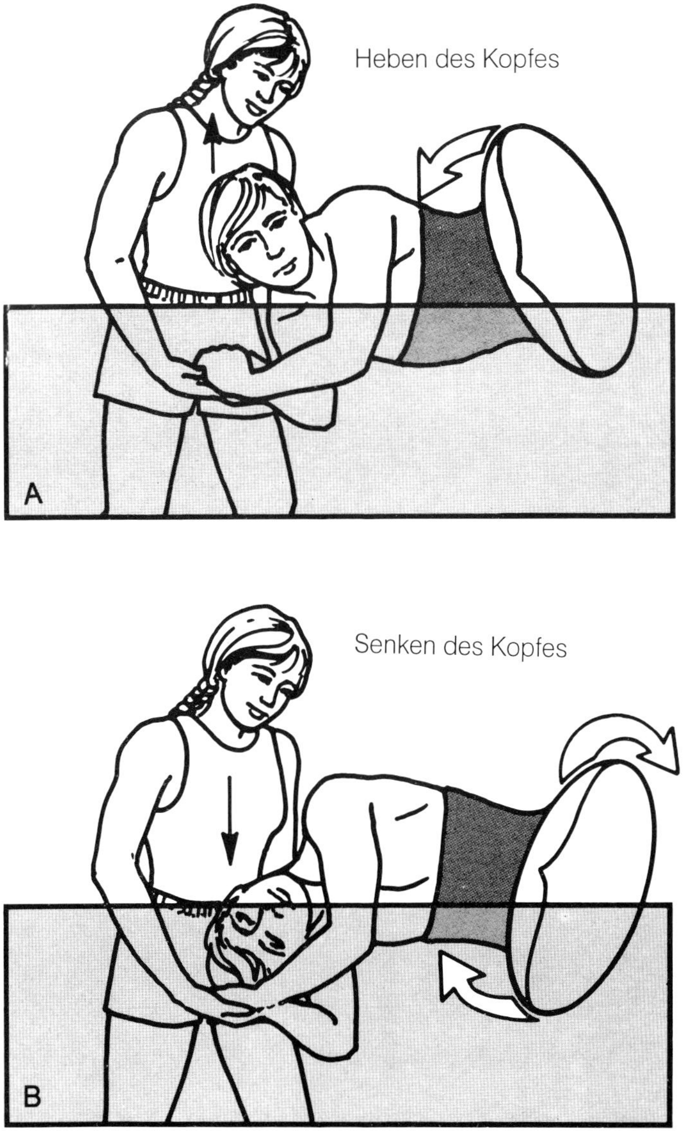

Abbildung 5.3 A,B: Das frühzeitige Heben des Kopfes blockiert den Hüftknick. Beobachten Sie bei dieser Übung die Kanten des Kajaks. Durch Heben des Kopfes wird automatisch die obenliegende Kante zum Oberkörper gezogen. Ein Senken des Kopfes läßt die untere Kante in Richtung Oberkörper wandern und unterstützt dadurch die Rollbewegung des Kajaks.

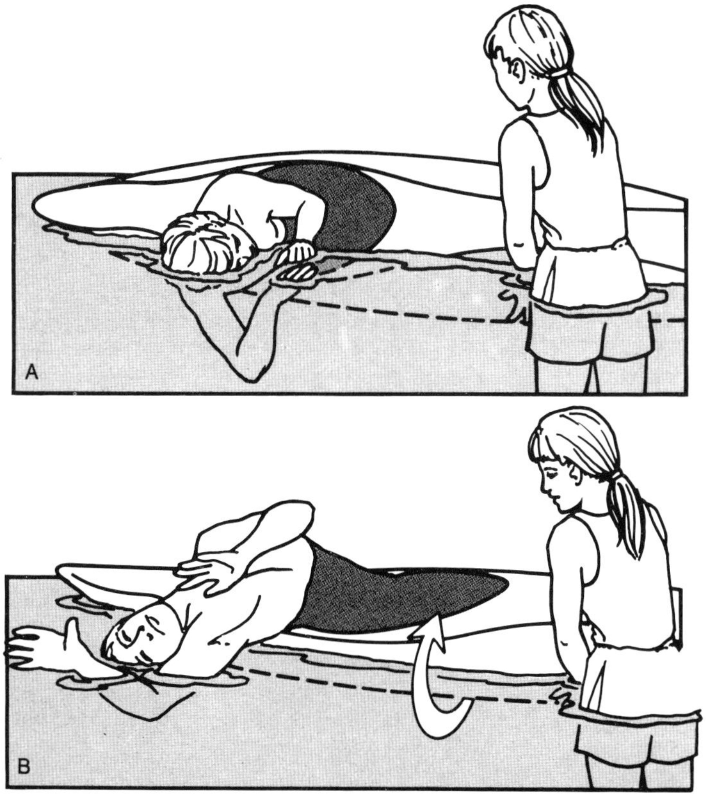

Abbildung 5.4 A,B: Legen Sie den Oberkörper auf dem Heck ab während der Partner das Kajak nach oben dreht.

des Partners, schieben den Oberkörper nach vorne, und kippen das Kajak um (siehe Abbildung 5.5A). Gleichzeitig mit dem Hochdrehen des Bootes bewegen Sie dann Kopf und Oberkörper nach hinten (die Hände des Partners folgen der Bewegung), wie in Abbildung 5.5B dargestellt. Wichtig ist hier, mit dem Hüftknick zu beginnen, sobald sich der Oberkörper vom Boot wegbewegt. Dadurch sollten Sie in der Lage sein, das Kajak um gut 90 Grad zu drehen, bevor der Oberkörper senkrecht zum Boot steht.

4. Einübung der Kopfbewegung und des Hüftknicks. Damit der Kopf nicht vorzeitig aus dem Wasser gehoben werden kann, benutzt man anstatt der Hände des Partners eine zusammen-

gerollte Schwimmweste als Auftriebskörper. Dabei fixiert die Aktionshand die Mitte, während die Gegenhand auf der Schwimmweste liegt. Für optimalen Auftrieb hält man die Schwimmweste so weit vom Körper entfernt wie möglich, und versucht dann, das Kajak hochzurollen (siehe Abbildung 5.6 A,B). Der Oberkörper wird beim Hüftknick so weit wie möglich nach hinten genommen, damit der Kopf nahe an der Wasseroberfläche bleibt. Die Gegenhand schwingt dabei auf die andere Seite des Kajaks um die Balance auszugleichen. Versucht man bei dieser Übung den Kopf aus dem Wasser zu heben, indem man den Auftriebskörper nach unten drückt, so wird man schnell herausfinden, daß sich das Kajak auf diese Weise unmöglich hochrollen läßt (siehe Abbildung 5.6C). Sobald Sie diese Übung sicher beherrschen, sind Sie bereit, die Bewegung des Paddelblattes zu erlernen.

Übungen zur Paddelführung

1. **Bogenschlag mit Auslage des Oberkörpers**. Bei dieser Übung sitzt man aufrecht im Boot und versucht, das Paddelblatt in einem weiten Bogen von vorne nach hinten um das Kajak zu ziehen. Das Blatt liegt flach auf dem Wasser. Dabei verlagert man seinen Schwerpunkt mehr und mehr vom Boot weg. Der Partner kann als Hilfestellung den Süllrand auf der anderen Seite festhalten. Mit Hilfe dieser Bewegung wird während der Rolle ähnlich wie bei einem Fangschlag Auftrieb erzeugt.

2. **Bogenschlag mit Teilrolle**. Als nächstes versuchen Sie, die Bewegung der Hüfte und des Paddels zusammenzusetzen. Drehen Sie das Kajak so weit wie möglich um, während der Partner dabei hilft, den Kopf aus dem Wasser zu halten, indem er Ihren Oberkörper mit einer Hand unter der Achselhöhle stabilisiert (siehe Abbildung 5.7A). Drehen Sie dann das Kajak mit den Hüften auf. Der Partner führt das Paddel beim Bogenschlag, wie in Abbildung 5.7B dargestellt. Es ist unbedingt darauf zu achten, daß der Partner tatsächlich den Körper und nicht das Paddelblatt stabilisiert. Wenn das Blatt gehalten wird, werden Sie sich darauf stützen, um den Kopf über Wasser zu halten. Wird hingegen der Rumpf unterstützt, so muß das Paddel in der richtigen Stellung gehalten werden, indem man die Hände nach oben streckt. Diese Methode sorgt für die korrekte Bewegungsführung und führt zur richtigen Technik.

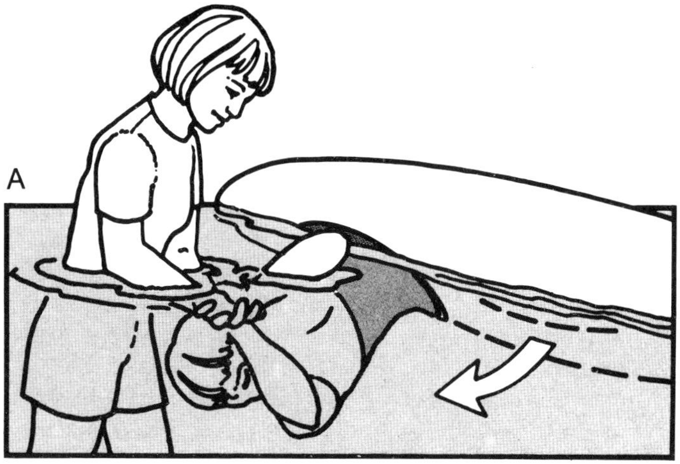

Abbildung 5.5A: Bei dieser Übung zum Hüftknick beginnt man in leichter Oberkörpervorlage, und endet in starker Rücklage (siehe Abbildung 5.5B auf der nächsten Seite).

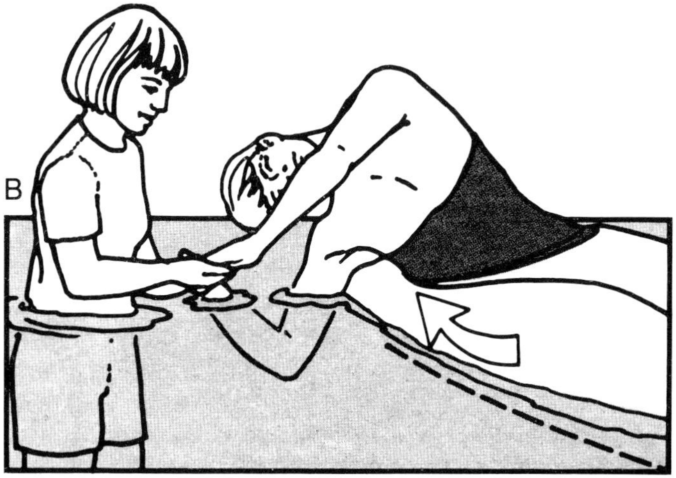

Abbildung 5.5 B: Beachten Sie, daß der Kopf am Anfang der Bewegung nach oben (Abbildung 5.5 A), und am Ende der Bewegung wie hier dargestellt nach unten geneigt ist.

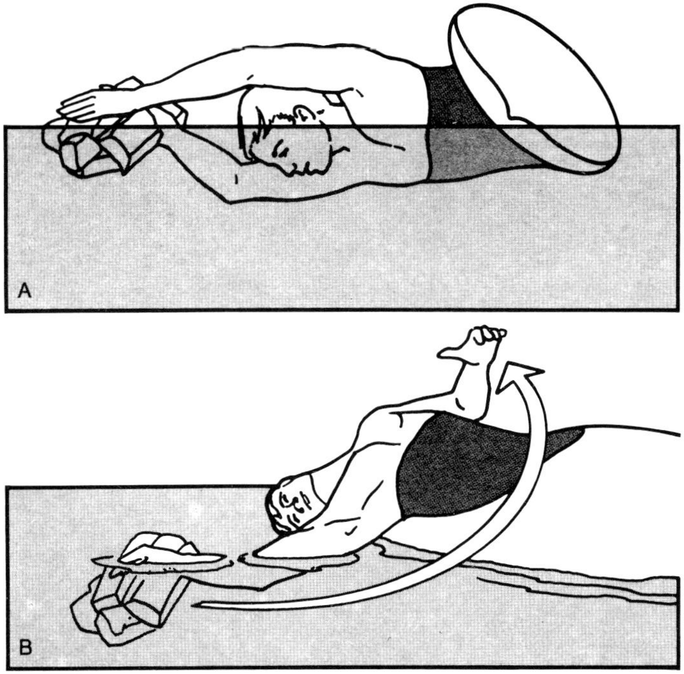

Abbildung 5.6 A,B: Üben Sie die Kombination der Bewegung des Hüftknicks mit dem Nach-Hinten-Lehnen mit Hilfe einer Schwimmweste. Schwingen Sie die Gegenhand über die Hüfte auf die andere Seite des Kajaks um ein gutes Gleichgewicht zu erzeugen und die Schultern über das Heck zu bringen. Beachten Sie, daß der Kopf während des gesamten Manövers auf Höhe der Wasseroberfläche bleibt.

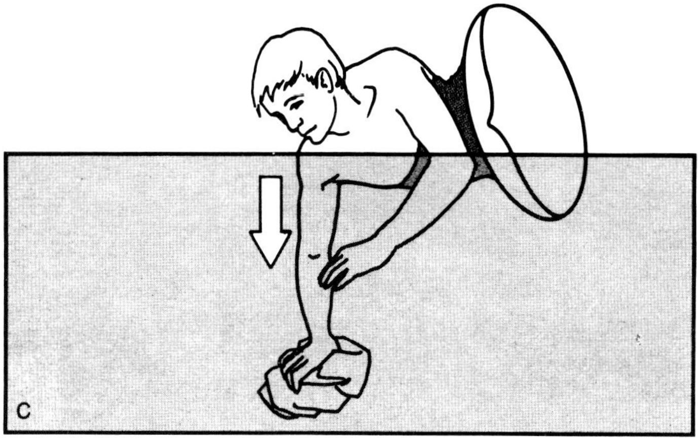

Abbildung 5.6C: Wenn man versucht den Kopf aus dem Wasser zu heben, wird der Auftriebskörper weit unter Wasser gedrückt, und ein Aufrollen des Kajaks so unmöglich gemacht.

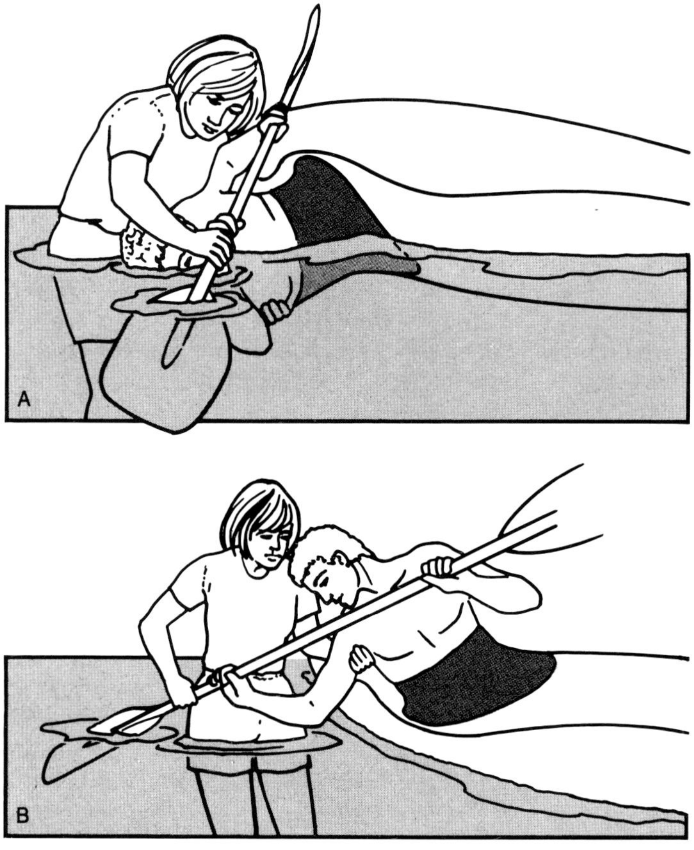

Abbildung 5.7 A,B: Generalprobe für die Bogenschlagrolle: Führen Sie den gesamten Ablauf der Bogenschlagrolle mit Hilfe des Partners langsam aus. Mit zunehmender Verinnerlichung der Gesamtbewegung wird diese immer harmonischer und schneller werden, und bald fast ohne Partnerhilfe gelingen.

Bei Beginn dieser Übung wird der Kopf vom Kajak wegbewegt, um ihn so nahe wie möglich an der Wasseroberfläche zu halten. Einen Augenblick später beginnt der Bogenschlag. Die Gegenhand bewegt sich kaum, sie fixiert lediglich den Schaft auf Brusthöhe. Die Kraft und Exaktheit des Bogenschlags kommt aus dem Rumpf und nicht aus den Armen. Beginnen Sie den Hüftknick gleichzeitig mit dem Bogenschlag. Neigen Sie den Kopf am Ende des Schlages zum Wasser hin, das Gesicht schaut zum Arbeitsblatt, und ziehen Sie das Kajak mit dem Knie nach oben, um es ganz unter den Körper zu bringen.

3. Bogenschlag mit ganzer Rolle. Hier handelt es sich um eine Wiederholung der vorhergehenden Übung, jedoch wird das Kajak ganz umgedreht; man beginnt aus der normalen Ausgangslage. Das Boot liegt flach auf der Wasseroberfläche, der Kopf ist unter Wasser. Der Partner leistet noch so lange Hilfestellung bis Timing und Paddelführung so ausgereift sind, daß eine selbständige Rolle möglich ist. Dabei sollten Sie sich bei jedem neuen Ansatz zur Rolle auf mehrere Punkte konzentrieren:

A. In der Ausgangsposition hat das Paddel einen kleinen Anstellwinkel. Falls nötig, sollte der Partner die Stellung vor dem Paddelschlag korrigieren.

B. Die Gegenhand weicht nach dem Hüftknick nicht nach oben aus, sondern sollte den Paddelschaft am Brustkorb fast parallel zur Wasseroberfläche fixieren. Falls notwendig, klemmen Sie einen kleinen Auftriebskörper, (wie zum Beispiel einen Neoprenschuh oder ein Stück Hartschaum) unter die Achsel, und versuchen, dies während der Rolle nicht zu verlieren. Gelingt diese Übung, so haben Sie den Gegenarm nicht über den Kopf gehoben.

C. Achten Sie besonders darauf, daß das Blatt gleich zu Anfang des Paddelzuges auf der Wasseroberfläche vom Boot wegbewegt wird. Beginnt man den Bogenschlag richtig, so wird das Blatt bis zum Ende an der Oberfläche bleiben und optimalen dynamischen Auftrieb erzeugen.

Liegt das Gegenblatt zu nahe am Kajak, und wird seine Bewegung dadurch behindert, so bewegen Sie beide Hände vor dem Bogenschlag ca. 10 bis 20 cm von der Seite weg (siehe Abbildung 5.8A). Dadurch bleibt die Gegenhand nahe am Oberkörper, vergrößert jedoch den Bewegungsspielraum des Bogenschlags, indem das Blatt zuerst von einer Stellung in der Nähe der Hüfte in eine Position in der Nähe der Schultern gebracht wird. Ein weiterer Trick besteht darin, die Gegenhand vor dem Zug mehrere Zentimeter über die Wasseroberfläche zu heben, wie in Abbildung 5.8B gezeigt wird, um dem Blatt mehr Bewegungsfreiheit über dem Unterschiff zu geben. Nach Abschluß der Rolle geht die Gegenhand automatisch in die richtige Stellung in Schulternähe zurück.

D. Ein guter Bogenschlag muß nicht schnell ausgeführt werden, er verliert jedoch an Wirkung, wenn er zu langsam ist. Das Paddel muß schnell genug bewegt werden, um Auftrieb zu erzeugen. Beginnen Sie mit dem Hüftknick sofort nach dem Ansetzen des Bogenschlags. Die Abstimmung von Hüftknick und Bogenschlag wird Ihnen sehr bald in Fleisch und Blut übergehen.

E. Beendet wird die Rolle mit einer leichten Verlagerung des Oberkörpers nach hinten. Das Paddelblatt wandert dabei nicht bis zum Heck, wo es nur wenig Auftrieb erzeugen kann; der Schlag wird abgeschlossen, wenn das Blatt noch weit von der Seite des Kajaks entfernt ist.

Ist das Kajak am Ende des Paddelzuges noch nicht ganz hochgedreht, so gibt es noch ein letztes Mittel: Ein Paddler, der Bogenschlag vorwärts und rückwärts miteinander verbinden kann, beendet die Rolle, indem er beide Handgelenke umklappt und die Rückseite des Paddelblattes für einen Fangschlag rückwärts benutzt. Die Möglichkeit, an den Bogenschlag einen weiteren Schlag anzuhängen, ist einer der echten Vorteile dieser Rolle im Wildwasser. Lernen Sie, diese Möglichkeit zu nutzen, indem Sie nach der Rolle hin und wieder einen solchen Schlag anhängen, selbst wenn Sie bereits oben sind. Doch sollte man dabei nicht vergessen, daß ein Fangschlag bei der Bogenschlagrolle im ruhigen Wasser eigentlich eine schlechte Rolltechnik kompensiert. Arbeiten Sie weiterhin an Ihrer Eskimorolle bis ein Fangschlag nicht mehr notwendig ist.

- **Muß an die Bogenschlagrolle ein Fangschlag rückwärts angehängt werden, so ist die Rolltechnik noch nicht gut genug.**

Eine technisch einwandfreie Bogenschlagrolle erscheint einfach. Oberkörper und Paddel bewegen sich gleichmäßig durch das Wasser. Der Hüftknick ist so gut darauf abgestimmt, daß er nicht von den anderen Bewegungen, die gleichzeitig ablaufen, isoliert werden kann. Die zeitliche Abstimmung jedes Bewegungsteils (Geschwindigkeit des Bogenschlags, Veränderungen der Blattstellung, Hüftknick und Bewegung des Oberkörpers) wird oft nicht während einer einzigen oder mehreren Trainings-

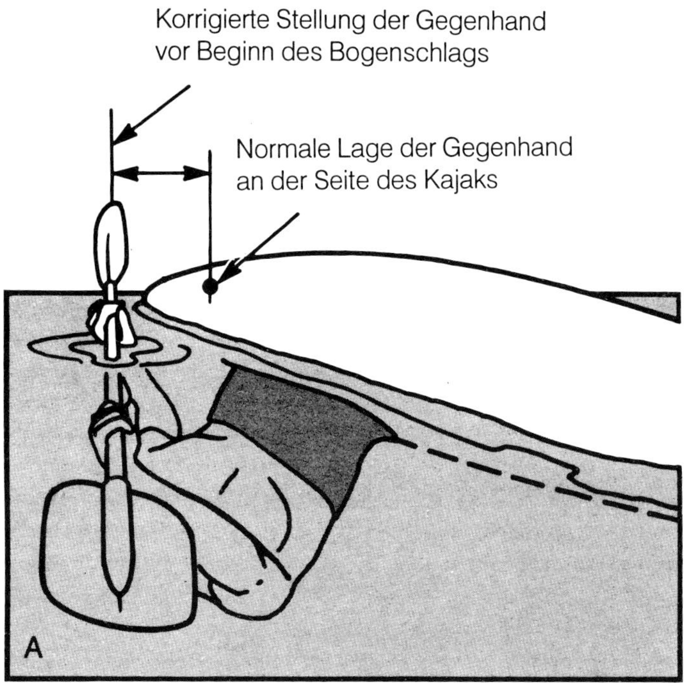

einheiten erlernt. Die Gesamtbewegung ist komplex. Gehen Sie methodisch vor, und machen Sie sich mit jedem einzelnen Teil der Rolle vertraut bevor Sie die Bewegungen zusammensetzen.

Nach dem Erlernen der Bogenschlagrolle arbeitet man weiterhin an ihrer Verbesserung und Feinabstimmung. Bogenschlagrolle und jede andere Eskimorolle müssen im ruhigen Wasser nicht perfekt ausgeführt werden, um erfolgreich zu sein. Ihre Effektivität kann im ruhigen Wasser nicht richtig beurteilt werden. Wie viele Leute schaffte ich es bereits am ersten Tag, hochzukommen, ich benötigte jedoch acht weitere Monate regelmäßigen Paddelns (und Rollens!) bis ich meiner Eskimorolle im Wildwasser vertrauen konnte. An manchen Tagen wollte es super klappen, an anderen Tagen überhaupt nicht. Üben Sie die Rolle so oft Sie können im Schwimmbad und an ruhigen Stellen in Flüssen. Bitten Sie andere Paddler, Ihnen zuzusehen und Verbesserungsvorschläge zu machen. Eine technisch einwandfreie Rolle ist fast immer erfolgreich und es lohnt sich, sie zu beherrschen

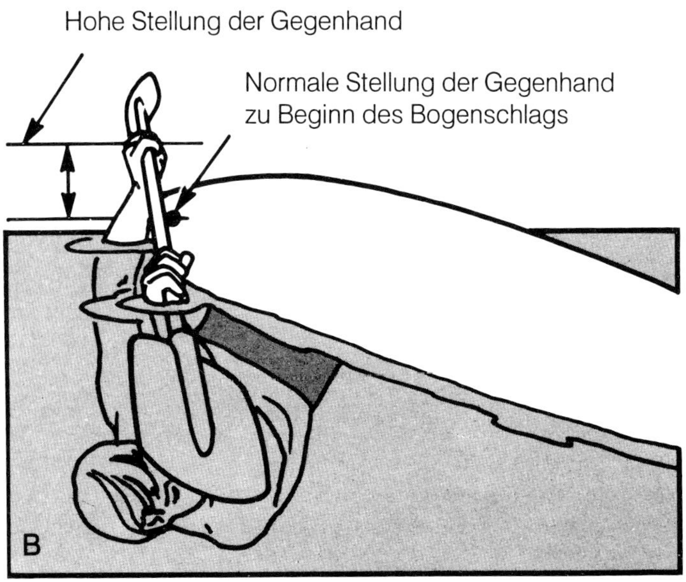

Abbildung 5.8 A,B: Manchmal können Sie Ihren Bogenschlag noch verbessern, indem Sie (A) die Gegenhand seitlich vom Boot wegbewegen, oder (B) diese über das Unterschiff heben – vergessen Sie nur nicht, sie während des Hüftknicks wieder in Richtung Brustkorb zu ziehen.

6 Die Hangrolle

Die Hangrolle unterscheidet sich von der Bogenschlagrolle besonders im Timing von Bogenschlag und Hüftknick. Während diese bei der Bogenschlagrolle gleichzeitig ausgeführt werden, folgt bei der Hangrolle die eine Bewegung auf die andere. Der Hüftknick erfolgt nicht während des Bogenschlags, er wird vielmehr als explosive Bewegung an den Bogenschlag angehängt. Der Körper wird dabei wie beim Aufschlag im Tennis gespannt, und entlädt diese Energie während des Hüftknicks (siehe Abbildung 6.1A,B). Der schnelle Hüftknick beendet die Rolle, bevor das Arbeitsblatt das Wasser verdrängt und absinkt (siehe Abbildung 6.1C,D). Im Gegensatz zum Bogenschlag wird beim Hang Energie gespeichert und anschließend explosiv freigesetzt.

Anfängern wird beim Erlernen der Hangrolle oft erzählt, sie sollten ihr Paddel während des Bogenschlags über und nicht auf der Wasseroberfläche führen. Dadurch verringert sich die Tendenz des Paddelblattes, nach unten wegzutauchen, wäh-

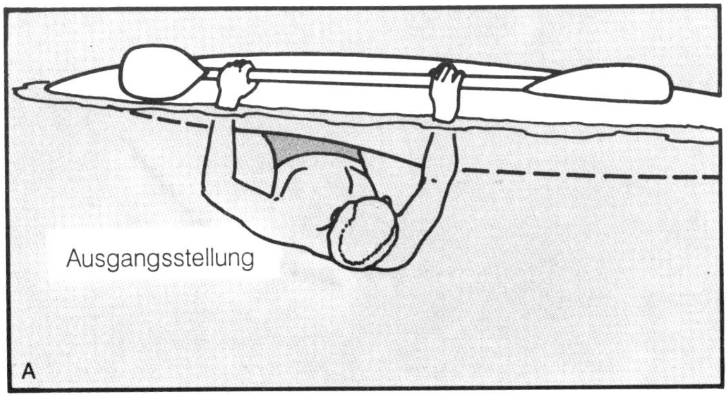

Abbildung 6.1 A: Die Ausgangsposition der einfachen Hangrolle.

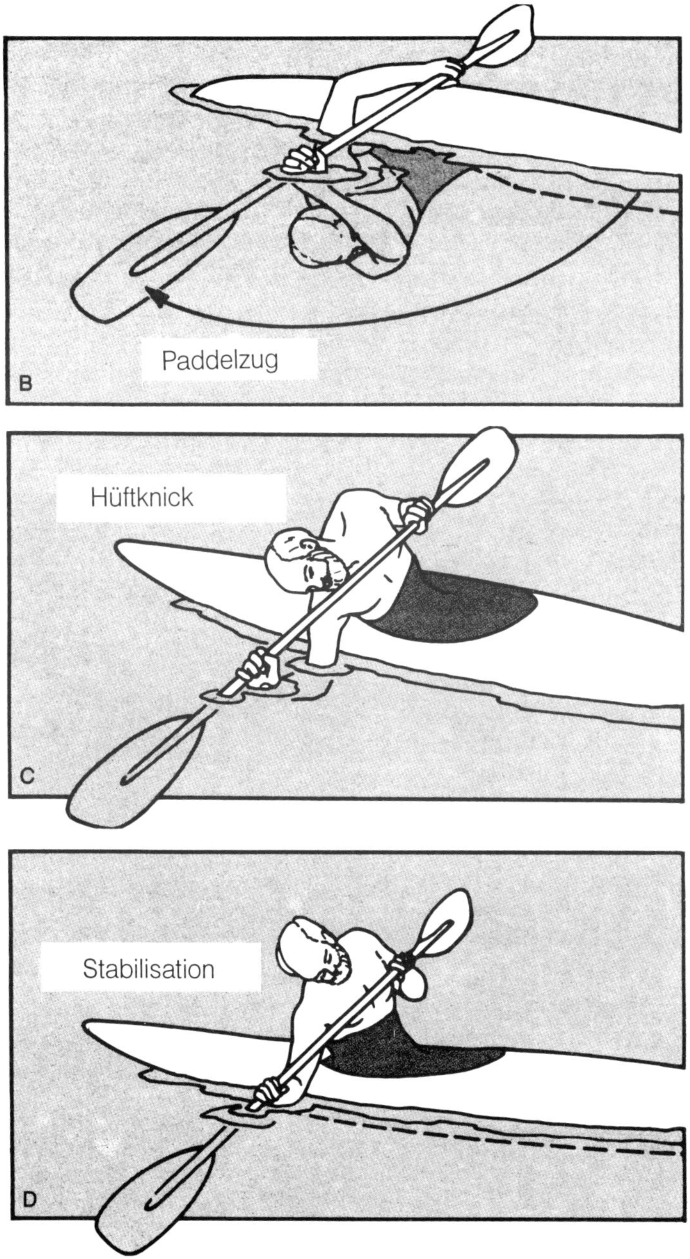

Abbildung 6.1B-D: B: Der Paddelzug. Das Arbeitsblatt liegt im rechten Winkel zum Kajak über oder an der Wasseroberfläche. C: Der Hüftknick gibt dem Boot einen starken Drehimpuls, so daß es nicht notwendig ist, das Paddel nach unten zu drücken. D: Die Stabilisation ist eine Weiterführung des Hüftknicks, das Ergebnis der Rotation des Kajaks.

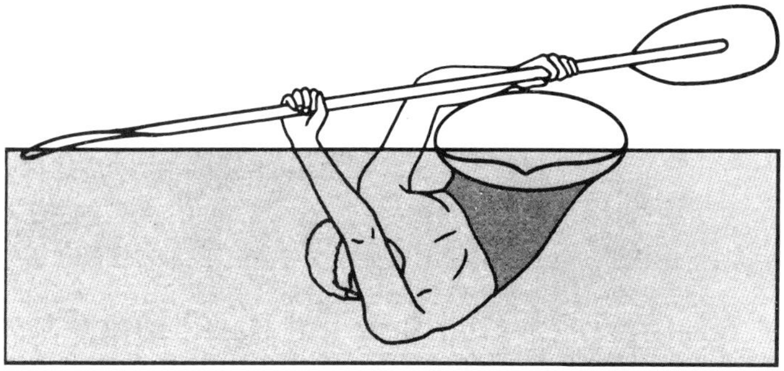

Abbildung 6.2: Dies ist die Position für den Paddelhang bei der einfachen Hangrolle, die unmittelbar nach Ausführung des Paddelzugs eingenommen wird. Eine Drehung des Kajaks ist bis zu diesem Punkt noch nicht erfolgt.

rend es durch das Wasser gezogen wird: Der Paddler muß das Paddel nach oben drücken, anstatt sich daran festzuhalten und es nach unten zu ziehen. Das Problem der Koordination von Paddelzug und Hüftknick, der unmittelbar darauf folgen muß, und mit dem viele Anfänger zu kämpfen haben, entfällt ebenfalls. Am Ende des Paddelzugs bewegen sich weder Paddel noch Boot, so daß der Paddler den Hüftknick beginnen kann, sobald er bereit ist (siehe Abbildung 6.2).

Obwohl dieser Ansatz begrifflich einleuchtend ist und auch einige Vorteile birgt, so ist es doch leichter, mit einem Bogenschlag zu arbeiten. Und die große Mehrheit der Paddler wandelt auch tatsächlich ihre Hangrolle nach einer oder zwei Saisonen in die Bogenschlagrolle um. Für mich ist die einfache Hangrolle, bei der das Paddel das Wasser nicht berührt, eine Vorstufe der Bogenschlagrolle, und eine Hangrolle mit Paddelzug im Wasser eine fortgeschrittene Hangrolle. Obwohl die fortgeschrittene Hangrolle gegenüber der primitiveren Technik einige Vorteile aufweist, so ist es doch sinnvoll, beide zu erlernen.

Überblick über die Technik der einfachen Hangrolle

Abbildungen 6.1 und 6.2 zeigen den Bewegungsablauf der einfachen Hangrolle rechts: Zunächst wird das Paddel ganz in der Luft von der Ausgangsstellung (parallel am Boot) in eine rechtwinkelige Lage zum Boot gebracht. Das Arbeitsblatt wird an oder über der Wasseroberfläche gehalten, indem man den Ellbogen durchdrückt und die tiefer liegende Schulter nach oben dreht. Während Arbeitsschulter, -arm und -hand das Arbeitsblatt hochhalten, schiebt die Gegenhand das Gegenblatt nach oben und über den Bootsrumpf.

Ein kräftiger Hüftknick dreht das Kajak um. Obwohl er mit einem gewissen Kraftaufwand verbunden ist, belastet der Hüftknick Schultern und Arme kaum, da die meiste Energie aus Brust-, Bauch- und Beinmuskulatur kommt. Zu Beginn des Hüftknicks verlagert man sein Gewicht kurz auf das Paddel. Durch eine derartige Gewichtsverlagerung ‚hängt' man an der Auftriebsplattform, die das Paddel bietet. Dabei zieht man den Schaft jedoch nicht aktiv nach unten. Der Hüftknick erfolgt, während man sein Gewicht vom Kajak wegverlagert; dabei zieht man das rechte Knie nach oben in Richtung Paddel, das für einen Augenblick an der Oberfläche liegt. Unterbricht man den Bewegungsablauf nicht, so wird der Hüftknick das Kajak komplett hochdrehen. Lassen Sie den Kopf unter Wasser bis der Süllrand in Ihre Rippen drückt und Kopf und Oberkörper aus dem Wasser schiebt. Als Orientierungshilfe dreht man den Kopf so, daß er während des Hüftknicks zum Arbeitsblatt schaut (siehe Abbildung 6.1C). Ein zu frühes Heben des Kopfes kann die Drehung des Bootes abrupt beenden, da man bei dieser Bewegung die Seite des Kajaks, die in der Luft ist, unbewußt mit den Knien zu sich herzieht.

Das Gleichgewicht wird wiederhergestellt sobald das Kajak unter den Körper kommt. Eine Gewichtsverlagerung zur Seite in leichter Rücklage, um den Schaft auf Hüfthöhe auszurichten, sorgt wahrscheinlich für die günstigste Position für das Beenden der Rolle und gibt uns beim Hochrollen einen guten Überblick über den Fluß. Eine starke Verlagerung des Oberkörpers nach vorne oder hinten bringt ebenfalls eine gute Endposition einer technisch ausgereiften Hangrolle. Ich ziehe jedoch die seitliche Gewichtsverlagerung vor.

Methodik zum Erlernen der einfachen Hangrolle

Übungen zur Verbesserung der Bootskontrolle

Übung 1: **Hüftknick und Auslage ohne Paddel.** Hier handelt es sich um eine Wiederholung der ersten Übung im Kapitel über die Bogenschlagrolle. Sie wird daher nur in Kurzform noch einmal erläutert: Die Hände werden auf Höhe der Wasseroberfläche auf die Hände des Partners gelegt und das Kajak mit einem Hüftknick aufgerichtet. Der Oberkörper hat eine starke Auslage, um den Kopf so lange im oder an der Wasseroberfläche zu halten bis der Hüftknick beendet ist. Der Hüftknick sollte eine in sich geschlossene, flüssige Bewegung sein. Nach Beendigung sitzt man wieder aufrecht im Boot, es sollte kein Druck mehr auf die Hände des Assistenten ausgeübt werden.

Übung 2: Das Durchrollen. Hier wird die Bewegung des Oberkörpers eingeübt; dieser wird unter Wasser vom Boot weggestreckt und orientiert sich zur Oberfläche (siehe Abbildung 6.3). Dabei lassen Sie sich auf der dem Partner abgewandten Seite mit nach vorne gebeugtem Oberkörper ins Wasser kippen. Dann strecken Sie sich nach oben und weg vom Kajak, legen die Hände auf die des Partners und führen einen Hüftknick aus wie in Übung 1 beschrieben.

Übung 3: Verbesserung von Kopfhaltung und Hüftknick mit Hilfe einer Schwimmweste. Um sich ein frühzeitiges Heben des

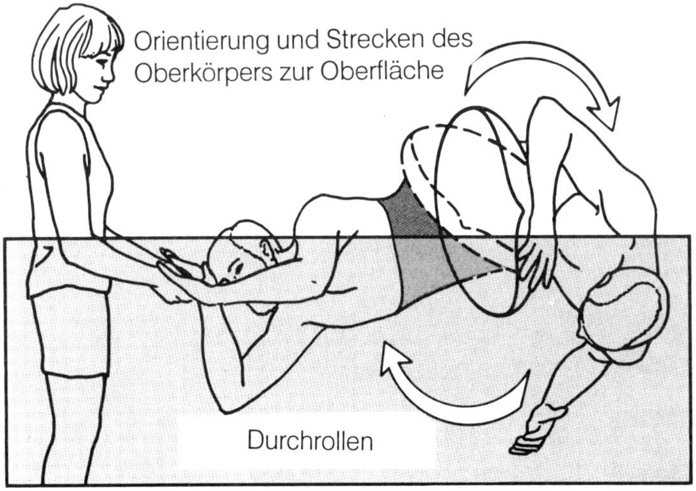

Abbildung 6.3: Hier beginnen Sie die Rolle auf der dem Partner abgewandten Seite, strecken den Oberkörper nach oben und drehen das Boot mit Hüftknick nach oben. Auf diese Weise wird der Bewegungsablauf bei der Hangrolle eingeübt und die Orientierung unter Wasser verbessert.

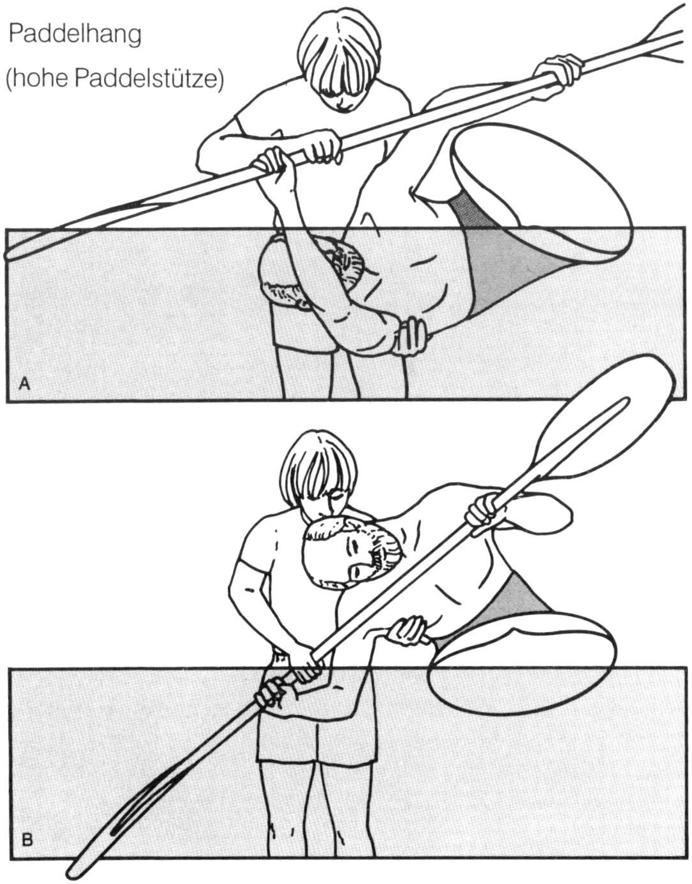

Abbildung 6.4 A,B: Hier hilft der Partner beim Üben des Hüftknicks aus dem Paddelhang heraus, indem er Oberkörper und Paddel unterstützt. Das Kajak ist ca. 45° gekantet.

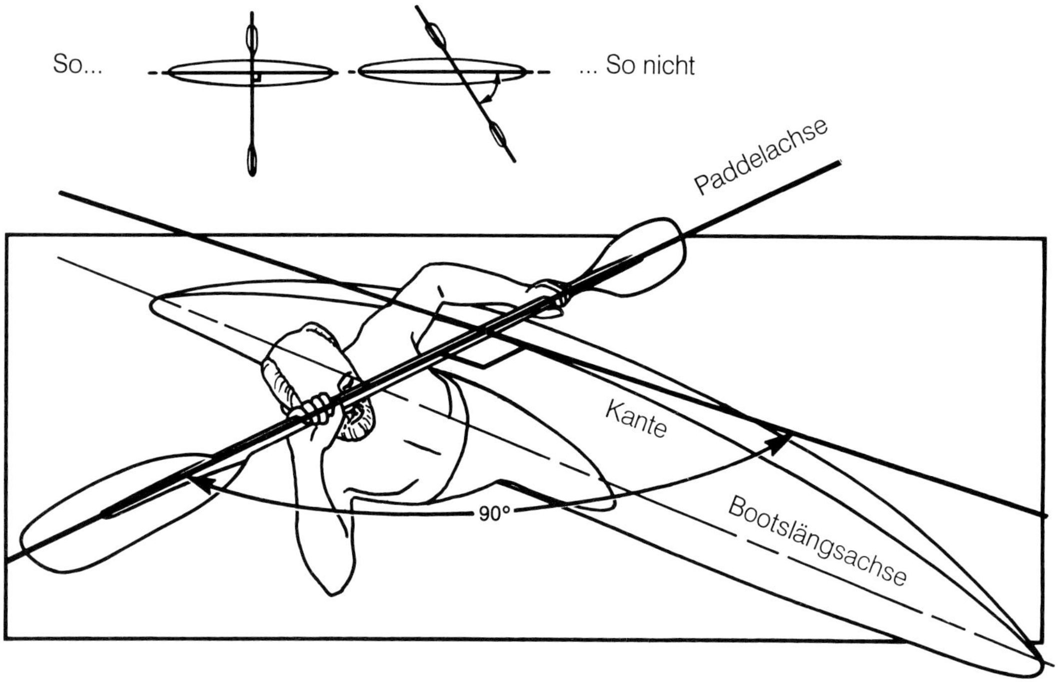

Abbildung 6.5: Hier wird das Paddel beim Hüftknick während der Hangrolle senkrecht zum Kajak gehalten.

Kopfes abzugewöhnen, benutzt man anstatt der Hände des Partners eine zusammengerollte Schwimmweste als Auftriebskörper, ähnlich wie bei der Übung zur Bogenschlagrolle in Abbildung 5.6. Diesmal jedoch *lehnt man sich* am Ende des Hüftknicks *so weit wie möglich nach vorne oder zur Seite*. Der Kopf bleibt nahe am Wasser, die freie Hand wird auf die andere Seite des Kajaks geschwungen. Die Schwimmweste bietet die meiste Unterstützung, wenn man sie so weit wie möglich vom Boot weghält. Diese Übung ist für das Erlernen aller Arten der Eskimorolle nützlich, da sie klar zeigt, daß ein nur sehr geringer Druck auf Hände oder Paddel tatsächlich ausreichend ist, wenn man den Kopf nicht aus dem Wasser hebt und das Kajak aus Oberschenkel und Hüfte hochrollt.

Übungen zur Verbesserung der Paddelführung

Übung 1. Die Position bei der hohen Paddelstütze. Der Partner hält das Kajak im 90-Grad Winkel auf der Kante und unterstützt gleichzeitig den Oberkörper mit einer Hand unter der Achsel, so daß sich Ihr Gesicht über der Wasseroberfläche befindet. Bewegen Sie dann Paddel und Oberkörper in die Position für den Paddelhang und führen Sie einen Hüftknick aus (siehe Abbildung 6.4). Bei jeder Wiederholung der Übung erhöht der Partner schrittweise den Kantwinkel des Kajaks, bis es schließlich vollständig umgekippt im Wasser liegt; dabei wandert der Oberkörper immer weiter in die Auslage. Der Unterarm der Gegenhand wandert immer weiter über das Unterschiff bis die in Abbildung 6.2 gezeigte Position erreicht ist.

Übung 2: Beibehalten der Paddelstellung (im rechten Winkel zum Kajak) während des Hüftknicks. Das Paddel sollte während des Hüftknicks im rechten Winkel zum Kajak gehalten werden (siehe Abbildung 6.5). Diese Hand- bzw. Paddelstellung wird gefestigt, indem der Partner das Paddel mit beiden Händen fixiert, wie in Abbildung 6.6A gezeigt wird. Das Arbeitsblatt sollte dabei ca. 30 cm unter der Wasseroberfläche liegen, die Übung wird zu Anfang langsam ausgeführt. Nach Beenden des Hüftknicks überprüfen Sie Hand- und Armstellung (siehe Abbildung 6.6B). Bleiben die Hände im 90-Grad-Winkel, so wird sich das Kajak weder in der horizontalen Ebene drehen, noch sich vorwärtsbe-

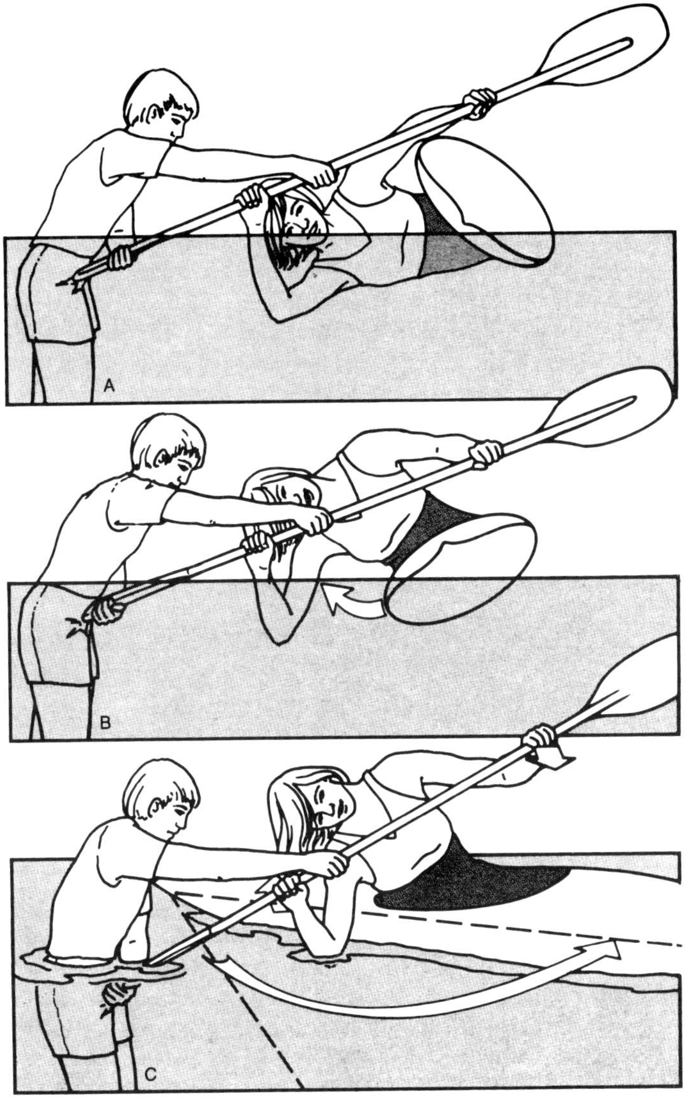

Abbildung 6.6 A,B: Mit dieser Übung lernen Sie, das Paddel während des gesamten Ablaufs des Hüftknicks im rechten Winkel zum Kajak zu halten. C Falsch. Ein Nach-Hinten-Ziehen der Arbeitshand oder Nach-Vorne-Schieben der Gegenhand erzeugt eine Drehung des Kajaks in der horizontalen Ebene – beide Armbewegungen stören die Ausführung der Hangrolle.

wegen, es wird ausschließlich um die Längsachse rotieren. Wird das Paddel stattdessen nach hinten gezogen, so bewegt sich das Kajak vorwärts und weg vom Partner (siehe Abbildung 6.6C).

Übung 3: Die Gegenhand bleibt während des Hüftknicks auf Körperhöhe. Während der Rolle steigt die eine Kante aus dem Wasser, diese schiebt die Gegenseite des Schaftes und die Gegenhand, die direkt über der Kante liegt, nach oben. Wird diese Hand während der Vollendung der Rolle nicht wieder auf Brusthöhe gebracht und dort fixiert, so kann sie weit über Kopfhöhe gelangen. Das Paddel steht dann beinahe senkrecht im Wasser. Das Herunterziehen der Gegenhand darf bei der Hangrolle nicht vergessen werden. Die korrekte Stellung der Gegenhand wird erreicht, indem Gegenarm und angewinkelter Ellbogen bei Beenden der Rolle an die Körperseite gezogen werden, wie in Abbildung 6.6B verdeutlicht wird. Je paralleler der Schaft zur Oberfläche steht, desto mehr Auftrieb kann erzeugt werden, und desto effektiver ist die Rolle.

Das Erlernen jedes einzelnen aufeinanderfolgenden Elements der Rolle

Die vorangegangenen Übungen sollen das Erlernen eines jeden einzelnen Elements der Hangrolle erleichtern. Im nächsten Schritt werden diese dann zu einer homogenen Bewegung zusammengesetzt. Abbildung 6.4 verdeutlicht, wie der Partner den Arbeitsarm während der gesamten Bewegung unterstützt. Achten Sie besonders auf die Ausgangsstellung des Paddelblattes. Liegt das Blatt richtig, braucht der Partner nur noch bei Bogenschlag und Hüftknick zu helfen, und schließlich nur noch beim Hüftknick.

Nach und nach entzieht der Partner die Unterstützung des Arbeitsarms bis die Rolle schließlich ohne Hilfeleistung gelingt.

Übung 1: Die Ausgangsposition. Begeben Sie sich in die Ausgangsposition und bringen Sie das Boot in Kenterlage. Die Unterarme drücken gegen die Seite des Kajaks, das Paddel liegt parallel dazu und die Hände sind über Wasser. Ein Anwinkeln der beiden Handgelenke bei der Rolle rechts gibt dem Blatt den richtigen Anstellwinkel für den Paddelzug. Der Partner korrigiert die Blattstellung falls notwendig, unterstützt dann mit einer Hand die Achsel und führt mit der anderen den Paddelschaft während des Paddelzugs. Führen Sie diese Übung langsam aus, um die

Position von Körper, Handgelenken und Armen genau zu verinnerlichen. Je genauer Sie sich mit diesen Bewegungsabläufen vertraut gemacht haben, desto schneller können sie ausgeführt werden.
Ist die richtige Ausgangsposition eingenommen, klopft der Partner auf das Unterschiff als Signal, daß das Boot nun hochgerollt werden kann. Der Partner gibt dieses Zeichen mit der Hand, die das Paddel führt, so daß er mit der anderen Hand den Oberkörper stützen kann.

Übung 2: Der Paddelzug. Die Ausgangsposition wird selbständig eingenommen, der Partner hilft lediglich beim langsam ausgeführten Paddelzug. Die Handgelenke sollten gerade stehen, das Arbeitsblatt flach auf dem Wasser liegen, wenn das Paddel den 90-Grad-Winkel erreicht. Während die Gegenhand über dem Unterschiff liegt, schiebt sich der Arbeitsarm vor das Gesicht, um das Blatt an der Oberfläche zu halten. Kopf und Rumpf beginnen ihre Bewegung kurz vor dem Paddelzug. Konzentrieren Sie sich hier auf die Bewegung des Oberkörpers.

Der Partner sollte, falls nötig, die Stellung des Paddelblattes korrigieren und sicherstellen, daß Oberkörper und Paddelschaft nach dem Paddelzug senkrecht zum Kajak stehen (siehe Abb. 6.5). Nachdem das Signal für den Hüftknick erfolgt ist, wird das Kajak nur mit dem Druck aus Oberschenkel und durch Zurückneigen des Oberkörpers aufgerollt.

Übung 3: Der Hüftknick. Nach dem Einnehmen der Ausgangsstellung werden Paddelzug und Hüftknick nun selbständig ausgeführt. Sollte die Rolle nicht ganz gelingen, hilft der Partner ein wenig mit, indem er Oberkörper oder Arbeitsblatt unterstützt, oder bei der Rotation des Kajaks mit den Händen am Hinterschiff ein wenig nachhilft. Der Kopf bleibt unter Wasser, das Gesicht ist während des Hüftknicks, der schnell ausgeführt wird, auf das Paddelblatt gerichtet und die Gegenhand wird – nicht zu vergessen – nach unten gezogen.

Übung 4: Verbesserung der Paddel- und Blattstellung. Hurra, die Rolle ist geschafft! Selbst mit dem Risiko, Ihren Enthusiasmus zu schmälern – Sie sollten nicht vergessen, daß auch bei schlechter Paddelführung dank der großen Oberfläche des Blattes die Rolle gelingen kann. Viele Paddler hören auf, an ihrer Rolle zu arbeiten, sobald sie es einmal geschafft haben, im ruhigen Wasser zu eskimotieren. Diesen Fehler sollte man nicht begehen. Man wird ihn bereuen, sobald man merkt, daß die Rolle im Wildwasser nicht immer gelingt. Bevor man seiner

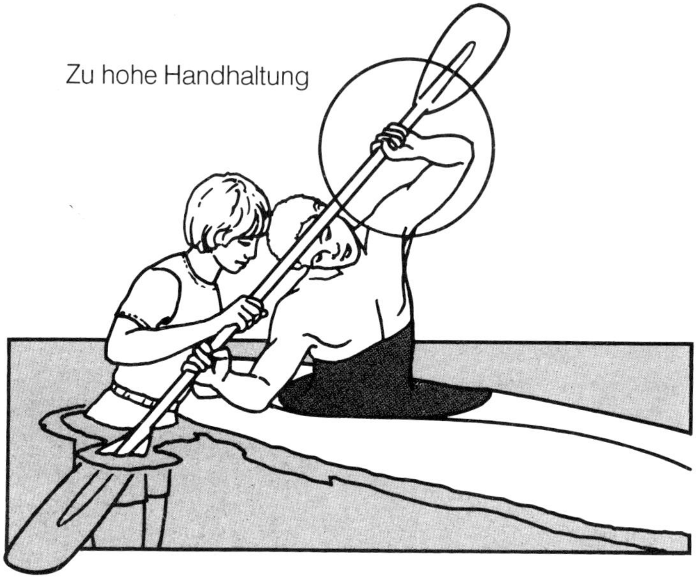

Abbildung 6.7: Eine zu hohe Handhaltung wird vom Partner sofort erkannt und korrigiert.

Rollentechnik blind vertraut, sollte man sichergehen, daß sie auch unter schlechten Bedingungen gut funktioniert.
Hier kann der Partner konstruktive Kritik an der Blattstellung üben, indem er Kajak und Schaft in der Stellung festhält, in der sie gleich nach der Eskimorolle stehen. Er legt dazu eine Hand auf das Hinterschiff und eine Hand auf den Schaft (siehe Abbildung 6.7). Ist der Gegenarm über Kopfhöhe gewandert, sinkt das Paddel viel weiter ab. Werden beide Hände mehr als 30 cm von der Brust weggehalten, so verschlechtert sich die Verbindung zwischen Paddel und Rumpf. Eine Gegenhand, die nach vorne geschoben wird oder eine Aktionshand, die nach hinten gezogen wird (wie beim Vorwärtsschlag), erzeugt eher eine Drehbewegung in der horizontalen Ebene als eine Rollbewegung und macht die Rolle sehr viel unzuverlässiger. Energie, die dazu verwendet wird, um das Boot vorwärtszubewegen oder zu drehen, ist verschwendete Energie. Sie trägt nichts zur der Rotation des Bootes um die Längsachse bei.

Die fortgeschrittene Hangrolle

Ich betrachte das Erlernen der einfachen Hangrolle als Hinführung zur fortgeschrittenen Hangrolle. Die Paddler, die Probleme damit haben, das Paddel während der einfachen Hangrolle in der Luft zu halten, lernen die fortgeschrittene Rolle sozusagen ‚aus Versehen'. Der deutlichste Unterschied zwischen den beiden Techniken besteht darin, daß das Paddel bei der fortgeschrittenen Hangrolle durch das Wasser gezogen wird – ein kleiner Unterschied, der jedoch große Vorteile mit sich bringt.

Bei keiner der beiden Techniken wird der Hüftknick bereits während des Paddelzugs angesetzt. Aus diesem Grund wird auch auf das Paddel kein Druck nach unten ausgeübt, d.h. das Paddel wird bei einem positiven Anstellwinkel deutlich nach oben wandern, wenn es seitwärts durch das Wasser gezogen wird (wie bei der Bogenschlagrolle). Von diesem Vorteil kann man beim Paddelzug in der Luft nicht Gebrauch machen. Da das Blatt ohnehin vom Boot wegbewegt wird, dient der Paddelzug gleich dazu, Paddel und Paddler an der Oberfläche zu halten.

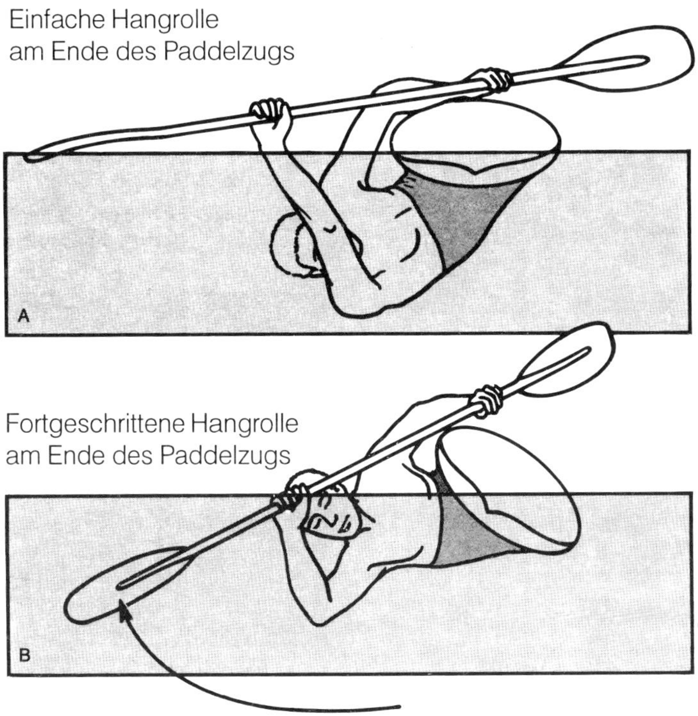

Abbildung 6.8 A,B: A Dieses Kajak liegt am Ende des Paddelzugs bei der einfachen Hangrolle flach im Wasser. Das Fehlen der Rollbewegung verhindert ein Heben des Kopfes und erfordert eine anstrengende Körperhaltung, um das Arbeitsblatt in der Luft zu halten. B Im Vergleich dazu dreht der Paddelzug bei der fortgeschrittenen Hangrolle das Kajak, so daß der Kopf leichter an die Wasseroberfläche gelangt.

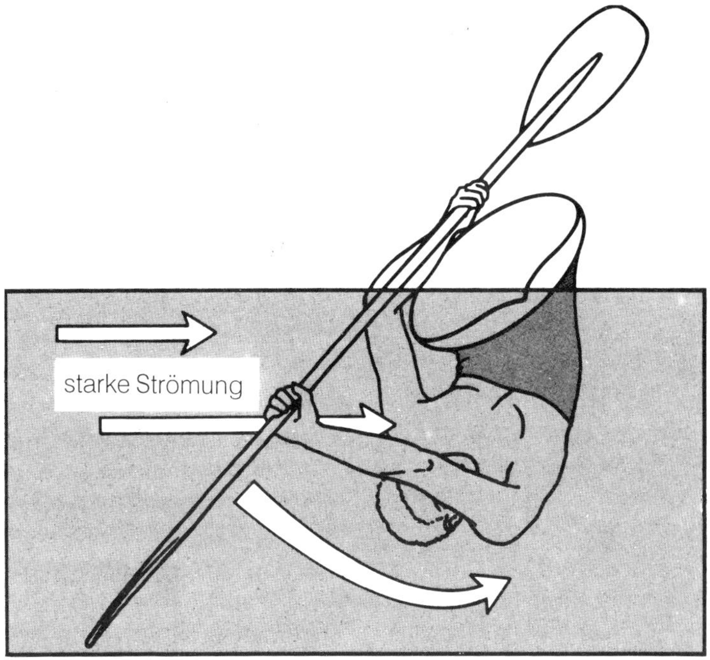

Abbildung 6.9: Schnelle, am Kajak vorbeifließende Strömung kann eine Hangrolle flußaufwärts stark behindern. Dies passiert jedoch nicht, wenn das Kajak mit Strömungsgeschwindigkeit flußabwärts treibt.

Jene Paddler, die nicht die Beweglichkeit besitzen, um das Paddel in Kenterstellung an der Oberfläche zu halten, werden die fortgeschrittene Hangrolle bevorzugen, da der Paddelzug im Wasser einer weniger extremen Auslage bedarf. Das Kajak kann bereits um 20 oder 30 Grad gedreht sein, bevor das Paddel in die Position zum Ansetzen des Stützschlages kommt, ohne daß ein Hüftknick angesetzt worden wäre (siehe Abbildungen 6.8A und B). Dadurch erscheint der Bewegungsablauf bei der fortgeschrittenen Hangrolle natürlicher und einfacher als bei der einfachen Version.

Der Vorteil, der am meisten für die fortgeschrittene Version spricht, ist ihre Zuverlässigkeit bei Gegenströmung. Bei einer einfachen Hangrolle auf der flußaufwärts gelegenen Seite passiert es leicht, daß das Arbeitsblatt und der Körper des Paddlers schon wieder unter Wasser gedrückt werden, bevor das Paddel in der richtigen Position für den Hüftknick liegt. Dies geschieht sehr leicht, wenn das Arbeitsblatt zu Beginn der Rolle unter Wasser liegt, und verringert die Chance für ein Gelingen erheblich (siehe Abbildung 6.9). Bei einer fortgeschrittenen Hangrolle jedoch wird am Blatt dynamischer Auftrieb erzeugt und es ist leichter, selbst gegen die Strömung zu rollen.

Die Effektivität der fortgeschrittenen Hangrolle hängt ganz und gar vom richtigen Timing ab. Der Paddelzug muß relativ schnell erfolgen, um genügend dynamischen Auftrieb zu erzeugen, so daß sich Paddel und Paddler an der Oberfläche halten können. Erreicht das Aktionsblatt beim Paddelzug die rechtwinklige Stellung zur Bootslängsachse, erfolgt sofort der Hüftknick, ansonsten fällt man wieder ins Wasser zurück.

- **Die Effektivität der fortgeschrittenen Hangrolle hängt vom Timing ab.**

Welche Rolle ist die Richtige für mich?

Jede der drei von mir beschriebenen Techniken hat ihre fanatischen Befürworter – die im übrigen alle hervorragende Paddler sind! Einfache Hangrolle, fortgeschrittene Hangrolle und Bogenschlagrolle folgen denselben, in Kapitel 4 beschriebenen Grundprinzipien.

Meine persönliche Meinung und die aller anderen Paddler wird durch individuelle Erfahrungen geprägt. Die Rolle, die ich als erstes erlernte, war die einfache Hangrolle, die ich im Laufe der Zeit zur fortgeschrittenen Hangrolle verfeinerte. Auf der rechten Seite benutze ich die fortgeschrittene Hangrolle, auf der linken jedoch eine Bogenschlagrolle. Diese Entwicklung schreibe ich der Tatsache zu, daß die Handgelenke beim Abschluß der Eskimorolle links überstreckt werden, eine unbequeme Stellung, die bei der Bogenschlagrolle mit dem Oberkörper in Rücklage leichter ausgeführt werden kann. Außerdem hatte ich bei der Rolle links mit dem Gegenarm ständig gegen die Seite des Kajaks geschlagen, was nicht mehr passieren kann, seitdem ich das Blatt im weiten Bogen um das Kajak führe und den Hüftknick früher ansetze.

Hin und wieder muß ich auf die einfache Hangrolle zurückgreifen, wenn meine ersten Rollversuche fehlgeschlagen sind. Und es gibt wenigstens einen guten Grund, sie dann und wann anzuwenden: Sie erfordert kein genaues Timing, wenn es einmal schnell gehen muß. Ich habe beobachtet, daß Paddler, die müde sind, einen schlechten Hüftknick haben und mehr Druck über das Paddel aufnehmen. Dieser Koordinationsmangel läßt das Paddel im luftdurchsetzten Wasser leicht absinken (man bekommt wenig Druck auf das Paddel). Bei der einfachen Hangrolle kann nicht vorzeitig Druck auf das Paddel ausgeübt werden, und das Arbeitsblatt muß aktiv aus dem Wasser geschoben werden. Ein zeitliches Abstimmen von Hüftknick und Paddelzug sind nicht notwendig.

Ich erinnere mich noch genau an zwei Situationen, in denen die Hangrolle gute Dienste geleistet hat: einmal, nach einer ungewollten Befahrung zweier hoher, hintereinander liegender Wasserfälle, und ein anderes Mal, als ich in einer Verschneidungszone unterhalb einer hohen Stufe rollen mußte. In beiden Fällen war die Strömung chaotisch, ich war müde und hatte keine Luft mehr. Nach mehreren mißglückten Versuchen schaffte ich es schließlich, mit einer einfachen Hangrolle aufzurollen. Ich schob das Paddel an die Oberfläche, weg vom Kajak, und machte einfach einen Hüftknick, ohne überhaupt einen Gedanken an Blattanstellwinkel oder richtiges Timing zu verschwenden.

Ich für meinen Teil benutze alle drei Rollentypen. Schlägt eine Rolle flußaufwärts einmal fehl, so ist ein zweiter, schneller Versuch auf der flußabwärts gelegenen Seite jedoch meistens er-

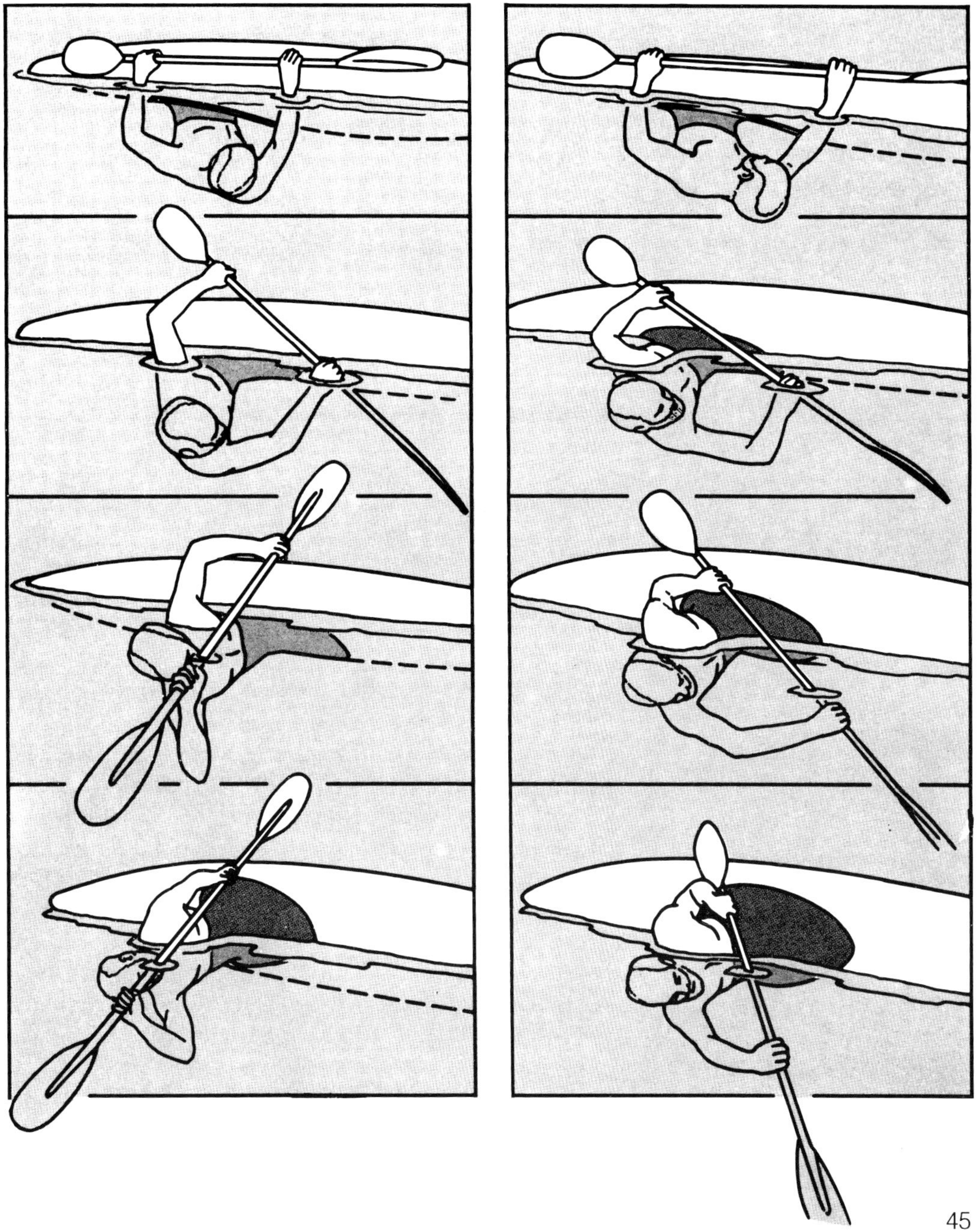

Abbildung 6.10 A-D: Eine Gegenüberstellung von fortgeschrittener Hangrolle (li.) und Bogenschlagrolle (re.) mit Bootsrotationsintervallen von 45 Grad. Die Ähnlichkeiten sind groß. Die Auslage des Oberkörpers ist bei jeder Position fast identisch. Das Paddel bleibt bei beiden Techniken an der Oberfläche.

Abbildung 6.10 E,F: Ein Vergleich von fortgeschrittener Hangrolle (li.) und Bogenschlagrolle (re.). Durch einen guten Hüftknick und ein Verbleiben des Blattes nahe der Oberfläche verschmelzen die beiden Bewegungen miteinander.

folgreich. (Die Eskimorolle auf der berühmten ‚schlechten' Seite wird im nächsten Kapitel ausführlich besprochen).

Welche Rolle ist also die Richtige? Ich finde, man kann ruhig als erstes die Rolle lernen, die einem seine Freunde zeigen, mit denen man Paddeln geht. Bei der Bogenschlagrolle ist die Rolle links etwas einfacher zu lernen als die Rolle rechts. Nachdem man eine Technik sicher beherrscht (was ein Jahr oder länger dauern kann!), sollte man auch die anderen ausprobieren und erlernen.

Alle drei Techniken unterscheiden sich leicht in Blattführung, Kanten, Auslage und Balance. Bei der einfachen Hangrolle, z.B. lernt man, wie Kopf und Hände ohne Zuhilfenahme des Paddels an die Oberfläche gebracht werden können. Bei der Handrolle, die übrigens in Kapitel 10 beschrieben ist, werden Kopf und Hände genau auf die gleiche Art an die Oberfläche gebracht. Das Erlernen verschiedener Techniken der Eskimorolle ist keine unüberwindbare Aufgabe und es kann auf leichten Flußabschnitten als Zeitvertreib dienen. Eine Gegenüberstellung der einzelnen Bewegungsabläufe in Abbildung 6.10 verdeutlicht, daß die Ähnlichkeiten zwischen fortgeschrittener Hangrolle und Bogenschlagrolle bei weitem die Unterschiede überwiegen.

Am Ende benutzt man die Rolle, mit der man am sichersten eskimotiert, und man kann ohne weiteres alle drei Techniken miteinander vermischen. Es gibt auch nur wenige Paddler, die eine Reinform einer der Techniken praktizieren. Ohne sich dessen bewußt zu sein, entwickeln die meisten Paddler eine Synthese aus Hang- und Bogenschlagrolle, so daß es schwer ist, die einzelnen Elemente voneinander zu unterscheiden. ‚Bogenschlagroller' bedienen sich manchmal eines Paddelhangs oder nehmen die Gegenhand wie bei der Hangrolle über das Unterschiff. ‚Hangroller' rollen bereits während des Paddelzugs hoch, indem sie den Hüftknick einfach ein wenig früher ansetzen. Es gibt keine Technik, die für jeden die Beste ist. Am Ende wird die Rolle, der Sie am meisten vertrauen, zweifellos einzigartig sein und genau auf Ihren Körperbau und Ihr Temperament abgestimmt sein.

- **Nachdem eine Rolle sitzt, probiert man alle anderen Techniken aus.**

7 Die Eskimorolle auf der ‚schlechten Seite'

Oder: Es muß nicht immer die Schokoladenseite sein

Es gibt zwei Richtungen in die ein Kajak gerollt werden kann: Ist die Ausgangsposition links, so wird das rechte Blatt (bei der Rolle rechts) zum Arbeitsblatt. Ist sie rechts, führt das linke Blatt den Paddelzug (Rolle links). Normalerweise lernen Anfänger die Rolle nur auf einer Seite. Diese wird meistens zur ‚Schokoladenseite', während die andere, von Anfang an vernachlässigt, immer die ‚schlechte' Seite bleibt. In einigen Kajakschulen an der Westküste der USA lernen die Paddler zuerst die Rolle links (auf der die Bogenschlagrolle scheinbar leichter ist); in der Regel lernt man jedoch wohl die Rolle rechts zuerst. Da sich meine Erklärungen in den vorhergehenden Kapiteln auf die Rolle rechts beziehen, werden wir hier die Rolle links behandeln.

Es gibt viele Gründe, warum man in der Lage sein sollte, auf beiden Seiten zu rollen. Mißlingt die Rolle einmal auf der ‚Schokoladenseite', so liegt das Paddel meist richtig um auf die andere Seite zu wechseln. Klappt die Rolle nur auf einer Seite, so muß man das Paddel unter Wasser von der falschen auf die richtige Seite wechseln. Dies ist oft nicht so leicht, verbraucht Zeit und Luft, und vergrößert die Wahrscheinlichkeit von Steinberührungen unter Wasser. Auch kann das Kajak in einer Walze hängen, oder gegen einen Stein gedrückt werden, so daß die Rolle nur auf einer Seite möglich ist. Es ist daher eine Frage der Geschwindigkeit und somit auch der Sicherheit, auf beide Seiten rollen zu können.

Die Rolle auf der schlechten Seite ist für den Anfänger nicht nur aus Mangel an Übung ungewohnt, sondern sie ist einfach anders als die Rolle auf der guten Seite. Dies ist auf die Verwendung von Paddeln zurückzuführen, deren Blätter um ca. 90 Grad zueinander gedreht sind, um den Windwiderstand gering zu halten. Vergleicht man die Stellung der Handgelenke bei Rolle links und rechts, so zeigt sich, daß sich diese um ca. 90 Grad verändert. Sind die Paddelblätter nicht zueinander gedreht (was heutzutage eine Seltenheit ist), so wird die Rolle rechts zum genauen Spiegelbild der Rolle links.

Die Stellung der Handgelenke (gebeugt, gestreckt oder überstreckt) bei der Eskimorolle kann wie in Kapitel 5 beschrieben auch im Trockenen im Kajak geübt werden. Dabei wird der Schaft in der rechten Hand wie beim Vorwärtsschlag festgehalten; diese Griffhaltung wird nie verändert. Dann nimmt man die Ausgangsposition für die Rolle auf der ‚schlechten' Seite ein, und dreht die Handgelenke so, daß das Arbeitsblatt in Zugrichtung

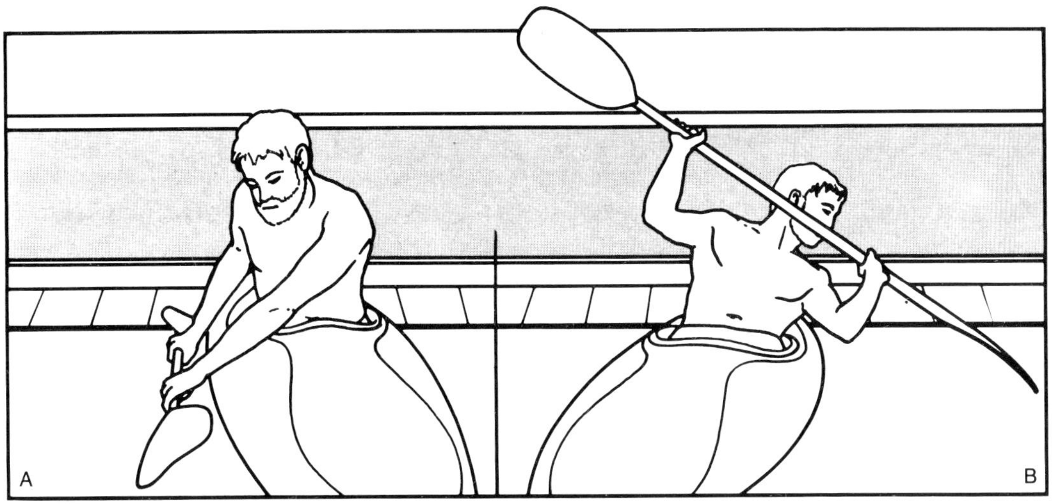

Abbildung 7.1 A,B: Vollziehen Sie als Trockenübung die Bewegung der Handgelenke beim gesamten Bewegungsablauf nach; eine Rolle links – von der Ausgangsposition bis zur Stabilisation.

leicht geöffnet ist. Anschließend richtet man den Oberkörper auf und bewegt das Arbeitsblatt zur anderen Seite des Kajaks; der Schaft wird so gestellt, daß die Spitze des Blattes flach auf dem Boden liegt – genau in der Stellung, die es beim Beenden der Rolle einnehmen würde. Vergleichen Sie die Stellung der Handgelenke und ihre Veränderung während der Rolle auf beiden Seiten.

- **Ein Kajak kann in einer Walze gefangen sein oder gegen einen Felsen gedrückt werden, so daß man auch einmal auf der ‚schlechten' Seite rollen muß.**

Sie werden feststellen, daß die Handgelenke bei der Rolle rechts zu Anfang stark gebeugt sind (Oberkörper schaut nach links), und im Laufe der Bewegung eine neutrale Stellung einnehmen. Bei der Rolle links (Oberkörper schaut in der Ausgangsposition nach rechts) stehen die Handgelenke zunächst gerade und werden bei Beendigung der Rolle (siehe Abbildung 7.1) überstreckt. Am Ende einer Rolle links befindet sich der Oberkörper in Rücklage, die Unterarme werden weiter gehoben als auf der rechten Seite. Die angewinkelte Stellung der Handgelenke, das stärkere Heben der Unterarme sowie die stärkere Rücklage sind die auffallendsten Merkmale bei der Rolle links. Der Oberkörper muß nicht so weit nach hinten genommen werden, wenn man den Griff der linken Hand etwas lockert, so daß der Schaft etwas gedreht werden kann, wie in Abbildung 7.2 beschrieben. Die rechte Hand sollte den Schaft weiterhin fest umgreifen, da sie die Blattstellung bestimmt. Üben Sie die Stellung der Handgelenke bei der Rolle links, probieren Sie aus, was passiert, wenn der Griff der Aktionshand gelockert wird, und welchen Effekt dies auf die Körperposition am Ende der Rolle hat. Dieses Öffnen der linken Hand stellt eine nützliche Alternative dar, es ist jedoch nicht ausschlaggebend für das Gelingen der Rolle.

Für die Rolle links gibt es noch verschiedene andere Techniken; von diesen kann ich jedoch keine wirklich empfehlen. Eine Möglichkeit besteht zum Beispiel darin, den Schaft wie beim Vorwärtsschlag links zu umgreifen. Durch diese Änderung der Griffhaltung kann man nun auf der linken Seite auf die gleiche Art und Weise rollen wie auf der rechten – die Handgelenke sind in der Ausgangsposition überstreckt, und am Ende des Hüftknicks gerade. Da ein Kajak jedoch meistens unerwarteterweise kentert, hat man nicht viel Zeit, um darüber nachzudenken, auf welcher Seite das Paddel liegt, und wie man es folglich halten muß. Ein Umgreifen vor der Eskimorolle kompliziert die Bewegung nur unnötig.

- **Für spezielle Rolltechniken ist ein Umgreifen am Paddelschaft notwendig – dies kompliziert die Eskimorolle jedoch unnötig.**

Abbildung 7.2: Lockert man den Griff in der linken Hand etwas, so daß der Winkel des Aktionsblattes während der Rolle links verändert wird, muß der Oberkörper am Ende nicht so weit nach hinten wandern.

Eine Eskimorolle links, bei der die rechte Hand das Paddel fest fixiert, geht einfach und schnell, und erfordert am Ende keine Korrekturen der Paddelstellung. Je höher der Schwierigkeitsgrad eines Flusses, desto wichtiger ist es, die Kenterrolle auf beiden Seiten zu beherrschen. Üben Sie die Rolle auf Ihrer schlechten Seite regelmäßig im ruhigen Wasser und im Wildwasser. Mit wachsender Erfahrung und vielen, vielen Rollen werden Sie eines Tages nach einem Walzenritt oder einem Surf in einer Welle aufrollen und sich nicht mehr daran erinnern welche Seite es war! In diesem Moment haben Sie keine ‚Schokoladenseite' mehr. Die Rolle geschieht jetzt instinktiv, sie ist etwas, das man einfach macht ohne darüber nachzudenken.

8 Verschneiden mit dem Paddel, Gründe und Abhilfe

Die meisten Paddler, die die Eskimorolle unter genauer Anleitung erlernen, sind nach dem ersten erfolgreichen Versuch erstaunt, wie einfach sie ist. Die erste selbständige Rolle verdient zweifelsohne Applaus. Als nächstes tritt man jedoch in die Phase ein, in der die Eskimorolle manchmal gelingt und manchmal nicht. An manchen Tagen wird sie problemlos funktionieren, an anderen wird sie große Mühe bereiten.

Selbst nach gewissenhaftem Durchlaufen aller Lernschritte ist zu erwarten, daß Koordination oder Timing für kurze Zeit durcheinander geraten, wenn man die Rolle auf der schlechten Seite versucht oder eine andere Technik ausprobiert. Es ist durchaus wichtig, immer wieder an ihr zu arbeiten und neue Techniken zu verfeinern. In diesem Kapitel wird erklärt, wie man eine schlechte Technik erkennen kann und wie Abhilfe geschaffen wird. Es ist daher besonders für alle jene Paddler nützlich, die im ruhigen Wasser scheinbar sicher rollen können, im fließenden Wasser jedoch aus unerklärlichen Gründen immer noch ‚baden gehen'.

Eine gute Rolle unterscheidet sich von einer schlechten durch die Stellung des Paddels unmittelbar nach dem Hüftknick und der Stabilisationsphase. Bei einer technisch perfekten Rolle bleibt das Aktionsblatt nahe an der Oberfläche, so daß für eine eventuell nötige Paddelstütze noch immer eine gute Ausgangsposition bleibt. Diese Rolle bietet 100 %ige Sicherheit; ist eine Stütze am Ende notwendig, so kann sie problemlos angehängt werden. Ist die Rolle mit Beenden des Hüftknicks nicht erfolgreich abgeschlossen, versucht man sich noch zu retten, indem man das Paddel nach unten drückt. Der Paddelschaft steht steiler zur Wasseroberfläche und die Fixhand bewegt sich auf Über-Kopf-Höhe oder auf die Seite, auf der auch die Arbeitshand liegt (siehe Abbildung 3.3c, sie zeigt dieses Phänomen). Ein tief eingetauchtes Paddel bietet keine Sicherheitsreserven mehr. Und selbst wenn das Kajak nur über eine schwache Verschneidungszone treibt, kann es bei dieser Paddelstellung leicht umkippen, da das Gleichgewicht sehr instabil ist und keinerlei Paddelstütze mehr möglich ist.

Ein senkrecht stehendes Paddel ist jedoch nur das Symptom einer schlechten Rolle. Es gibt keinen Aufschluß darüber, welcher Teil verbesserungsfähig ist. Zuerst einmal muß also die Ursache erkannt werden; hierbei betrachte ich den Bogenschlag als funktionell unabhängig vom Hüftknick. Eine korrekte Ausgangsposition und ein effektiver Paddelzug halten das Blatt während der ganzen Bewegung an der Oberfläche – egal, welche Rolle angewendet wird. Ist das Paddel am Ende des Bogenschlages nicht an der Oberfläche, so sollte an Ausgangsposition und Paddelzug gearbeitet werden. Bleibt das Paddel beim Bogenschlag oben, und gelingt die Rolle trotzdem nicht, liegt das Problem beim Hüftknick oder in der Stabilisationsphase.

Manchmal ist es schwierig, zu sagen, ob das Blatt während des Bogenschlags nahe genug an der Oberfläche bleibt, da es oft knapp unter der Oberfläche liegt und während der Rolle in Bewegung ist. Der im folgenden beschriebene ‚Bogenschlagtest' zeigt, ob das Blatt absinkt. Sollte das Problem nun tatsächlich beim Bogenschlag liegen, wird Abschnitt 1 dieses Kapitels bei der Lösung helfen. Besteht der Bogenschlag den Test, so sind wahrscheinlich Hüftknick oder Stabilisation verbesserungsfähig. Lesen Sie hierzu Abschnitt 2.

Die von mir beschriebenen Fehler und Korrekturen stellen bei weitem keine allumfassende Liste dar. Es gibt viele kleine technische Unsauberkeiten, die sich einschleichen können. In diesem Kapitel sollen Sie Ihr Bewußtsein für die Abläufe schärfen und anfangen, darüber nachzudenken, was Sie während der Rolle eigentlich tun. Mit etwas Glück werden Sie so selber herausfinden, was an Ihrer Rolle schlecht ist und in der Lage sein, Ihre Technik entsprechend umzustellen. Dieses Kapitel gibt eine gute Wiederholung aller wichtigen Punkte, die im ersten Teil dieses Buches erläutert wurden.

Bogenschlagtest: Um die Qualität Ihres Bogenschlages zu testen, halten zwei Helfer eine lange Stange ca. 30 cm unter der Wasseroberfläche parallel zum Kajak. Ziel ist es, die Stange während des Paddelzuges nicht zu berühren. Jeder Partner hält eine Bootsspitze in der einen und den Stab in der anderen Hand. Der Abstand sollte ca. ein Drittel bis die Hälfte der Paddellänge betragen; nicht zu eng, so daß das Paddel über die Stange bewegt wird und dann trotzdem absinken kann, aber auch nicht zu weit, so daß das Paddel die Stange mit einem normalen Bogenschlag nicht berühren würde. Diese Übungsanordnung ist in Abbildung 8.1 dargestellt.

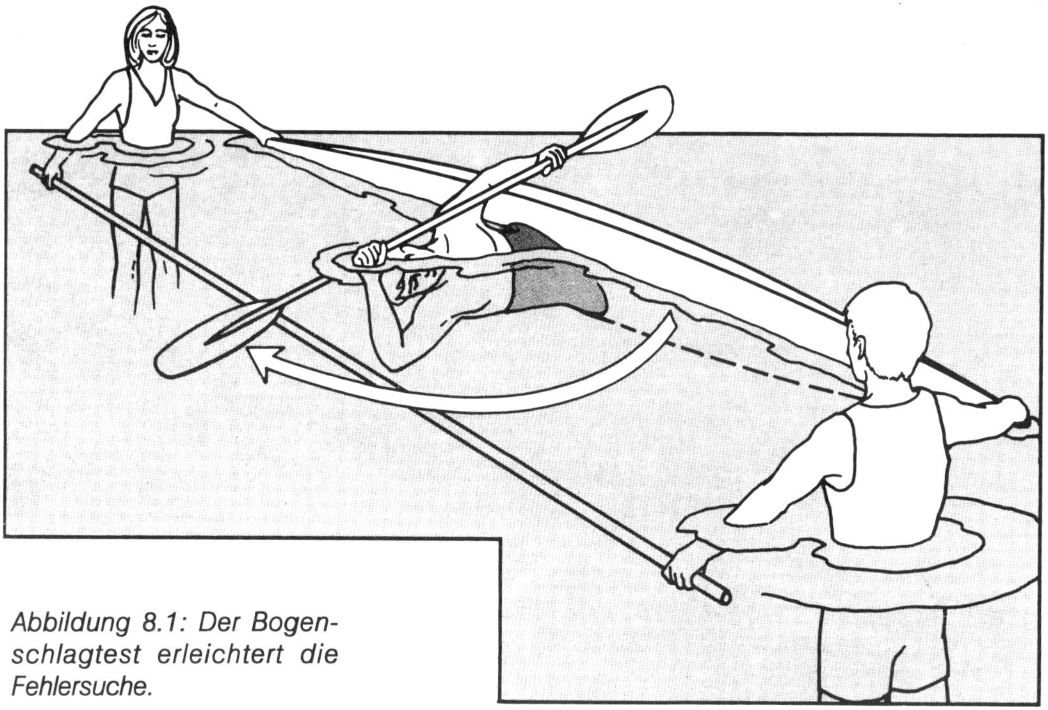

Abbildung 8.1: Der Bogenschlagtest erleichtert die Fehlersuche.

Das Kajak wird umgekippt, und wieder aufgerollt. Um das Paddel dabei genau beobachten zu können, sollte man eine Tauchermaske aufsetzen. Schafft man es, das Paddel mit Maske über den Stab zu führen, so geht es auch ohne und mit geschlossenen Augen. Das Blatt sollte bei der einfachen Stützrolle mehrere Zentimeter oberhalb der Wasseroberfläche geführt werden, und jeder Rollversuch, bei dem das Paddel unter der Stange durchgezogen wird, wird als Fehlversuch gewertet.

Es gibt viele technische Probleme, die verhindern, daß das Paddel an der Oberfläche geführt wird; schwierig faßbar ist jedoch das Orientierungsproblem unter Wasser. Die Rolle wird einfacher, sobald die Bewegungen unter Wasser so automatisiert sind, wie z.B. das Herausnehmen eines Buches aus dem obersten Regalfach. Der Bogenschlagtest dient daher nicht nur der Einschätzung der Paddeltechnik, sondern bietet aktive Hilfe beim Erlernen von ‚Oben' und ‚Unten'.

Abschnitt 1. Absinkendes Paddel zu Beginn oder am Ende des Paddelzugs

A. Problem: Der Paddelzug wird begonnen bevor die korrekte Ausgangsposition eingenommen ist.

Viele Anfänger und Fortgeschrittene ‚glauben', daß sie sich vor dem Paddelzug in die Ausgangsposition begeben, tun es aber nicht. In ihrer Sorge, wieder hochzukommen, beginnen sie mit dem Bogenschlag bereits bevor das Paddel parallel zum Boot oder zur Oberfläche liegt. Liegen eine oder beide Hände nicht am Boot, so verlieren sie ihren Orientierungspunkt, und ziehen das Paddel schließlich nach unten. Als Abhilfe sollte man sehr früh die Ausgangsposition einnehmen, und darauf achten, daß beide Handgelenke die Bootsseite berühren. Der Paddelzug kann dann angesetzt werden, sobald das Kajak vollständig gekentert ist.

Ein ähnliches Problem tritt auf, wenn das Kajak nicht ganz umkippt. Viele Anfänger (Fortgeschrittene haben aus Fehlern gelernt) kentern aufrecht im Boot sitzend (siehe Abbildung 8.2A), anstatt in Vorlage zu gehen. Die Schwimmweste wirkt dann wie ein Paddelhang, der die Bootsrotation verlangsamt oder stoppt. Der durch die Kenterung aufgenommene Schwung geht verloren, das Paddel liegt weit unter Wasser, das Boot bleibt wie in Abbildung 8.2B dargestellt, auf der Kante. Dieses Problem kann sehr leicht vermieden werden, indem man beim Kentern noch bevor der Körper das Wasser berührt, die Ausgangsposition einnimmt.

Bleibt man wirklich einmal auf ‚halber Strecke' hängen – dies passiert bei kleinen Leuten mit zu großen Schwimmwesten relativ häufig – sollte man sich so weit wie möglich auf das Vorderdeck legen, und die Unterarme an der Seite des Kajaks anlegen. Dadurch kommt die Schwimmweste meistens auf die Seite auf der man aufrollen will und das Paddel steigt an die Oberfläche. Hilft dies nicht, so versucht man es mit einem schnellen Ziehschlag unter Wasser, oder mit einem Hin- und Herbewegen der Hüften. Als letzter Ausweg kann es notwendig werden, das Paddel zwischen Körper und Oberdeck auf die andere Seite zu schieben, und dort aufzurollen.

B. Problem: Der Bogenschlag ist zu kurz, oder zu weit bevor der Hüftknick beginnt (Hangrolle).

Um dieses Problem zu beheben, ‚erfühlt' man mit geschlossenen Augen die richtige Position des Paddels (rechtwinkelig zur Bootslängsachse). Der Partner führt dabei das Paddel in die Stellung, in der zum Hüftknick angesetzt wird. Die räumliche Orientierung unter Wasser wird verbessert indem man bei jedem neuen Versuch zur Ausgangsposition zurückkehrt. Wird der Paddelzug vor Erreichen des rechten Winkels beendet, oder zu weit darüber hinausgeführt, so wird am Blatt weniger Auftrieb erzeugt, und es wird absinken.

C. Problem: Der Anstellwinkel des Blattes ist in der Ausgangsposition und beim Paddelzug zu gering bzw. falsch.

Ein von Anfang an in Zugrichtung geöffnetes Blatt (positiver Anstellwinkel) wird auch während des Bogenschlags an der Oberfläche bleiben. Ein negativer Anstellwinkel läßt das Blatt schnell nach unten abtauchen. Anfänger machen hier oft Fehler, da sie den Paddelschaft zu locker in der Fixhand halten während sie in die Ausgangsposition gehen, oder die Handgelenke nicht weit genug beugen, damit das Paddelblatt richtig liegt. Die Fixhand sollte den Schaft fest umgreifen. Das extreme Beugen oder Überstrecken der Handgelenke bei festem Umgreifen des Schaftes bedarf einiger Übung, aber nur dadurch kann der Blattwinkel gut kontrolliert werden.

D. Problem: Die Eskimorolle beginnt in korrekter Ausgangsposition, das Blatt wird jedoch unbewußt nach unten anstatt zur Seite gezogen.

Dieser Fehler tritt sehr häufig auf. Viele Paddler vergessen den Bogenschlag und ziehen das Blatt statt dessen nach unten, so als ob sie das Kajak mit einem Vorwärtsschlag hochrollen wollten. Das Paddel wird auch häufig instinktiv nach unten gedrückt, wenn es aufgrund des schlechten Auftriebs schnell zu sinken beginnt. Bei der Bogenschlagrolle kommt dies vor, wenn der Anstellwinkel des Blattes zu groß ist (so daß das Blatt ‚verschneidet' und absinkt), oder mit der Hüftrotation begonnen wird bevor der Bogenschlag maximale Effektivität erreicht.

In jedem Fall wird das Paddel auf Höhe des Vorderschiffs absinken und tief unter Wasser zum Heck gezogen werden. Zu allem

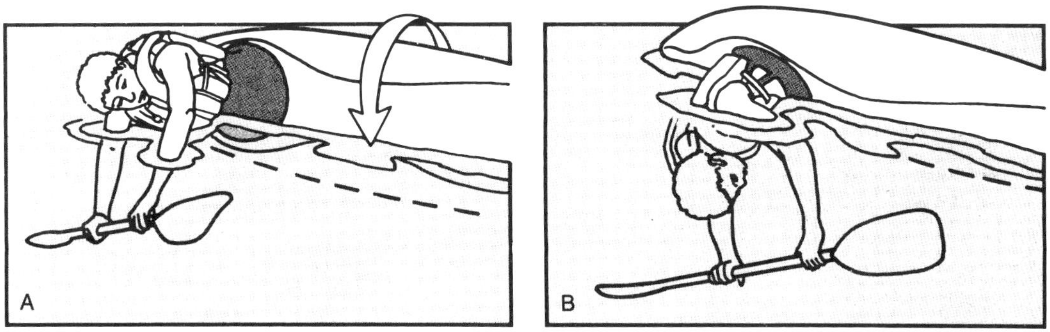

Abbildung 8.2 A.B: Sitzt man bei der Kenterung zu aufrecht im Kajak, kippt es manchmal nicht ganz um.

Unglück bewegt sich das umgekippte Kajak vorwärts während der Paddler versucht, sich an einem senkrecht stehenden Paddel hochzudrücken.

Zur Abhilfe sollte man das Blatt in einen leichten Anstellwinkel zur Wasseroberfläche bringen und es zunächst in einer sanften Rückhandbewegung über die Oberfläche vom Boot wegbewegen, und den Hüftknick erst ansetzen, wenn das Blatt Auftrieb erzeugt. Mit Hilfe eines korrekten Paddeleinsatzes wird das Kajak *unter* den Körper gedreht, und nicht weg vom Körper.

E. Problem: ‚Boxbewegung' des Gegenarms

Einige Paddler schieben die Fixhand bewußt nach oben um das Arbeitsblatt stark nach unten drücken zu können und auf diese Weise Auftrieb zu erzeugen. Diese Rolle sieht kraftvoll aus, weil sehr viel unnötige Energie aufgewendet wird. Im ruhigen Wasser mag sie auch durchaus funktionieren, im Wildwasser jedoch ist sie zu unzuverlässig und erlaubt wenig Spielraum für Fehler. Ab der Hälfte der Rolle werden Fixarm und -hand dabei auf Kopfhöhe oder höher gehoben, so daß der Schaft senkrecht zur Oberfläche steht. Auf dem Weg nach unten wird das Paddel immer weniger zur Rotation des Bootes beitragen. Gleichzeitig gehen die Sicherheitsreserven verloren. Diese zweifelhafte Technik sollte so schnell wie möglich wieder abgelegt werden!

Betrachtet man diese Boxbewegung als philosophische Einstellung zur Eskimorolle, so wäre die Botschaft, die ich in diesem Buch vermitteln wollte genau entgegengesetzt dazu. Der Druck auf das Paddel sollte verringert werden, indem man sich auf die Bewegung der Oberschenkel, den Hüftknick und auf eine stark ausgeprägte rückwärtige Oberkörperbewegung konzentriert. Der ‚Kraftboxer' macht das genaue Gegenteil, indem er den Druck auf das Paddel maximiert, und sich so noch stärker von ihm abhängig macht.

F. Problem: Vorzeitiges Heben des Kopfes.

Hier handelt es sich um den Erzfeind der effektiven Rolle; er kann während und nach dem Paddelzug in Erscheinung treten. Dieses Problem ist weit verbreitet, und entsteht aus dem tief verwurzelten Instinkt heraus, den Kopf schnell aus dem Wasser zu strecken um zu atmen. Der Kopf sollte das Wasser aber erst verlassen, wenn das Kajak bereits richtig steht. Gibt man dem Instinkt nach, kann man zwar Luft holen, fällt dann aber wieder in die Kenterlage zurück. Gewonnen ist dadurch noch nichts, denn man muß erneut in die Ausgangsposition gehen.

Das frühzeitige Heben des Kopfes erhöht den Druck auf das Paddel erheblich, so daß es schnell absinkt. Um den Kopf aus dem Wasser zu strecken wird man unbewußt das höher liegende Knie zur Unterstützung einsetzen. Dadurch wird die rückwärtige Oberkörperbewegung, und somit die Endphase des Hüftknicks blockiert. Die Rotationsbewegung des Bootes wird so unterbrochen. .

Oberkörper, Arme und Schwimmweste liefern Auftrieb zusätzlich zur Paddelbewegung. Es wäre vollkommen unsinnig, das Paddel aus dem Wasser zu heben, bevor die Rolle erfolgreich abgeschlossen wurde – ebenso unsinnig ist es, Kopf oder Oberkörper zu früh herauszustrecken. Körper und Kopf müssen während des Bogenschlags im Wasser bleiben; um den Kopf während des Hüftknicks nicht nach oben zu strecken, schaut man nach unten ins Wasser oder verfolgt die Bewegung des Paddelblatts.

Abschnitt 2. Absinkendes Paddel am Ende des Paddelzugs

A. Problem: Frühzeitiges Heben des Kopfes.

Dieses nach Beginn des Paddelzugs am häufigsten auftretende Problem wird in Abschnitt 1F besprochen. Ein frühzeitiges Heben des Kopfes ist am leichtesten zu erkennen, wenn es anstatt des Hüftknicks geschieht; doch ob versteckt oder offensichtlich, es beeinträchtigt die Rolle erheblich.

B. Problem: Verspäteter Hüftknick (fortgeschrittene Hangrolle)

Anfänger neigen oft dazu, zwischen Bogenschlag und Hüftknick eine zu lange Pause zu machen, in der das Paddel bereits absinkt. Dies ist unnötig und rührt zweifellos daher, daß die Rolle in Einzelschritten erlernt, und dann zusammengesetzt wird. Es ist wichtig zu erkennen, daß das Paddel während Bogenschlag und Hüftknick eine flüssige Bewegung beschreibt (Wechsel von einer waagrechten zu einer passiven, senkrechten Bewegung); beginnen Sie mit dem Hüftknick sobald das Blatt einen rechten Winkel zum Boot erreicht hat. Dazwischen sollte keine Pause gemacht werden.

C. Problem: Hüftknick ist zu schwach oder zu langsam (Hangrolle)

Wie beim verspäteten Hüftknick gibt ein zu langsamer Hüftknick dem Paddel zuviel Zeit um abzusinken, so daß bereits viel Auftrieb verlorengeht bevor das Kajak unter den Körper kommt. Ein guter Paddelzug kann einen schlechten Hüftknick nicht kompensieren, doch umgekehrt kann ein guter Hüftknick einen schlechten Paddelzug ausgleichen. Bei einem perfekt angesetzten Hüftknick wird nur für einen Moment Druck auf das Paddel ausgeübt.

Begehen Sie nicht den Fehler, den Hüftknick dadurch verbessern zu wollen, daß Sie stärker am Paddel ziehen. Beginnen Sie die Bewegung statt dessen mit einem energischen Ruck aus den Oberschenkeln in Richtung Paddel. Erfolgt die Bootsrotation aus den Oberschenkeln, so wird die gesamte Energie auf die Drehung des Bootes um seine Längsachse konzentriert, und nur wenig wird an das Heben von Kopf oder Oberkörper verschwendet. Der Druck aus den Oberschenkeln wird so lange aufrechterhalten, bis das Kajak vollkommen hochgedreht und das Gleichgewicht wiederhergestellt ist.

D. Problem: Hüftknick ist zu schwach oder zu langsam (Bogenschlagrolle)

Bei der Bogenschlagrolle muß das Kajak um 180 Grad um seine Längsachse gedreht werden, gleichzeitig bewegen sich Paddel, Kopf und Oberkörper während des Paddelzugs an die Wasseroberfläche. Konzentrieren Sie sich auf die Einleitung der Bootsrotation durch die Oberschenkel, sobald der Bogenschlag das Blatt vom Boot wegführt. Eine kurze zeitliche Verzögerung des Hüftknicks gewährleistet, daß das Paddel seinen Weg über die Oberfläche beginnen und dynamischen Auftrieb erzeugen kann. Dieser Punkt ist jedoch nicht leicht zu finden. Ein viel häufiger auftretendes Problem ist der verspätete Einsatz des Hüftknicks. Wenn das Paddel den 90-Grad-Winkel erreicht, sollte das Boot bereits fast komplett aufgedreht sein. Ist dies nicht der Fall, muß der Einsatz der Oberschenkel früher bzw. stärker erfolgen.

E. Problem: Am Ende der Rolle sind die Arme durchgestreckt und das Paddel steht über Kopfhöhe (Hangrolle)

Die ideale Stellung der Fixhand ist nahe am Oberkörper – dadurch beschreibt das Arbeitsblatt einen Bogen um die Längsachse des Kajaks – ähnlich einer Fahrradfelge, die sich um die Nabe dreht. Vor dem Hüftknick liegt der Bootsrumpf zwischen Arm und Oberkörper. Während des Hüftknicks muß der Ellbogen bewußt angewinkelt und die Fixhand zum Oberkörper gezogen werden, sobald der Rumpf nicht mehr im Weg ist. Dies stellt für die meisten Anfänger einen recht ungewöhnlichen Bewegungsablauf dar. Bleibt der Ellbogen während des Hüftknicks durchgestreckt, wandert die Fixhand dadurch über den Kopf und der Paddeleinsatz verliert an Effektivität (so wie der Paddelhang bei zu hoher Gegenhand an Wirkung verliert).

F. Problem: Vorwärtsschlag während des Hüftknicks (Hangrolle)

Bei der Hangrolle passiert es oft, daß der hohe Paddelhang in einen Vorwärts- oder Richtungsschlag umgewandelt wird. Dies verringert die Rotationskräfte und bewirkt statt dessen eine Vorwärts- oder Drehbewegung des Bootes. Bei der Stabilisation kann das Paddel bereits so tief im Wasser liegen, daß die Rolle nicht mehr gelingt.

Die senkrechte Stellung der Hände (und somit des Paddels) zur Rotationsachse des Kajaks kann mit der in Abbildung 6.6 dargestellten Übung, oder durch Ablegen des Arbeitsblattes auf Wasserhöhe auf dem Beckenrand trainiert werden. Nach jedem Hüftknick sollte das Boot parallel zum Beckenrand bleiben und sich nicht vorwärtsbewegen. Entfernen Sie sich als Abschlußtest einige Meter vom Rand und überprüfen Sie, ob das Kajak zu Beginn und am Ende jeder Eskimorolle parallel dazu liegt. (Bei der Bogenschlagrolle wird sich das Kajak immer etwas drehen, selbst wenn diese richtig ausgeführt wurde.)

Da die sichere Beherrschung der Rolle die Grundvoraussetzung für das Erlernen der fortgeschrittenen Paddeltechniken ist, wurde diese hier in aller Ausführlichkeit besprochen. Außerdem ist sie der Schlüssel zum unbeschwerten Wildwassergenuß. Üben Sie daher alle Techniken der Eskimorolle wann immer sich die Gelegenheit bietet bis sie in Fleisch und Blut übergegangen sind, wie das Atmen oder das Gehen. Sobald man keine Angst mehr vor dem Umkippen hat, ist man in der Lage, seine Energie voll und ganz in das Erlernen neuer Techniken und die Verbesserung des Bootsgefühls zu legen.

8a Die ‚Lange Rolle'*

In der Faltbootzeit war die ‚Lange Rolle', auch ‚Bauernrolle' genannt, die erstmals eingesetzte Technik um das Kajak wieder aufzurichten.

Die Vorteile des längeren Hebels und die einfachere Technik bewähren sich auch heute noch. Besonders bei Gepäckfahrten mit großen oder breiten Booten, die sich nicht so leicht aufrollen lassen.

Der Nachteil der ‚Langen Rolle' ist sicherlich das Umgreifen mit einer Hand. Dies kann man gering halten, wenn man zu Beginn der Kenterung mit dem Umgreifen anfängt.

Bei einer Kenterung seitwärts kann bereits mit dem Umgreifen des Paddels begonnen werden.

Die spätere Zughand greift das Paddelblatt am unteren Ende. Vor Beginn der Rolle wird die Zughand gestreckt. Durch das Strecken wird die Gegenseite des Paddels aus dem Wasser gehoben.

Dadurch, daß man das Paddel, wie in der Skizze gezeigt, greift, liegt das obere Paddelblatt richtig flach auf der Wasseroberfläche auf. Durch Zug am bootsnahen Paddelblatt, nicht durch Druck am Schaft, nutzen wir, das auf dem Wasser liegende bootsferne Paddelblatt als langhebliges Widerlager. Vom Hüftschwung unterstützt können wir das Boot aufrichten.

Die größte Hebelwirkung hat man, wenn sich das Paddel im rechten Winkel zur Bootsachse befindet. Die Wirkung eines langen Hebels bleibt auch fast parallel zur Bootsachse erhalten. Das hat den Vorteil, daß man ebenfalls an engen Stellen diese Rolltechnik verwenden kann.

Die Länge des Hebels kann dazu verwendet werden, um aus dem ungünstigen, luftdurchsetzten Wasser, mit dem weit entfernten Paddelende in ruhigeres Wasser zu gelangen, um dort den nötigen Gegendruck für die Rolle zu haben.

Da viele Leute diese Technik schneller erlernen als die ‚Kurze Rolle', wird diese Technik auch verwendet, wenn die ‚Kurze Rolle' nicht sicher gelingt um ohne fremde Hilfe zu üben.

Anmerkungen von Jan Kellner
Für viele ist die ‚Lange Rolle' ein Relikt aus der Steinzeit des Kajaksports – wegen des nötigen Umgreifens zu kompliziert und zu langsam. Aber sie hat auch Vorteile.

Aufgrund des langen Hebels kann gegen einen viel höheren Widerstand hochgedreht werden als mit der ‚Kurzen Rolle', z.B. wenn man gegen ein Hindernis gedrückt wird. Da der Oberkörper nicht so weit nach oben gebracht werden muß, kann in bestimmten, wenn auch seltenen Fällen, die ‚Lange Rolle' schneller sein als der kurze Bruder. Speziell dann, wenn einem aufgrund starker Turbulenzen das Paddel aus der Hand gerissen wird.

Also, schaden tut es auf keinen Fall, wenn man die ‚Lange Rolle' auch im Repertoire hat!
*Dies ist eine Ergänzung des Verlages.

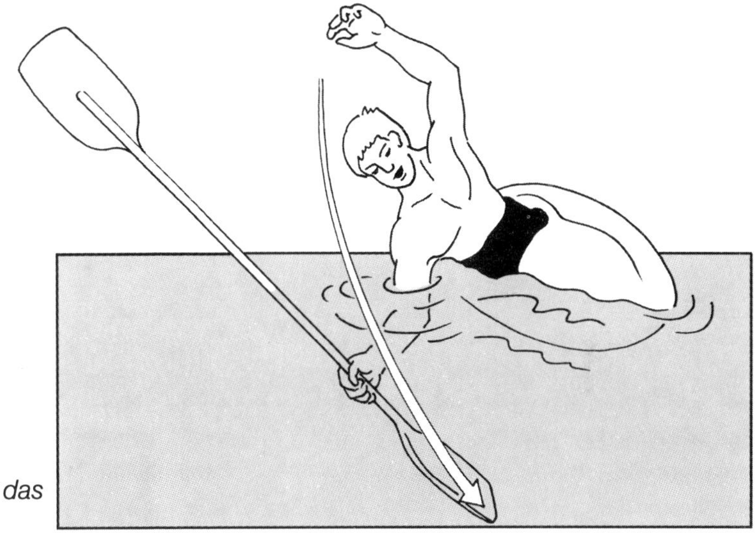

Bei Kenterung läßt die Gegenhand das Paddel los und greift das Paddelblatt in der Tiefe.

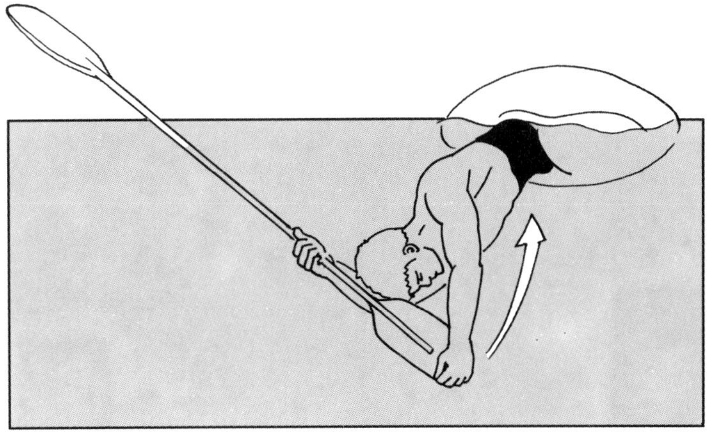

Vor Beginn der Rolle wird der Zugarm ganz durchgestreckt. Dabei wird das Paddel auf der Gegenseite übers Wasser gehoben. Durch Zug am Paddelblatt wird der lange Hebel aktiviert.

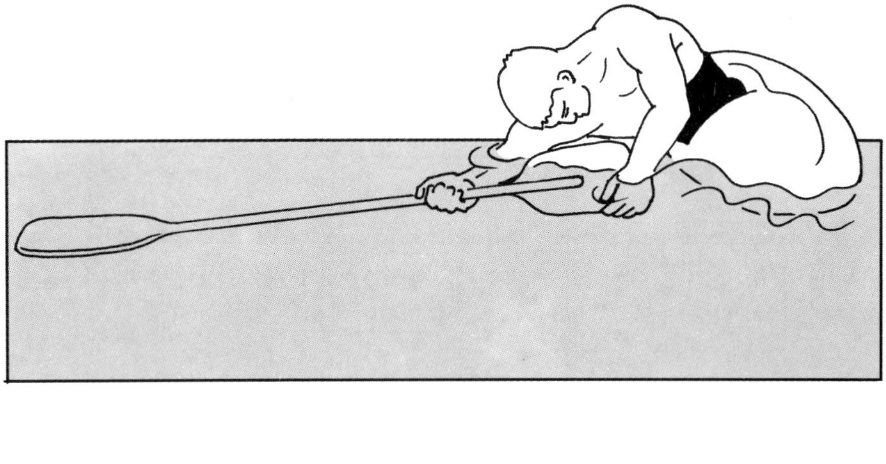

Bei guter Koordination von Hüftschwung und Paddeleinsatz hat man sich aufgerichtet, ehe das bootsferne Blatt Auftrieb verliert und abtaucht.

Zeichnungen von Werner Bauer

9 Fortgeschrittene Stütztechniken

Man muß nicht alle hier beschriebenen Techniken meistern, um im Wildwasser spielen zu können. Je mehr man sein Boot jedoch im Flachwasser beherrscht, desto mehr Selbstvertrauen wird man aufbauen, und desto schneller lernt man im Wildwasser dazu. Das Zauberwort heißt Bootskontrolle!

Die extrem hohe Paddelstütze/ Paddelhang

Beim Paddelhang kann das Kajak immer weiter aufgekantet werden, bis es sich schließlich in Kenterlage befindet. Bei extremen Ankantwinkeln ist es nicht mehr möglich, den Schwerpunkt über dem Kajak zu halten; dann sollte man die Kippbewegung des Körpers vor dem Hüftknick vom Wasser dämpfen lassen. Das Blatt wird so nahe wie möglich an der Oberfläche gehalten während der Körper in das Wasser eintaucht. Sobald man den kurzzeitigen Auftrieb des Wassers spürt, setzt man den Hüftknick an (siehe Abbildungen 9.1A bis C). Dann und nur dann darf der Kopf das Wasser verlassen, und sich über das Boot schieben.

Probieren Sie extrem hohe Paddelhänge auf beiden Seiten, doch beachten Sie dabei folgende Punkte:

- **Kippt das Kajak ganz um, so sollte man darauf achten, nicht auf den ausgestreckten Arm zu fallen.**

Ellbogen und Schulter des Aktionsarms sollten leicht angewinkelt sein, um den Aufprall etwas zu dämpfen. Ist der Arm nach oben gestreckt, wenn das Paddel das Wasser berührt, kann es leicht zu Muskelzerrungen unter dem Arm kommen (siehe Abbildung 9.2).

- **Die Gegenhand muß während des Hüftknicks nach unten genommen werden; auf diese Weise wird die Schulter geschont und der Paddeleinsatz gewinnt an Effektivität.**

Außerdem wird am Paddelblatt auf seinem Weg zum Boot dynamischer Auftrieb erzeugt. Dieser Vorgang wird in den Abbildungen 9.1A-C leicht überzeichnet dargestellt. Das Arbeitsblatt wandert während der Paddelstütze nach oben obwohl es mit seinem Auftrieb den Hüftknick unterstützt.

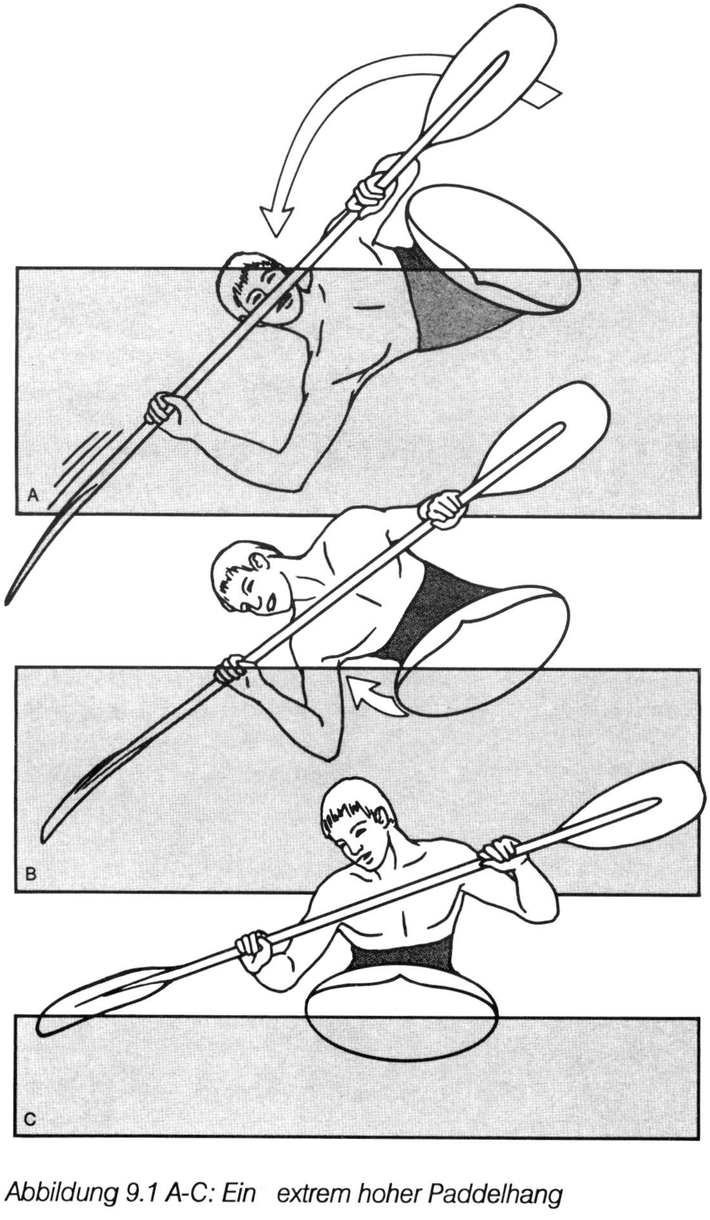

Abbildung 9.1 A-C: Ein extrem hoher Paddelhang

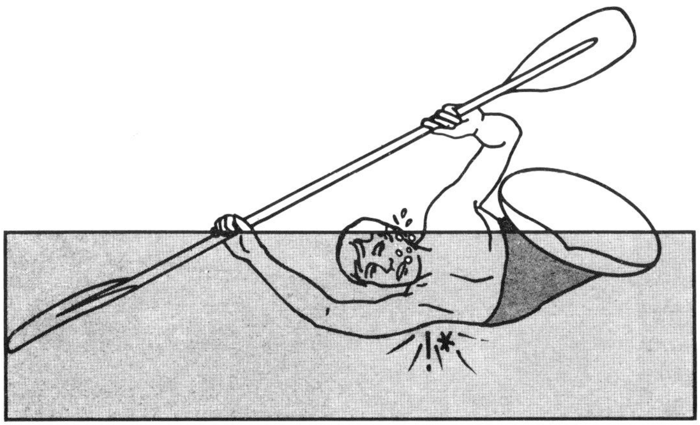

Abbildung 9.2: Das Abfangen mit gestrecktem Arm birgt für Schultern und Arme ein großes Verletzungsrisiko.

- **Auch im Wildwasser gilt die Devise ‚Vorsicht ist die Mutter der Porzellankiste'**

– das heißt, es ist manchmal vernünftiger, sofort die Ausgangsposition für die Rolle einzunehmen und durchzurollen, anstatt zu versuchen, eine Kenterung durch einen extrem hohen Paddelhang noch abzuwenden. Für das Rollen gibt es keine Punktabzüge! Eine hoher Paddelhang ist nicht schneller als eine Rolle, und das Verletzungsrisiko für den Schulterbereich ist höher. Ist das Kajak also bereits am Kentern, neigt man den Oberkörper nach vorne und rollt durch.

- **Eine sehr hoch angesetzter Paddelhang ist nicht schneller als eine Eskimorolle und das Verletzungsrisiko für den Schulterbereich ist deutlich höher.**

Streichen

Manchmal sind mehrere hintereinander ausgeführte Stützschläge notwendig, um das Kajak beim seitlichen Abreiten von Walzen aufrecht zu halten. Das Streichen ist eine solche Technik. Die Stellung des Paddels ist wie beim Paddelhang, das Blatt wird nach vorne und hinten gezogen und beschreibt dabei eine liegende 8. Wie in Abbildung 9.3 dargestellt, wird nur die Kehlung des Blattes benutzt, um Auftrieb zu erzeugen. Mit jedem Richtungswechsel des Paddels wird auch der Blattanstellwinkel verändert, so daß ständig Auftrieb an der Wasseroberfläche erzeugt wird. Hält man beim Wriggen den Schaft mit beiden Händen fest umschlossen, so werden beide Handgelenke bei jeder Rückwärts- und Vorwärtsbewegung stark überstreckt bzw. gebeugt. Diese ständigen Wechsel des Anstellwinkels sind weniger anstrengend für die Handgelenke wenn nur die Fixhand den Schaft festhält, während er in der Arbeitshand leicht gedreht werden kann. Während also die Fixhand nahe am Körper bleibt und den Anstellwinkel des Blattes kontrolliert, führt die Aktionshand die Bewegung des Arbeitsblattes – die meisten Paddler haben noch nie darüber nachgedacht, welche Aufgabe die jeweilige Hand übernimmt. Das Streichen ist eine hervorragende Übung, um auch im ruhigen Wasser das Gefühl für das Paddelblatt zu verbessern.

Da beim Streichen nur die Kehlung eingesetzt wird, müssen beim Nach-Vorne-Führen des Paddels die Handgelenke stark überstreckt werden, und der Oberkörper wandert nach hinten und zur Seite in Richtung Wasser, damit das Paddelblatt einen positiven Anstellwinkel erhält. Das Arbeitsblatt sollte so nahe wie

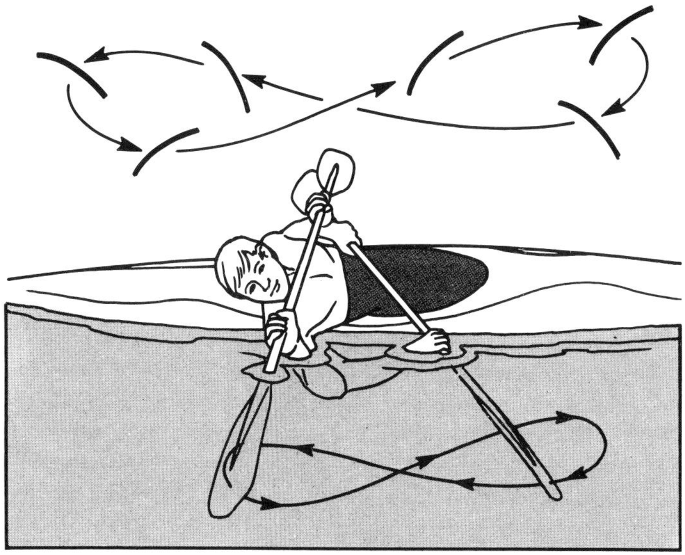

Abbildung 9.3: Da beim ‚Nach-Vorne-Führen' des Blattes ebenfalls die Blattkehlung im Wasser liegt, muß der Paddler in Rücklage gehen.

möglich an der Oberfläche bleiben. Mit einem Hüftknick wird das Kajak mühelos wieder aufgerichtet.

Wriggen

Das Wriggen funktioniert wie das Streichen, jedoch steht das Blatt dabei senkrecht zur Wasseroberfläche. Dadurch wird das Kajak seitlich versetzt (siehe Abbildung 9.4).

Dieser fortwährende Ziehschlag erzeugt wenig Auftrieb, der Körperschwerpunkt bleibt daher über dem Boot. Setzt man beim Wriggen den Paddelzug vor dem Körper an, beginnt das Kajak sich langsam zu drehen.

Abbildung 9.4: Durch Wriggen wird das Kajak seitlich versetzt, es wandert zum Arbeitsblatt.

Wriggen und Streichen als Kombination

Mit einer Kombination aus Wriggen und Streichen ist es möglich, das Kajak seitlich zu versetzen, und sich gleichzeitig auf das Paddelblatt zu stützen. Steht der Schaft zu steil, oder wird die Paddelbewegung nicht schnell genug ausgeführt, kippt das Kajak ganz um. Doch selbst wenn Ihr Kopf unter Wasser ist, kann die Bewegung fortgeführt werden, indem Sie den Oberkörper zur Oberfläche beugen, und die Achterbewegung des Paddels beibehalten. Das Kajak wird dadurch seitlich versetzt.

Versuchen Sie, Ihr Boot in Kenterlage 5 Meter seitlich zu versetzen, rollen Sie zum Luftholen hoch, und führen Sie die Bewegung in die andere Richtung fort. Vergessen Sie beim Eskimotieren nicht, das Arbeitsblatt vor dem Hüftknick ganz an die Oberfläche zu bringen!

Stützen durch Bogenschläge

Eine gute Stützwirkung erzielt man auch durch Bogenschläge vorwärts und rückwärts. In der Ausgangsposition sitzt man aufrecht im Boot und versucht, Vorwärts- und Rückwärtsbogenschläge miteinander zu einer flüssigen Bewegung zu verbinden. Beim Rückwärtsschlag benutzt man immer die Blattrückseite. Die Bewegung darf nie abreißen, und das Blatt muß flach auf dem Wasser liegen. Die Gegenhand kontrolliert dabei den schnellen Wechsel zwischen Kehlung und Blattrücken am Ende eines jeden Bogens, während die Aktionshand den Schaft lokker hält, damit er schnell gedreht werden kann. Würde die Drehung in der Aktionshand erfolgen, wäre eine stärkere Armbewegung notwendig, und die Muskeln würden schneller ermüden.

Als nächstes kantet man das Kajak auf, hält es in dieser Stellung durch den Druck aus den Oberschenkeln und verlagert den Körperschwerpunkt so weit wie möglich über das Kajak. Das meiste Gewicht sollte über dem Boot liegen, während mit Hilfe der Bogenschläge versucht wird, die Balance zu halten (siehe Abbildung 9.5). Ein Wegneigen des Oberkörpers vom Kajak vergrößert den Druck auf das Paddel beträchtlich, und es ist sehr viel schwieriger, sich über Wasser zu halten. Je weiter

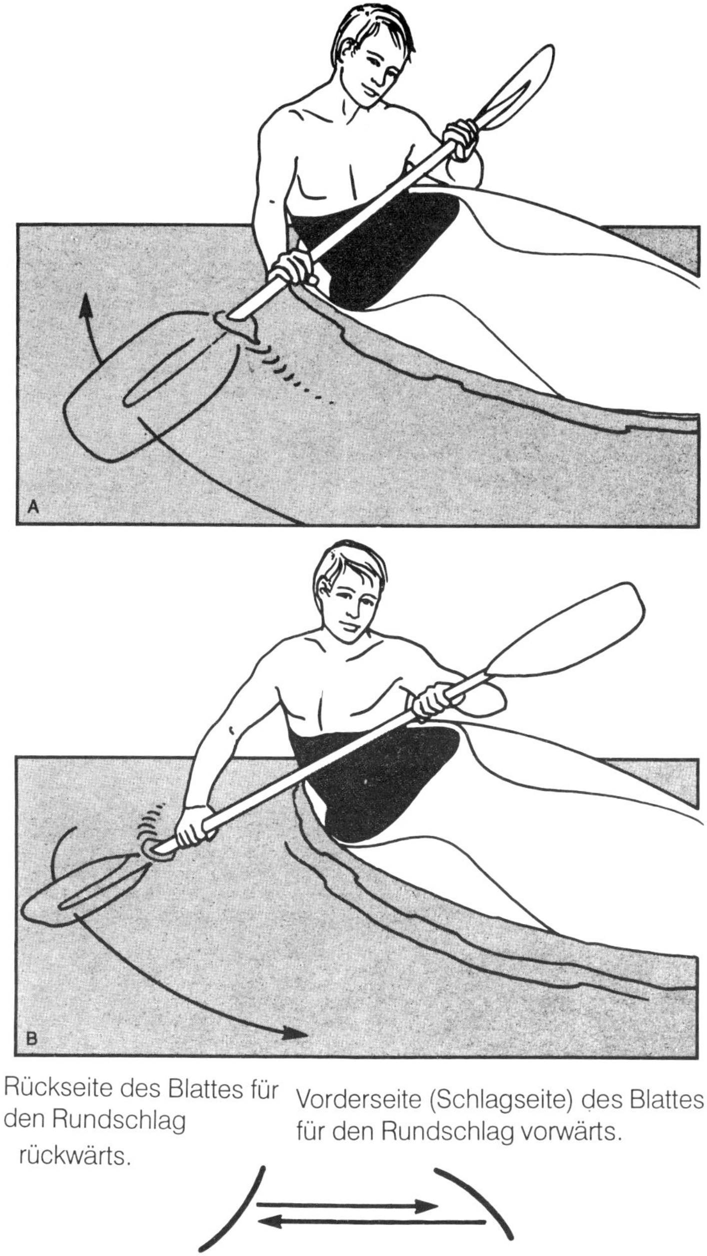

Abbildung 9.5 A,B: Verbundene Bogenschläge sind effektiver als das Streichen und erlauben es, aufrecht im Boot sitzenzubleiben, da bei Rückwärtsschlägen der Blattrücken eingesetzt wird.

man den Körper über das Boot bringt, desto steiler kann der Ankantwinkel gewählt werden. Dieser Winkel wird gesteigert bis man sich mit Hilfe aneinandergereihter Bogenschläge gerade noch aufrechthalten kann. Diese Stellung sollte man mindestens eine Minute halten. Diese Übung ist eine sehr gute Vorbereitung für das seitliche Abreiten von Walzen.

Chris Spelius, Kajaklehrer und bekannter Expeditionspaddler, erklärte mir diese Technik. Sie verbessert nicht nur die Techniken von Bogenschlag vorwärts und rückwärts, sondern stärkt auch die Muskulatur im Becken- und Rumpfbereich, die eine aufrechte Sitzhaltung bei angekantetem Boot ermöglicht. Diese Technik ist komplexer als das Streichen, jedoch beim Spielbootfahren nützlicher. Beide werden in Kapitel 15 (‚Walzenfahren‘) genauer miteinander verglichen. Probieren Sie diese Technik aus, vergessen Sie die ‚schlechte‘ Seite dabei nicht.

Weitere Übungen im ruhigen Wasser

Bereits beim Üben im ruhigen Wasser können Sie ein Maximum an Bootsgewöhnung und Orientierung unter Wasser erlangen. Natürlich erreichen die meisten Paddler dieses Ziel nicht über Nacht, und vielleicht auch nicht in den ersten zwei oder drei Jahren. Eine gewisse Ausdauer zahlt sich jedoch aus. Die folgenden Übungen sind ein Anreiz, das bisher Gelernte in verschiedenen Übungsformen umzusetzen und miteinander zu kombinieren:

1. Abwechselnd Rolle rechts und links ausführen. Dabei wird jede erlernte Rollentechnik ausprobiert.
2. Beim Kentern wird das Paddel in der rechten Hand gehalten, in Kenterlage wechselt es über dem Unterschiff die Hand; auf der linken Seite wird das Paddel mit beiden Händen gegriffen und in die Ausgangsposition gebracht. Zum Schluß erfolgt die Eskimorolle.
3. Das Kajak ist in Kenterlage, das Paddel befindet sich zunächst in der Ausgangsposition, und wird dann zwischen Brust und Oberschiff auf die andere Seite geschoben. Nachdem wiederum die Ausgangsposition eingenommen wurde, erfolgt die Rolle.

4. Das Boot ist in Kenterlage, die Ausgangsposition wurde eingenommen; nun wird das Kajak um ca. 105° bis 120° gedreht. Dieser Winkel wird 10 Sekunden lang mit Hilfe von Bogenschlägen oder durch Streichen gehalten. Danach geht man mit dem Oberkörper wieder in Ausgangsposition und läßt sich ins Wasser zurückfallen. Die gleiche Übung erfolgt auch auf der anderen Seite. Beim Streichen bleibt der Körper im Wasser oder nahe an der Oberfläche, während er beim Bogenschlag über dem Wasser liegt.

Diese Übung verbessert das Gefühl für die Stellung des Paddelblatts und des Boots, und zeigt eine Möglichkeit auf, wie eine mißglückte Rolle im Wildwasser zu retten ist. Wenn es so aussieht, als ob die Rolle mißlingt, setzt man einen kräftigen Fangschlag rückwärts an, gefolgt von mehreren verbundenen Bogenschlägen. Meist erlangt man auf diese Weise wieder die Normallage.

5. Hier besteht die Aufgabe darin, das Boot durch Wriggen 3 Meter auf die eine Seite zu versetzen, dann Körper und Paddel unter das Boot sinken zu lassen, sich auf die andere Seite zu orientieren, und das Boot wiederum 3 Meter auf die andere Seite zu versetzen. Danach wird das Kajak mit der Hangrolle wieder aufgerichtet, und die Übung auf der anderen Seite wiederholt.

Bei diesen ‚Kunststückchen' verliert man anfangs leicht die Orientierung. Ist der Kopf beim Streichen unter Wasser, so vergißt man leicht, wo oben und unten ist. Es ist einfacher, sich mit dem Körper nach hinten unter das Kajak zu legen, anstatt eine starke Auslage beizubehalten und den Oberkörper zur Oberfläche zu beugen. Eines der Hauptziele bei diesen Übungen ist es, sich mit seiner Lage zu allen Teilen des Kajaks und zur Wasseroberfläche vertraut zu machen. Diese Orientierungsfähigkeit macht sich im Wildwasser mehr als bezahlt und erleichtert das Erlernen der Handrolle.

10 Kajakfahren ohne Paddel

Warum ist es sinnvoll, die Handrolle zu erlernen? Ein guter Grund: Kajakfahren ohne Paddel macht Spaß! Es gibt mir ein unbeschreibliches Gefühl von Freiheit und Freude. Die wichtigsten Gründe sind jedoch, daß sich dabei die Bootsbeherrschung schnell verbessern läßt, das Selbstvertrauen erheblich gestärkt wird und eine zuverlässige Handrolle die Rolle mit Paddel stark verbessert. Oft ist zum Einschwingen in ein Kehrwasser, für Seilfähren, Surfen oder Walzenreiten kein Paddel erforderlich; wenn eine oder beide Hände frei sind, versucht man, das Paddel in der Luft zu drehen. Eine verläßliche Handrolle kommt einem auch dann zugute, wenn man beim seitlichen Abreiten einer Walze das Paddel in die Luft geworfen hat und es nicht mehr auffangen konnte...

Bei der Handrolle scheint es so viele Varianten wie Paddler zu geben. Um das Thema zu vereinfachen, teilen wir sie in Handrollen vorwärts (der Oberkörper wird nach vorne genommen, seitliche Auslage ist dabei möglich) und in Handrollen rückwärts (Oberkörper liegt auf dem Hinterschiff) ein. Alle grundlegenden Prinzipien der Paddelrollen gelten auch für die Handrolle. Zunächst erfolgt die Beschreibung der Handrolle vorwärts; es ist jedoch sinnvoll, als erstes die Technik der Handrolle zu erlernen, die der individuellen Technik mit Paddel am ähnlichsten ist. Den Lesern, die sich für eine Handrolle rückwärts entscheiden, möchte ich raten, den folgenden Abschnitt trotzdem aufmerksam durchzulesen, da alle Handrollen viele Gemeinsamkeiten aufweisen und in der ersten Beschreibung ausführlich auf alle Details eingegangen wird.

Handrollen vorwärts

Eine gut ausgeführte Handrolle erfordert keine größere Anstrengung als eine Rolle mit Paddel, sie verzeiht jedoch keine Fehler bezüglich Timing oder Technik, da die Hände weniger Fläche besitzen und dadurch weniger Auftrieb erzeugen können. Nach meiner Erfahrung ist die beidhändige Handrolle am einfachsten zu vermitteln und zu erlernen.

Die Hand, die den Auftrieb erzeugt, und die Rolle abschließt, wird als Arbeitshand bezeichnet. Die andere Hand, die beim Beenden der Rolle aus dem Wasser gehoben werden muß, nennen wir Hilfshand. In den folgenden Beschreibungen handelt es sich immer um Rollen auf der rechten Seite, d.h. die rechte Hand fungiert als Arbeitshand.

Die beidhändige Handrolle

1. Jede Rolle hat die gleiche Ausgangsposition. Bei der Handrolle wird der Oberkörper so weit nach vorne gebracht, daß die Nase das Vorderschiff berührt, die Hände liegen an den Seiten des Kajaks (siehe Abbildung 10.1A). Wie bei der Paddelrolle schützt diese Ausgangsposition das Gesicht und hilft bei der Orientierung unter Wasser. Anfänger vergessen oft, diese Stellung einzunehmen, und beginnen unbewußt bereits mit dem Hüftknick, wenn der Oberkörper weit über das Hinterschiff geneigt ist, oder der Kopf noch tief im Wasser liegt. Durch das Einnehmen der Ausgangsposition ist es einfach, ein Gespür dafür zu entwickeln, wohin sich der Körper zu Beginn der Rolle bewegen muß.

2. Kopf und Hände werden so nahe wie möglich an die Wasseroberfläche gebracht. Es ist wichtig, den Hüftknick erst dann zu

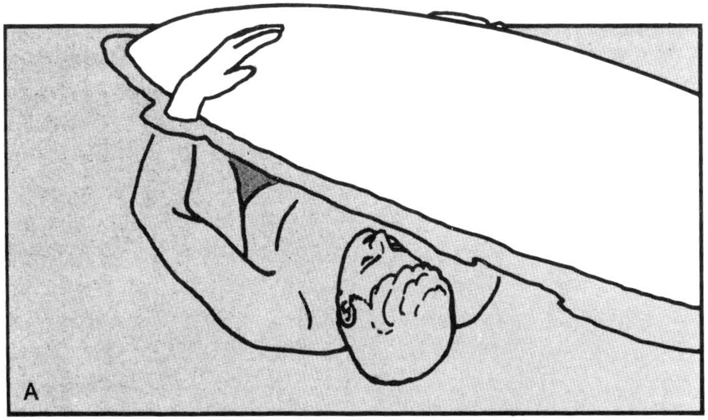

Abbildung 10.1 A: Die Ausgangsstellung der beidhändigen Handrolle mit Vorlage

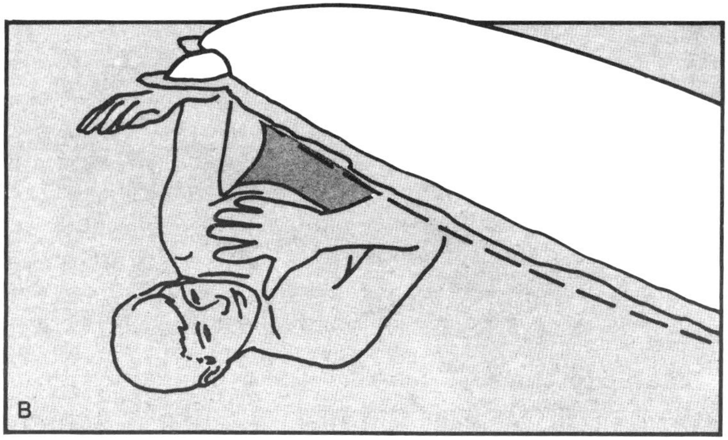

Abbildung 10.1 B: Zu Beginn der Handrolle wird der Körper zur Seite geschwungen, Kopf und Hände bewegen sich zur Oberfläche.

beginnen, wenn Kopf und Hände an der Oberfläche liegen. Diese Bewegung wird eingeleitet, indem man sich mit dem Oberkörper auf die linke Seite lehnt und den Kopf mit Hilfe des Drucks aus dem linken Oberschenkel gegen die Schenkelstütze des Kajaks zur Wasseroberfläche schiebt. Anschließend krümmt man den Rücken und dreht Gesicht und Schultern nach unten. Beide Hände sollten geöffnet sein, rechte Hand und Unterarm fast parallel zur linken Hand liegen (siehe Abbildung 10.1B,C).

3. Ausreichender Auftrieb wird mit den Händen erzeugt, indem sich Körper, Arme und Hände in einem rechten Winkel weit vom Kajak wegstrecken. Dabei sollten beide Hände die Oberfläche durchbrechen, wie in Abbildung 10.1C dargestellt ist. Hände, Arme, Bauch, Brustkorb und Schwimmweste vergrößern die Fläche dieser ‚Plattform', die den Hüftknick ‚trägt'. Eine gekrümmte oder vorgebeugte Körperhaltung ist eher hinderlich. Mit der maximalen Auslage zur linken Seite und zur Oberfläche wird der Körper wie eine Sprungfeder gespannt um, den kräftigen Hüftknick auf der rechten Seite vorzubereiten.

4. Beim Erreichen der maximalen Hand- und Armstreckung erfolgt ein kräftiger Hüftknick. Ist die maximale Streckung erreicht und sind die Handflächen nach unten gedreht, so erfolgt der Hüftknick. Zu Beginn wird der Körper durch den Auftrieb des Kajaks an die Oberfläche gebracht. Während sich Hände und

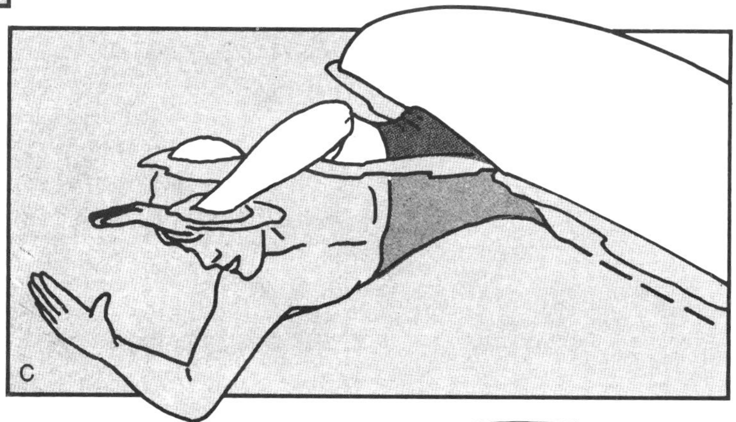

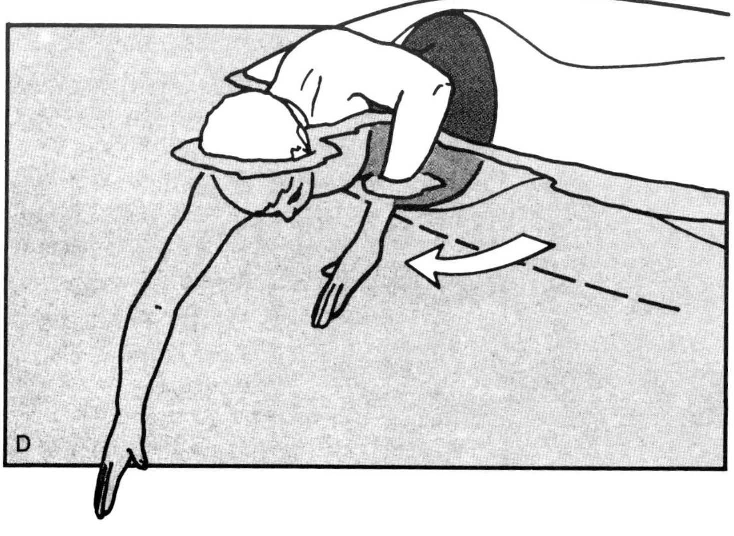

Abbildung 10.1 C,D: C Hände, Arme und Oberkörper strecken sich vom Kajak weg, um den für den Hüftknick notwendigen Auftrieb zu erzeugen. D Die Kraft für den Hüftknick kommt aus Rumpf, Hüften und Oberschenkeln – nicht aus den Händen.

Körper vom Boot wegbewegen, um Auftrieb auf dem Wasser zu erzeugen, wird das ganze Gewicht, das vom linken Oberschenkel getragen wurde, auf die Auftriebsplattform, die Hände, Arme und Brustbereich bilden, verlagert. Auf diese Weise wird der linke Oberschenkel entlastet und ein kräftiger Hüftknick kann vom rechten Oberschenkel eingeleitet werden.
(siehe Abbildung 10.1D)
Bei einer technisch ausgereiften Rolle ist es unmöglich zu erkennen, daß fast die gesamte, für die Rotation des Kajaks benötigte Energie aus der aktiven Bewegung des rechten Oberschenkels in Richtung rechter Arm kommt. Diese Hüftbewegung wird an der Taille sichtbar. Die sichtbare Abwärtsbewegung der Arme bei der beidhändigen Rolle ist eher passiv und eine Folge des Hüftknicks. Eine aktive Bewegung der Arme zu den Oberschenkeln hin (Nach-Unten-Schlagen aus den Schultern) wird die Rolle eher behindern. Die folgende Analogie soll zum Verständnis dessen beitragen: Liegt man flach auf dem Rücken, so hat man die Wahl zwischen dem Heben der Beine in die Luft (Knie sind durchgedrückt) in Richtung Brustkorb, und dem Heben des Brustkorbs in Richtung Beine. Bei beiden Varianten werden die gleichen Muskelgruppen benutzt, das Ergebnis ist jedoch ein ganz anderes. Es wäre zum Beispiel unpraktisch, die Beine hochzuheben, wenn man sich aufsetzen müßte, um den Telefonhörer abzuheben. Das Gleiche passiert bei der Rolle. Man kann entweder das Oberschiff zu den Händen an der Oberfläche drehen (das Kajak aufrollen), oder die Hände zum umgekippten Kajak bewegen (den Körper unter Wasser ziehen). Damit beim Hüftknick eine selektive Bewegung des Oberschenkels zu den vom Boot weggestreckten Händen, Armen und zum Brustkorb möglich ist, müssen die dafür verantwortlichen Muskeln trainiert werden. Drücken die Hände zu stark nach unten, und wird der Hüftknick zugunsten dieser Bewegung vernachlässigt, so können die Hände nicht mehr so viel Auftrieb erzeugen und sinken weiter ab, wodurch die Rolle immer schwieriger wird.

5. Durch ‚Zur-Seite-Legen' des Kopfes und Auslage des Oberkörpers bleiben Kopf und Körper im Wasser bis das Kajak unter den Körper gezogen wird. An diesem Punkt dreht sich das Kajak schnell um die Längsachse und der Kraftaufwand, der benötigt wird, um den Körper aus dem Wasser und über das Kajak zu schieben, muß so klein wie möglich gehalten werden. Jede Technik, bei der der Kopf während des Hüftknicks nicht aus dem Wasser gehoben werden muß, und die Bootsrotation nicht behindert wird, ist hierzu geeignet. Diese Rolle sollte zunächst in stark vorgebeugter Oberkörperhaltung abgeschlossen werden; wobei das Gesicht so lange im Wasser bleibt bis der Kopf über das Vorderdeck schwenkt. Dadurch bleibt der gesamte Arbeitsarm während des Hüftknicks im Wasser und erzeugt so ein Maximum an Auftrieb. Sobald die Rolle mit vorgebeugtem Oberkörper gut klappt, sollten Sie jedoch versuchen, auch ohne diese Hilfsbewegung (nach vorne) auszukommen.

- **Fast die gesamte, für die Bootsrotation notwendige Energie wird durch die aktive Bewegung des rechten Oberschenkels zum rechten Arm erzeugt.**

6. Die dem Hüftknick folgende Stabilisation ist keine separate Bewegung – sie geschieht automatisch, wenn Hüftknick und Auslage korrekt ausgeführt worden sind. Ein oft begangener Fehler bei der Stabilisation besteht darin, Kopf und beide Arme an der Seite des Kajaks zu lassen. Hierdurch wird die Rolle frühzeitig beendet, da Brust und linker Arm am Kajak hängenbleiben, und zuviel Gewicht außerhalb des Bootes liegt. Statt dessen sollte der Körper ungehindert über das Kajak kommen, indem die Hilfshand über das Oberschiff auf die andere Seite

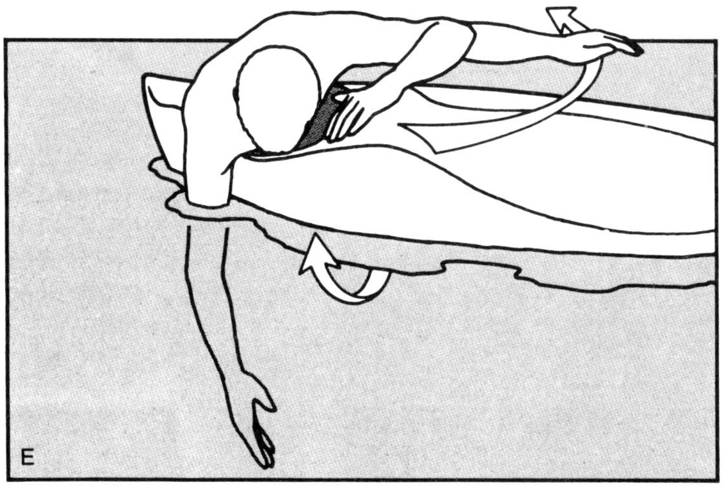

Abbildung 10.1 E: Während des Hüftknicks ist der Oberkörper nach vorne gebeugt, so daß das Gesicht im Wasser oder an der Oberfläche bleibt. Gleichzeitig schwingt der Hilfsarm über das Oberdeck. Erst wenn das Kajak aufrecht steht, ist kein Druck aus den Oberschenkeln mehr notwendig.

schwingt, sobald der Hüftknick vor seiner Vollendung steht, d.h. sobald der Kopf sich der Seite des Bootes zu nähern beginnt (siehe Abbildung 10.1E). Auf diese Weise ist nicht nur die linke Hand aus dem Weg, auch das Gleichgewicht wird erheblich verbessert. Am Anfang sollte man beim Üben den Oberkörper über die Bootsmitte hinaus auf die andere Seite schwingen, um mechanische und mentale Sperren, die eine vollkommene Stabilisation des Kajaks behindern, aus dem Weg zu räumen.

Zum Erlernen der Handrolle

Zum Erlernen der Handrolle sind zusätzlich zu einem Partner der im Boot sitzt, folgende Hilfsmittel notwendig: Schwimmweste, zwei Tischtennisschläger (ersatzweise können auch Plastikteller, Frisbee-Scheiben oder Handschuhe wie in Abbildung 10.2 dargestellt, benutzt werden). Als erstes sollten Sie an Ihrer Vorlage arbeiten. Dazu wiederholen Sie die Übung aus Abbildung 5.4 und lehnen sich dabei nach vorne anstatt nach hinten. Anschließend werden die Übungen zum Hüftknick aus Kapitel 6 wiederholt, damit dieser schnell und sauber ausgeführt wird und der Kopf nicht frühzeitig aus dem Wasser kommt. Als Hilfestellung dienen die Hände oder die Bootsspitze des Partners. In der Endphase des Hüftknicks ist der Oberkörper in Vorlage. Der Kopf kommt erst aus dem Wasser, wenn der Süllrand des Kajaks den Körper nach oben drückt. Die Arbeitshand nimmt so wenig Druck wie möglich auf, zum Schluß schwingt die Hilfshand über das Oberschiff.

Als nächstes benutzt man eine aufgerollte Schwimmweste als Schwimmbrett zum Üben der Vorlage beim Hüftknick (siehe Abbildung 10.3). Die Arbeitshand liegt auf der Mitte der Schwimmweste, die Hilfshand auf der Arbeitshand. Nun streckt man seinen Oberkörper und schiebt die Schwimmweste soweit wie möglich von der Seite des Kajaks weg. Ist dieser Punkt erreicht, erfolgt der Hüftknick ; Kopf und Körper werden nach vorn über das Kajak geschoben, die Hilfshand über das Oberschiff auf die andere Seite geschwungen. Das Gesicht bleibt im Wasser bis der Kopf über das Vorderdeck kommt. Bei dieser Übung wird die Schwimmweste, je nachdem, wie gut der Hüftknick ist, mehr oder weniger absinken.

Klappt der Hüftknick mit Hilfe der Schwimmweste problemlos, kann man einen Schritt weitergehen. In der nächsten Übung wird der Brustbereich so unterstützt, daß die Hände frei sind, um den normalen Bewegungsablauf durchlaufen zu können. Der Partner stellt sein Kajak so, daß das Vorderschiff im 45°-Winkel neben der Sitzluke des anderen Kajaks liegt (ein langes Kajak mit schmalem Vorderschiff eignet sich am besten). Nun lehnt

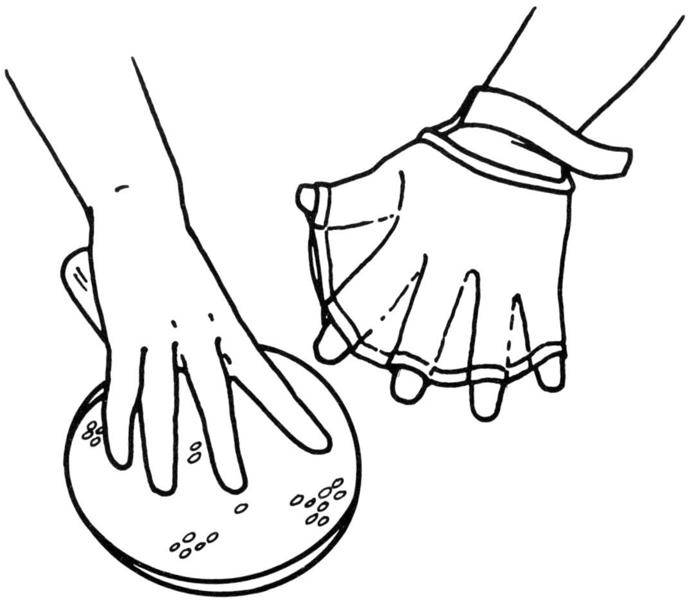

Abbildung 10.2: Tischtennisschläger oder Handschuhe mit Schwimmhäuten zwischen den Fingern vergrößern den Auftrieb

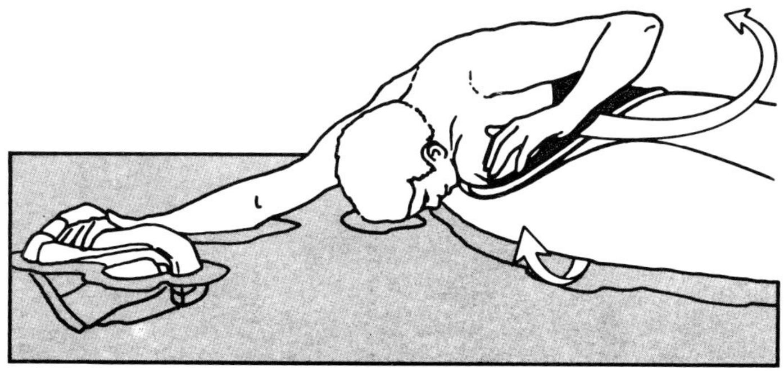

Abbildung 10.3: Beim Erlernen der Handrolle dient eine zusammengerollte Schwimmweste als Schwimmbrett.

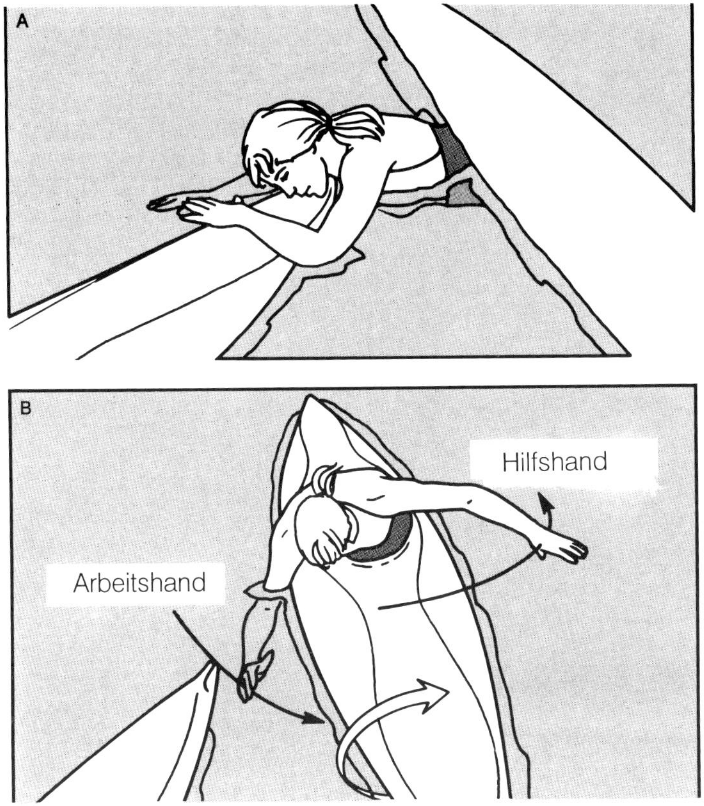

Abbildung 10.4 A,B: Hier dient die Bootsspitze des Partners als Auftriebskörper. A Zunächst liegt der Oberkörper im Bereich der Achselhöhle auf der Bootsspitze des Partners auf. Der Arbeitsarm bleibt an der Wasseroberfläche. B So können die Bewegungen aus der zweiten Hälfte der Handrolle ohne Verletzungsrisiko eingeübt und koordiniert werden und man entdeckt, wie gut Arme und Hände den Körper bei einem schnellen Hüftknick unterstützen.

man sich nach rechts und legt den Brustkorb auf dem Vorderschiff des Partners ab, die Bootsspitze liegt in der Achselhöhle. Nachdem der Oberkörper auf diese Weise stabilisiert ist, wird das Boot wie in Abbildung 10.4A dargestellt, angekippt. Dann legt man Arbeitsarm und -hand auf die Wasseroberfläche und die Hilfshand auf das Oberschiff des Partners. Dies ist fast genau die Position, in der sich der Oberkörper bei der Handrolle nach Erreichen der Oberfläche und vor dem Hüftknick befindet.

Beide Hände unterstützen den kräftigen Hüftknick, der nun unter realistischen Bedingungen geübt werden kann. Während des Hüftknicks wird das Vorderschiff mit Hilfe der Bauchmuskulatur zur Sitzluke des Partners gezogen. Durch diese Bauchmuskelarbeit schwingen Kopf und Oberkörper mühelos auf das Vorderschiff. Das eigene Boot wird beim Hüftknick vom Kajak des Partners wegdriften, so daß die Arbeitshand in ihrer bogenförmigen Bewegung von der Oberfläche bis unter das Boot, und damit die letzte Phase des Hüftknicks, nicht behindert werden. Die Hilfshand wandert wieder auf die andere Seite des Kajaks.

Die vorangegangenen Übungen helfen beim Abbau von Schwierigkeiten in der Phase des Hüftknicks und der Stabilisation. Im Folgenden konzentrieren wir uns auf das Einnehmen der richtigen Ausgangsposition für den Hüftknick. Bei dieser Aufgabe hängt sehr viel davon ab, inwieweit man in der Lage ist, sich unter Wasser zum Boot und zur Oberfläche zu orientieren. Dazu wird die Ausgangsstellung eingenommen, die Hände werden nach oben gestreckt und in die Hände des Partners gelegt. Der Partner sollte seine Hände ca. 15 cm unter Wasser und 50 cm vom Kajak entfernt halten. In einer kleinen anschließenden Pause wird kontrolliert, ob Gesicht und beide Handflächen nach unten gedreht sind (eine Position ähnlich jener in Abbildung 6.3). Ist dies der Fall, so wird das Kajak ganz aufgerollt, der Kopf bleibt noch im Wasser während der Oberkörper über das Vorderschiff schwingt. Obwohl die Arbeitshand auf der Hand des Partners bleibt, ist es wichtig, so wenig Druck wie möglich über diese aufzunehmen. Diese Aufgabe wird wiederholt, bis keine Pause zwischen den Bewegungsteilen mehr notwendig ist.

Jetzt ist es soweit! Nach Durchlaufen aller Vorübungen können Sie nun die vollständige Handrolle mit einem Pingpongschläger o.ä. alleine versuchen. Durch diesen zusätzlichen Auftrieb kann die Rolle trotz Fehler bei Technik oder Timing noch erfolgreich abgeschlossen werden. Für die ersten Versuche kann es nicht schaden, wenn der Partner sich neben das Boot ins Wasser stellt, und falls notwendig den Oberkörper etwas stützt. Nach Einnehmen der Ausgangsposition schiebt man den Oberkörper schnell auf der linken Seite an die Oberfläche. Auf dem Weg dorthin dreht man bereits die Handflächen nach unten und streckt den Körper vom Boot weg. Dann folgt eine kräftiger Hüftknick.

Währenddessen schwingt der Körper in einer Bewegung auf das Vorderschiff, der linke Arm wandert auf die linke Seite, der rechte Arm beschreibt einen Bogen unter das Boot.

- **Nachdem die Hände die Oberfläche erreicht haben, konzentriert man sich ganz auf die Ausführung des Hüftknicks.**

An diesem Punkt gilt es oft, eine mentale Sperre zu überwinden; denn trotz perfekter Technik und geringer Druckaufnahme über die Hände des Partners, zeigen viele Anfänger beim selbständigen Rollversuch die Tendenz, ohne Hilfestellung die Hände stark nach unten zu drücken. Dies geschieht wahrscheinlich, weil man vor dem Hüftknick einen Widerstand sucht – ein vergebliches Unterfangen bei der Handrolle. Die einzige Möglichkeit ist, darauf zu vertrauen, daß die Plattform aus Hand, Arm und Brustkorb ausreichenden Auftrieb für den Hüftknick bieten. Nachdem die Hände die Oberfläche erreicht haben, konzentriert man sich ganz auf die Ausführung des Hüftknicks. Sind alle Rollversuche mit zwei Pingpongschlägern erfolgreich, geht man dazu über, nur mit einem Schläger in der Arbeitshand, und schließlich ohne Hilfsmittel zu rollen.

Klappt erst einmal eine Technik, kann man alle anderen sehr viel leichter, und ohne ständig aussteigen zu müssen, erlernen. Viele Varianten unterscheiden sich nur in der Art und Weise, wie Arme und Hände vor dem Hüftknick an die Oberfläche gebracht werden. Bei einer Art der Handrolle ahmen beide Hände z.B. das Streichen mit dem Paddel nach, um den Oberkörper an die Oberfläche zu bringen, und genug Auftrieb für den Hüftknick zu erzeugen. Diese Technik ist offensichtlich ineffektiv, stellt aber durchaus eine Herausforderung dar. Im ruhigen Wasser ist sie relativ leicht zu erlernen, wenn man den Oberkörper weit nach oben bringt und einen kräftigen Hüftknick ansetzt (die Hände werden nicht nach unten gedrückt, sondern erzeugen durch Streichen Auftrieb). Eine einhändige Rolle ist natürlich schwieriger als eine beidhändige, da allein die Arbeitshand für den nötigen Auftrieb sorgen muß, und diese ohne die Unterstützung der Hilfshand nicht so weit nach oben kommt. Ihr Vorteil ist jedoch, daß man für alle Fälle beim Üben sein Paddel, oder beim Kanupolo den Ball mit der anderen Hand festhalten kann.

Die Doppelschlag-Handrolle

Es gibt eine weitere Version der Handrolle mit Vorlage, die ich beschreiben möchte, weil sie mein persönlicher Favorit ist. Sie ist in Abbildung 10.5 dargestellt und ich bezeichne sie als Doppelschlag-Handrolle. Ihre Technik ist etwas komplizierter als die der beidhändigen Rolle, da der Hüftknick genau auf den Zeitpunkt der maximalen Streckung der zweiten Hand abgestimmt werden muß. Bei dieser Rolle kommt die Hilfshand beim Heben von Kopf und Oberkörper sehr viel stärker zum Einsatz. Aus diesem Grund ist sie im Wildwasser wahrscheinlich auch zuverlässiger als jede andere Handrolle.

Wie bei den zuvor beschriebenen Handrollen werden in der Anfangsphase Körper und Kopf an die Oberfläche gebracht, der Körper streckt sich im rechten Winkel von der Bootslängsachse weg (bei der Rolle rechts in Richtung linke Hand). Hier jedoch wird die Aufwärtsbewegung des Kopfes von der Abwärtsbewegung der linken Hilfshand unterstützt (siehe Abbildung 10.5A). Erreicht der Kopf die Oberfläche, so streckt sich die Arbeitshand nach oben und weg vom Boot, gleichzeitig werden die Handflächen nach unten gedreht (siehe Abbildung 10.5B). Ist dieser Teil korrekt ausgeführt worden, sollten die Finger der rechten Hand und der Hinterkopf die Wasseroberfläche bereits durchbrechen. Die Art und Weise, wie die Arbeitshand die Hilfshand an der Oberfläche ablöst, ähnelt dem Armzug beim Schwimmen.

Der Hüftknick sollte zur gleichen Zeit einsetzen, in der die Arbeitshand die Oberfläche erreicht, und die Handfläche und beide Schultern sich nach unten drehen. Genau dann hat nämlich die Plattform ihren größtmöglichen Auftrieb erreicht. Hüftknick und Stabilisation erfolgen auf die gleiche Weise wie bei der beidhändigen Rolle.

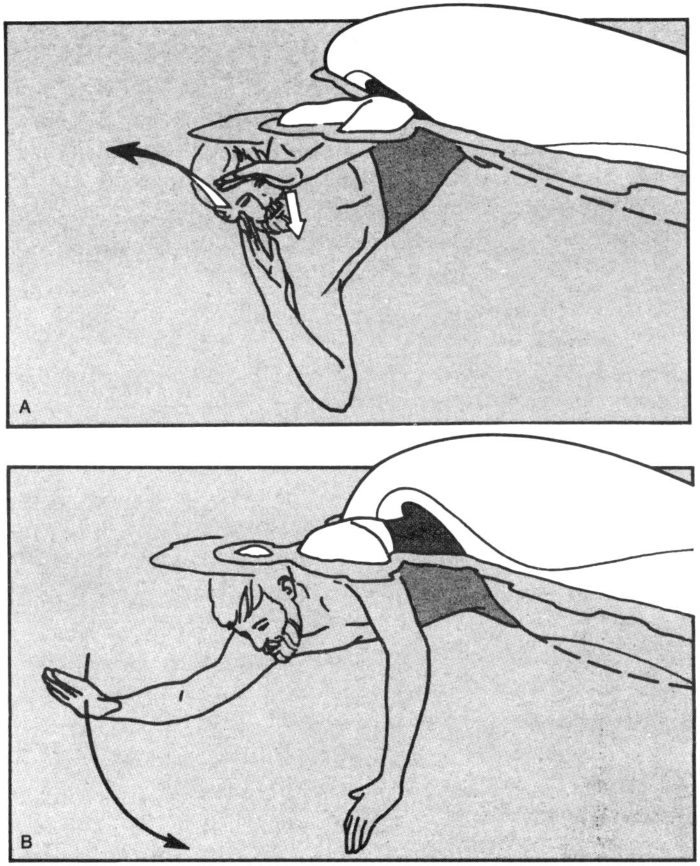

Abbildung 10.5 A,B: Die Doppelschlag-Handrolle mit Vorlage. A In der ersten Phase versucht man die Arbeitshand so weit wie möglich an die Oberfläche zu bringen, während mit der Hilfshand der Körper nach oben geschoben wird. B Die Arbeitshand dreht während der Bewegung die Handfläche nach unten. In dem Augenblick, in dem die Hand am weitesten an der Oberfläche ist, wird ein schneller Hüftknick ausgeführt.

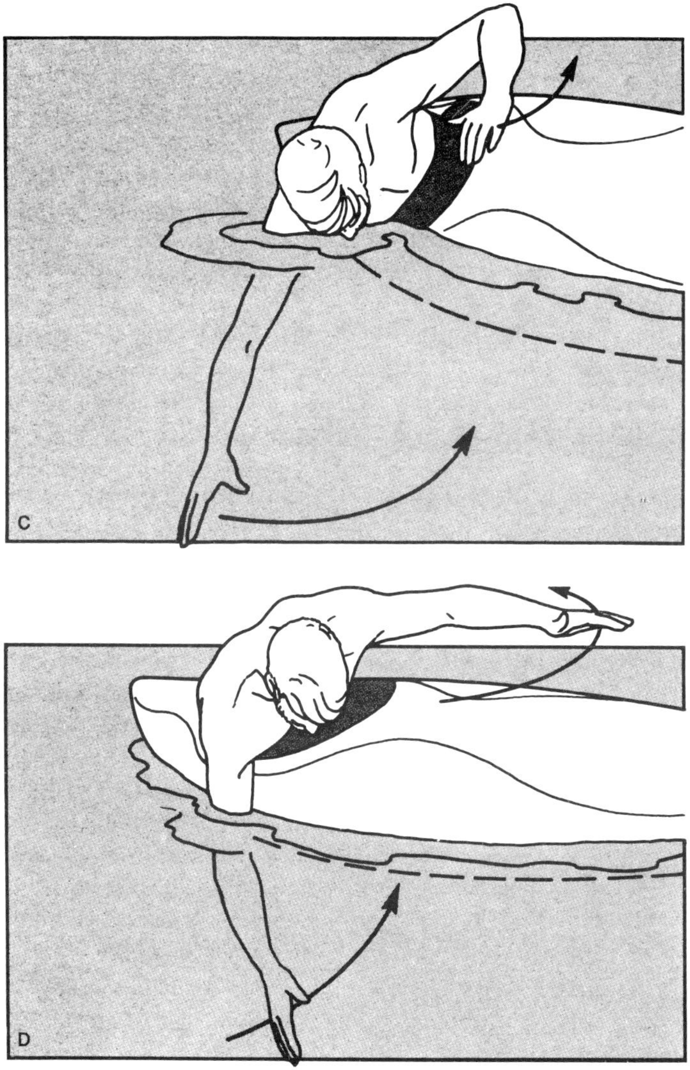

Abbildung 10.5 C,D: Die Doppelschlag-Handrolle mit Vorlage. C Der Oberkörper wird nach vorne genommen, die Hilfshand schwingt über das Vorderschiff während sich das Kajak unter den Körper schiebt. D Bei der Handrolle mit Vorlage schwingt die Arbeitshand in einem weiten Bogen komplett unter das Kajak.

Handrolle mit Rücklage

Jahrelang kannte ich nur Handrollen mit Vorlage. Ich war der Meinung, daß eine Handrolle wie die andere sei, und konnte mir nicht vorstellen, daß die Handrolle mit Rücklage irgendwelche Vorteile bietet. Doch dann sah ich einem Paddler zu, wie er sein Paddel in der rechten Hand drehte, sich dabei umkippen ließ, das Paddel in der Luft auf die andere Seite wechselte und hochrollte, ohne einen Moment aufzuhören, das Paddel in der linken Hand zu drehen. Von da an war es mein Ziel, die Handrolle mit Rücklage zu lernen. Es war schwieriger als ich dachte, meinen Körper darauf zu trimmen, sich nach hinten anstatt nach vorne zu legen. Die Rücklage ist (für diejenigen, die sich für solch unnütze Tricks interessieren) die einzige Möglichkeit, die es einem erlaubt, während der Rolle das Paddel in der Luft zu drehen. Handrollen mit Rücklage sind im Wildwasser jedoch manchmal tatsächlich effektiver. Im Kapitel 17 werde ich noch genauer auf dieses Thema eingehen.

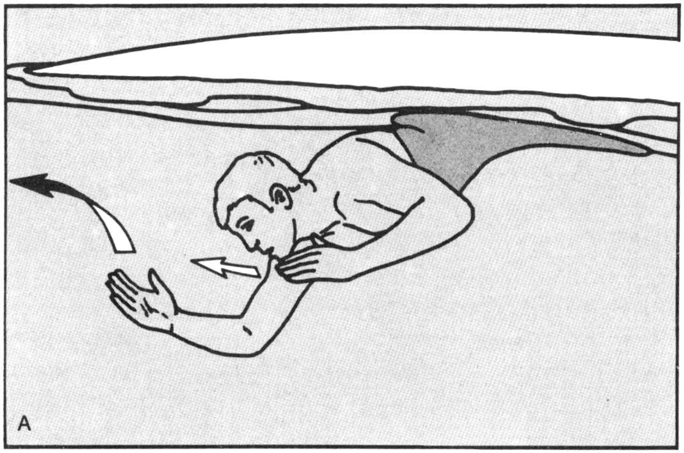

Abbildung 10.6 A: Die beidhändige Handrolle mit Rücklage. Aus der vorgebeugten Haltung der Ausgangsposition streckt sich der Oberkörper so weit wie möglich an die Oberfläche und lehnt sich leicht nach hinten. Auch Kopf und Hände werden an die Oberfläche gebracht.

Die beidhändige Rolle mit Rücklage

Diese Rolle ist der beidhändigen Rolle mit Vorlage sehr ähnlich, lediglich ist der Oberkörper in der Anfangsphase nach hinten geneigt und die Rolle wird in einer starken Rücklage abgeschlossen. Kopf und Rücken schwingen dabei auf das Hinterdeck (siehe Abbildung 10.6). Zum Schluß ist der Hinterkopf auf dem Deck, die Arme liegen seitlich vom Boot weggestreckt im Wasser. Am Ende der Rolle hebt sich das Gesäß aus dem Sitz, um die extreme Rücklage zu erleichtern.

Hier kann die Hilfshand die Rolle nicht so gut unterstützen wie bei der beidhändigen Rolle mit Vorlage, da sie relativ früh aus dem Wasser und auf die andere Seite kommt. Die Hilfshand wird bei einer Doppelschlaghandrolle mit Rücklage sehr viel effektiver eingesetzt.

Die Doppelschlaghandrolle mit Rücklage

Diese oder ähnliche Rollen werden oft von Rodeofahrern und Kanupolospielern benutzt (siehe Abbildung 10.7). Meiner Meinung nach ist sie die effizienteste Handrollentechnik. Durch das Nach-unten-Drücken der Hilfshand zu Beginn der seitlichen Auslage kommen Brust und Arbeitshand nach oben und an die Seite des Hinterschiffs (siehe Abbildung 10.7A). Durch die frühe Rücklage kann der zweite Armzug an der Oberfläche beginnen, der Kopf liegt dabei fast auf dem Hinterschiff (siehe Abbildung 10.7 B). Die Armbewegung wird schnell ausgeführt; der Hüftknick wird mit dem zweiten Armzug eingeleitet.

Daraus ergibt sich ein Vorteil zur Doppelschlaghandrolle mit Vorlage; da der erste Armzug direkt am Gesicht vorbei nach unten geht, kommt der Oberkörper nicht so früh in Vorlage und an die Seite des Kajaks, während die Rücklage bereits beim ersten Armzug erfolgt. Ist der Kopf schon zu Beginn des ersten Armzugs an der Seite des Kajaks, verringert sich die Arbeit, die geleistet werden muß,um das Kajak hochzurollen.

Im ruhigen Wasser bevorzuge ich eine langsamere, harmonischere Version dieser Rolle, die sich ganz anders anfühlt, auf einem Bild jedoch der Rolle in Abbildung 10.7 sehr ähnlich wäre. Bezüglich des Timings gleicht sie mehr einer Bogenschlag- als einer Hangrolle, da die Hüftrotation schon beim ersten Abwärtsschlag einsetzt, bis zum Ende des zweiten dauert, sie bereits bei Einnehmen der Rücklage beginnt und so lange andauert bis sich Kopf und Körper auf das Hinterschiff schieben. Die Hilfshand unterstützt diese frühe Hüftrotation auf die gleiche Art und Weise wie der Bogenschlag zu Beginn der Bogenschlagrolle. Ich versuche, den Kopf stetig vom Bug zum Heck zu bewegen und so das Gefühl zu vermeiden, ihn erst stark vom Boot wegzubewegen und ihn dann beim Hüftknick wieder anzunähern. Diese Art der Doppelschlagrolle mit Rücklage ist langsamer und im Wildwasser wahrscheinlich weniger effektiv als die energische, offensichtlich kraftvollere Version, die ich weiter oben beschrieben habe. Trotzdem hat man das Gefühl, daß sie fast ohne Kraftaufwand von statten geht, ähnlich dem Schwimmen zur Oberfläche mit zwei gut gesetzten, aufeinander abgestimmten Kraulzügen.

Die Rolle ohne Hüftknick

Bei jeder Handrolle mit Rücklage sollten Kopf und Rücken sanft auf die Mitte des Hinterdecks wandern. Der Hinterkopf berührt das Oberschiff. Zur Verbesserung dieser Rücklage und zur Einübung des kräftigen Doppelschlags versucht man eine Handrolle ohne Hüftknick, wie sie in Abbildung 10.8 dargestellt ist. Es bedarf schon einigen Mutes, man kann jedoch seine Technik bei der Handrolle mit Rücklage damit erheblich verbessern. Im Wildwasser ist diese Rolle ungeeignet, da die Kraft für die Rolle

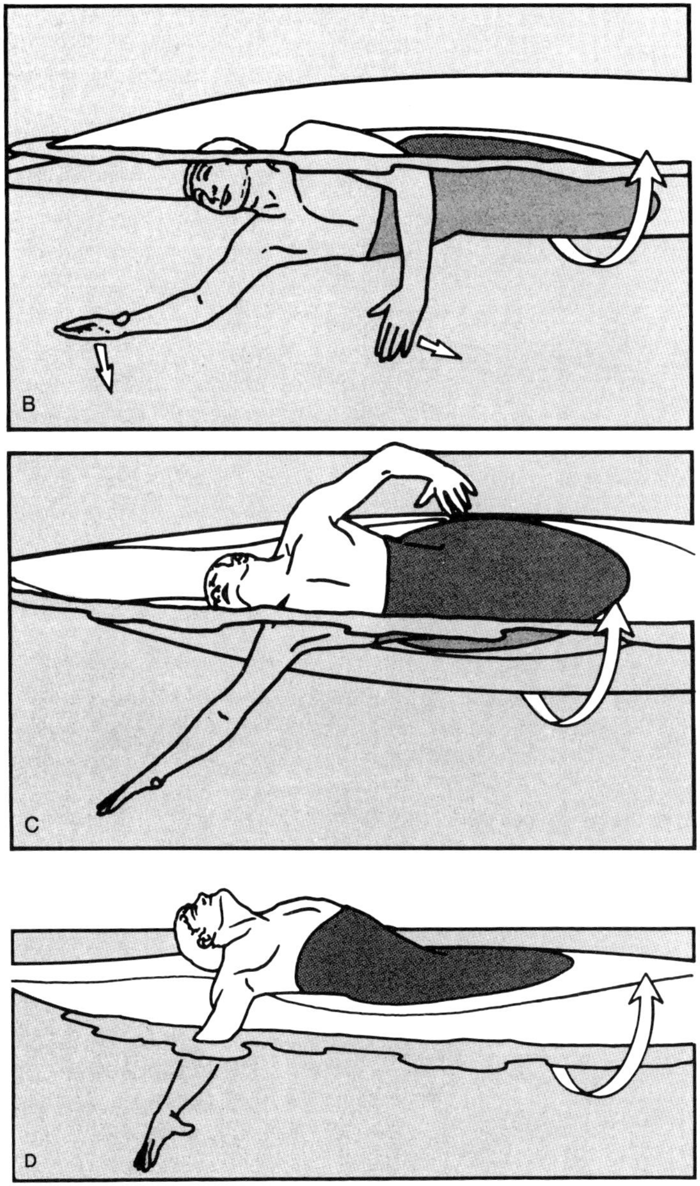

Abbildung 10.6B-D: Die beidhändige Handrolle mit Rücklage. B Sobald Körper und Arme maximale Streckung erreicht haben, dreht ein kräftiger Hüftknick das Boot nach oben. C Während des Hüftknicks ist der Körper in starker Rücklage, der Kopf kommt über das Hinterschiff. D Die Hilfshand wird schnell über das Boot auf die andere Seite geschwungen, so daß die Schultern gleichmäßig über dem Hinterschiff liegen und das Gleichgewicht wieder hergestellt wird.

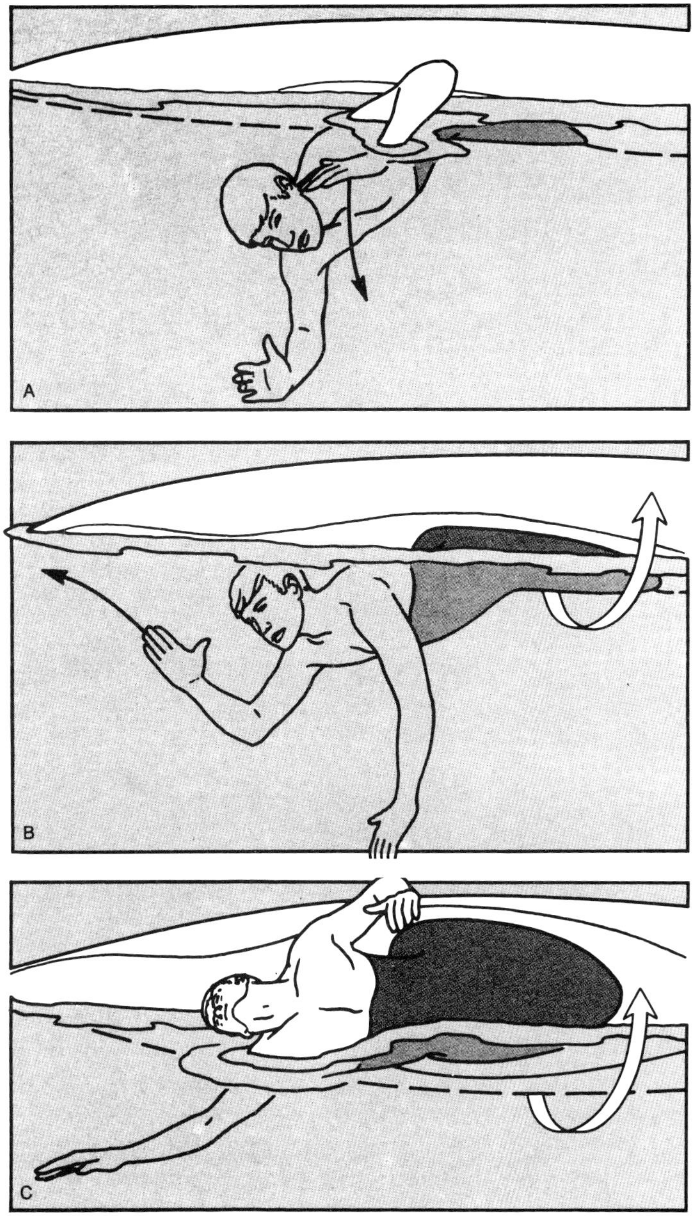

Abbildung 10.7 A-C: Die Doppelschlaghandrolle mit Rücklage. Die erste Hälfte dieser Rolle läuft ähnlich ab wie ihre Entsprechung mit Vorlage, jedoch geht die anfängliche Auslage des Körpers eher nach hinten. Sie wird in extremer Rücklage beendet (siehe Abbildung 10.7D, nächste Seite).

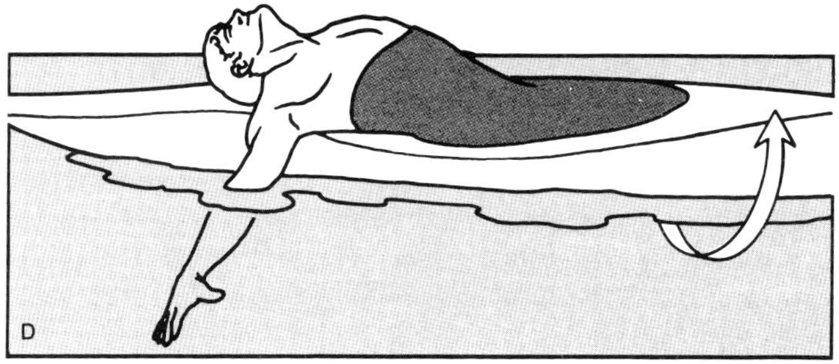

Abbildung 10.7 D: Die Endstellung bei der Doppelschlaghandrolle mit Rücklage.

nur aus Schultern und Armen kommt. Sie ist nicht so zuverlässig, außerdem ist das Gesicht dabei ungeschützt.

Für die Ausführung der hüftknicklosen Handrolle legt man sich mit Rücken und Kopf auf das Hinterschiff. Dann verlagert man sein Gewicht weit genug zur Seite, so daß das Kajak umkippt, und bringt den Körper gleich danach wieder über die Bootsmitte wie in der Anfangsposition. Die Fingerspitzen beider Hände sollten, wie in Abbildung 10.8A dargestellt, die Wasseroberfläche erreichen. Die Rolle funktioniert nur, wenn das gesamte Gewicht in der Nähe der Rotationsachse bleibt. *Der Kopf ruht während der ganzen Bewegung auf dem Hinterschiff!*
Zu Anfang sollte ein Helfer seine Hand als Hilfestellung unter die Ihre halten, nehmen wir an unter die linke Hand. Nachdem das Kajak mit Hilfestellung halb aufgerollt wurde, wechselt die rechte Hand die linke ab, um die Rolle mit Hilfe der Partnerhand zu beenden (siehe Abbildung 10.8B). Die Arme bleiben während des Armzugs gerade, der linke wandert am Ende wieder über das Boot auf die andere Seite (Abb. 10.8C). Der Hinterkopf liegt immer noch auf dem Hinterschiff (siehe Abbildung 10.8D). Um das Kajak aufzurollen, ist nur ganz geringer Druck von der Hand des Partners notwendig und die Bewegung sollte langsam und ohne größere Anstrengung ausgeführt werden.

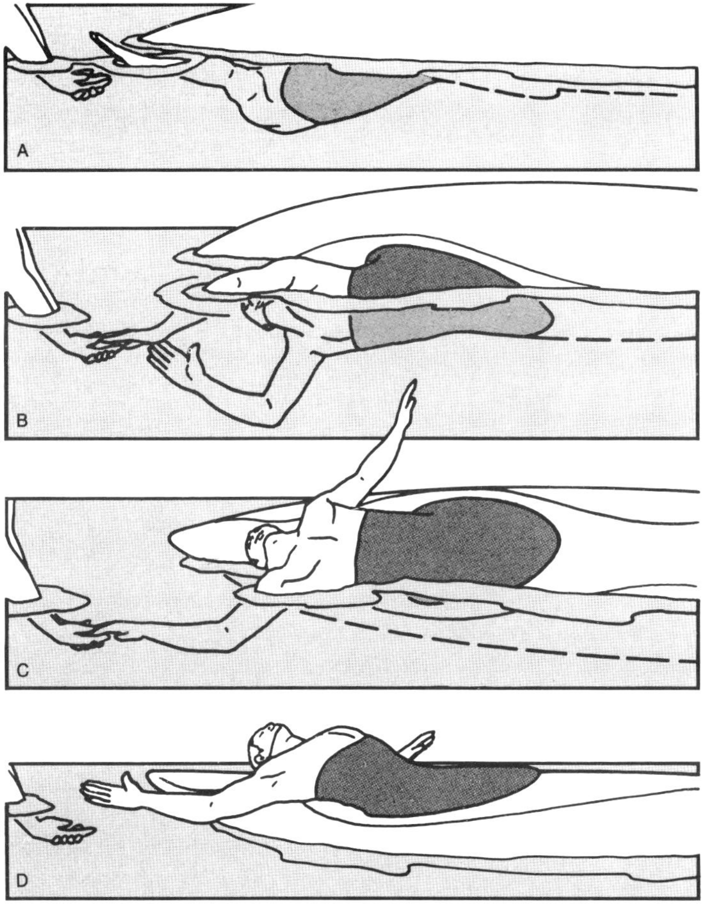

Abbildung 10.8 A-D: Die Rolle ohne Hüftknick – der Kopf klebt auf dem Hinterdeck des Kajaks! Nach Erlernen der Arm- und Körperbewegung mit Hilfe des Partners, versucht man es schließlich ohne Hilfeleistung. Dies ist lediglich eine Übung; versuchen Sie diese Rolle nicht im Wildwasser!

Abbildung 10.9 A-C: Die einhändige Handrolle mit Rücklage. Das Paddel kann als Balancehilfe verwendet werden.

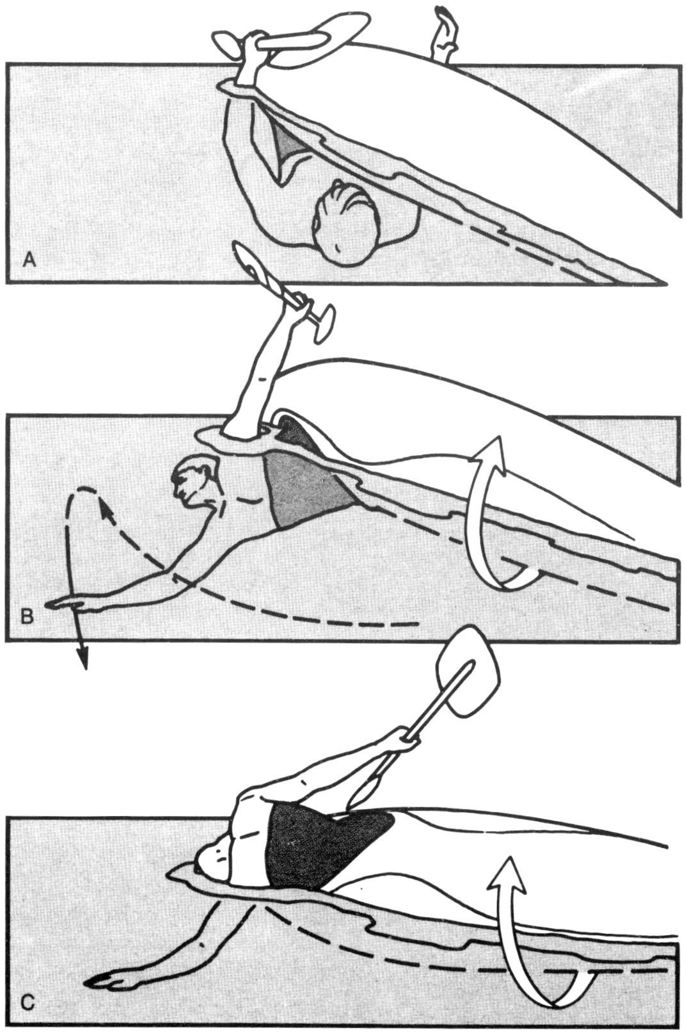

- **Diese Rolle ist nur möglich, wenn das ganze Gewicht nahe der Bootslängsachse liegt**

Sobald die Rolle mit Hilfeleistung gut funktioniert und Sie ein Gefühl dafür entwickelt haben, in welche Richtung Sie sich lehnen müssen, und wo oben und unten ist, versuchen Sie alleine unter Zuhilfenahme von Pingpong-Schlägern oder Paddles hochzurollen, und schließlich ohne Hilfsmittel. Die Arme müssen dabei sehr schnell durch das Wasser bewegt werden.

Die einhändige Handrolle mit Rücklage

Diese Rolle ähnelt der Version mit Vorlage, jedoch anstatt sich nur zur Seite zu neigen, legt man sich erst seitwärts, dann nach hinten und dann nach oben, zur hinteren Ecke des Kajaks. Wenn die Armstreckung am größten ist und die Arbeitshand so weit wie möglich an der Oberfläche liegt, erfolgt ein kräftiger Hüftknick, und Kopf und Rücken werden schnell auf das Hinterschiff geschwungen. Obwohl ich mir beim Erlernen dieser Technik etwas schwer tat, ist sie doch bei Spielbootfahrern sehr beliebt. Außerdem kann man diese Technik alleine üben, da man sein Paddel für alle Fälle in der Hand behalten kann. Das Paddel, das in der freien Hand gehalten wird, kann sogar das Gleichgewicht verbessern, wenn sein Gewicht über dem Boot gelassen wird (siehe Abbildung 10.9A-C).

Haben Sie erst einmal eine verläßliche Handrolle auf der einen Seite entwickelt, können Sie die spiegelbildliche Bewegung auf der anderen Seite erlernen. Handrollen gelingen recht schnell auf beiden Seiten gleich gut. Das ist im Wildwasser sehr vorteilhaft, da man hier sehr leicht vergißt, welche die ‚gute Seite' ist.

Paddeln mit den Händen

Diesen Abschnitt möchte ich mit einer Warnung beginnen. Paddeln mit den Händen macht Spaß, auf schwierigem Wildwasser sollte es jedoch tunlichst unterlassen werden. Ich lege mein Paddel nur unter kontrollierten Bedingungen aus der Hand. Die Kraft, die mit den Händen erzeugt werden kann, ist im Vergleich zum Paddel um ein Vielfaches geringer. Mein Paddel ist eines der wichtigsten Sicherheitsgeräte, die ich dabei habe.

Paddeln mit den Händen, obwohl selbst keine Grundtechnik, erschließt jedoch andere grundlegende Fähigkeiten – besonders das Gefühl für die Stellung des Bootes. Sie *müssen* sich von der Abhängigkeit zu Ihrem Paddel lösen und lernen, wie man Bootskontrolle als hauptsächliches Hilfsmittel beim Spielbootfahren einsetzt. Diese Fähigkeit erlernt man beim Paddeln mit den Händen am schnellsten. Schaffen Sie auch nur eine einzige Handrolle, steigern Sie damit Ihr Selbstvertrauen erheblich. Und man bekommt auch Lust, einige Manöver im Wildwasser ohne Paddel auszuprobieren und das Paddel nur im Notfall einzusetzen, oder es ganz wegzulassen. Beim Paddeln mit den Händen lernt man schnell, nicht gegen die Strömung anzukämpfen und den Fluß die meiste Arbeit machen zu lassen – Arbeit, die man normalerweise selbst – mit den Paddelschlägen unbewußt und unnötigerweise – verrichtet hätte.

Gleichgewicht und Stützen

Klappt die Handrolle erst einmal zuverlässig, können Sie eine ganze Reihe von Manövern mit den Händen durchführen. Sie werden sehr schnell herausfinden, daß es beim Paddeln mit den Händen sehr wichtig ist, sein Gleichgewicht durch Vor- oder Rücklage zu verbessern. Der Kopf kommt dadurch näher an das Oberschiff und somit näher an die Längsachse, so daß der Schwerpunkt nach unten wandert und das Kajak stabiler im Wasser liegt. Je mehr sich der Oberkörper dem Oberschiff nähert, desto weiter können Arme und Hände ins Wasser eintauchen, und desto mehr Auftrieb wird erzeugt. Gewöhnen Sie sich an, den Oberkörper nach vorne zu neigen (die Nase liegt auf dem Vorderschiff) sobald Sie das Gleichgewicht verlieren, und die Hände zum Stützen bereitzuhalten.

Probieren Sie aus, wie weit Sie das Kajak ankippen und allein mit den Händen und Armen wieder aufrichten können. Bleibt der Kopf auf dem Oberschiff, so sollte man in der Lage sein, ein um über 90 Grad gekantetes Kajak mit einer Handstütze wiederaufzurichten. In dieser Vorlage ist ein Hüftknick nicht möglich, so daß diese Stütztechnik der Rolle ohne Hüftknick ähnlich ist, indem sie nur die Kraft aus Händen und Armen benutzt. Wie wir bereits gesehen haben, bereitet dies keine zu großen Schwie-

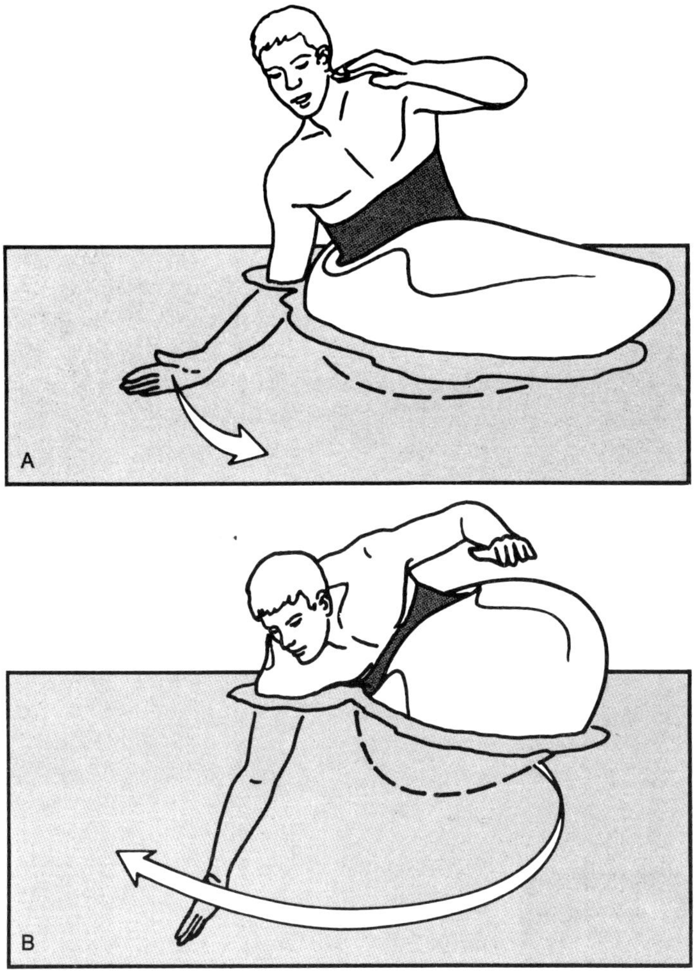

Abbildung 10.10 A,B: A Rückwärtspaddelzüge mit der Hand sind effektiver als Vorwärtspaddelzüge, da bei dieser Bewegung die kräftige Rumpfmuskulatur sehr viel besser ausgenutzt wird.
B Diese Abbildung zeigt, wie ein Kajak in Vorwärtsbewegung um den sich nach vorne bewegenden Arm gedreht wird – so als ob man sich an einer Fahnenstange festhält und um sie herumschwingt.

rigkeiten, solange das Gewicht des Körpers nahe an der Drehachse des Kajaks bleibt.

Vorwärts-, Rückwärts- und Drehschläge

Versuchen Sie, beide Hände gleichzeitig und dann abwechselnd wie beim Kraulen einzusetzen. Die gleiche Übung wird auch rückwärts ausgeführt. Die Armzüge beim Rückwärtspaddeln werden sehr viel kräftiger ausfallen, da Sie Schultern und Oberkörper dabei besser mit einsetzen können (siehe Abbildung 10.10A).

Drehen Sie das sich vorwärtsbewegende Kajak, indem Sie sich nach vorne lehnen und die Handfläche unter Wasser zum Bug wenden. Das Kajak wird sich um den Arm drehen – so als ob man sich an einer Fahnenstange festhält und um sie herumschwingt (siehe Abbildung 10.10B).

Streichen

Mehrere hintereinander ausgeführte Stützschläge sind nützlich, um sich nach einer mißlungenen Handrolle doch noch zu retten. Hierzu werden die Hände schnell nach vorne und hinten bewegt, die Handfläche dreht sich jeweils in die Bewegungsrichtung, sie entspricht der Blattinnenseite des Arbeitsblatts beim Streichen. Versuchen Sie, das Kajak durch schnelles Streichen mit den Händen angekantet zu halten.

Paddeln mit den Händen und Handrollen verbessern die Technik und machen großen Spaß. Ich finde, jeder sollte sich mit diesen Techniken schon recht früh vertraut machen. Anfänger lernen erstaunlich schnell, ihr Kajak ohne Paddel auszubalancieren. Viele schaffen es bereits am ersten Tag, ein angekantetes Boot mit den Händen zu bewegen. Und schon am zweiten Tag können viele die Balance halten und richtig kanten, wenn sie über eine gut definierte Verschneidungslinie in die Strömung geschoben werden. Ohne ein Paddel als Stützhilfe fällt es ihnen leichter, sich vom Boot wegzulehnen.

Für Bryan Tooley ist das Paddeln mit den Händen eine der wichtigsten Lernhilfen. Jedes Manöver, das ohne Paddel ausgeführt werden kann, verbessert die Technik. Natürlich sollte man vor dem Erlernen der Handrolle genug Erfahrung haben, um auch unter Wasser nie die Orientierung zum Boot und zur Oberfläche zu verlieren. Es ist jedoch nicht notwendig, damit bis zur Perfektion der Rolle mit Paddel zu warten. Lernen Sie die Handrolle, um erstere zu verbessern. Selbst wenn die Handrolle nur schlecht gelingt, wird die Paddelrolle im Wildwasser davon stark profitieren. Was man beim Paddeln mit den Händen auf flachem Wasser lernt, wird einem auch mit dem Paddel im Wildwasser in den Bereichen Effektivität, Koordination, Stabilität und Gleichgewicht weiterhelfen.

- **Jedes Manöver, das ohne Paddel ausgeführt werden kann, macht die Paddeltechnik flüssiger und effektiver.**

Teil II Einführung ins Spielbootfahren

11 Das Gleichgewicht im Wildwasser

Beim Fahrradfahren wird das Gleichgewicht über die Reifen gehalten, die den Boden berühren. Solange man das Fahrrad in der Balance hält, bleibt es aufrecht stehen. Im Falle eines surfenden Kajaks sind die Verhältnisse komplexer; es kann im Wildwasser plötzlich umkippen, obwohl der Paddler aufrecht im Boot sitzt und sein Gewicht direkt über der Bootsmitte liegt. Stabilität kann nicht immer als gegeben vorausgesetzt werden. Selbst einfache Vergleiche haben keine Gültigkeit, bedenkt man, daß einem Kajak mehr Bewegungsrichtungen zur Verfügung stehen als den meisten Fahrzeugen (rückwärts, seitwärts, Stampfen, Kippen, Rollen). Ein ganz neues Konzept von Gleichgewicht und Stabilität ist also notwendig.

Stabilität bezieht sich auf die Tendenz des Kajaks, mit der Sitzluke nach oben zu schwimmen. Liegt es im ruhigen Wasser, oder bewegt es sich mit der gleichen Geschwindigkeit wie die Strömung, und greifen keine Kräfte von außen an das Boot an, so ist sein Verhalten vorhersagbar. Bleibt das Gewicht des Paddlers über dem Kajak, so liegt dieses stabil und aufrecht im Wasser.

Bewegt sich das Kajak durch die Strömung, oder zieht die Strömung unter einem fast stehenden Kajak durch (die Standardsituation beim Walzenabreiten oder Wellensurfen), greifen enorme Kräfte am Bootsrumpf an. Solange das Kajak so gekantet ist, daß die Strömung unter dem Rumpf durchfließt, wird das Wasser es anheben und in aufrechter Position halten. *Das Kajak liegt stabil im Wasser, solange der Oberschenkel die flußaufwärts liegende Kante hochgezogen hält*, wie in Abbildung 11.1A dargestellt ist.

- **Beim Durchqueren der Strömung greifen enorme Kräfte am Bootsrumpf an.**

Auf die gleiche Art und Weise wird beim Einfahren ins Kehrwasser Stabilität erzeugt, lediglich mit dem Unterschied, daß das Kajak sich hier schnell bewegt, während das Wasser im Kehrwasser relativ ruhig ist oder sich in die der Hauptströmung entgegengesetzte Richtung bewegt. Beim Einfahren ins Kehrwasser drückt die Strömung auf die flußabwärtige Seite des Kajaks. Diesem Effekt wird entgegengewirkt, indem man diese Seite beim Einfahren in ein Kehrwasser hochzieht.

360-Grad-Drehungen beim Surfen auf einem Wellen- oder Walzenkamm sind keine Zauberei, solange das Kajak richtig umgekantet wird, sobald die Strömung an den jeweils flußaufwärts liegenden Kanten angreift (die jeweilige flußaufwärts gelegene Seite muß mit den Oberschenkeln hochgezogen werden). Kantet man nur einmal zu langsam und läßt die flußaufwärts gelegene Kante in die Strömung kommen, so wird sie sofort unter Wasser gedrückt (siehe Abbildung 11.1B). Das Kajak wird ziemlich abrupt kentern.

Stabilität hängt daher in erster Linie davon ab, wie gut ein Paddler seine Kanten unter Kontrolle hat. Boote mit sehr scharfen Kanten (wie in Abbildung 11.2A dargestellt) bekommen in der Strömung leicht Oberwasser, und es kommt darauf an, im ge-

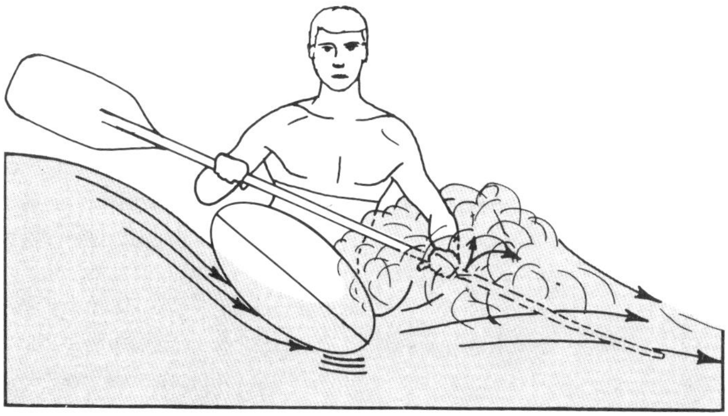

Abbildung 11.1A: Hier hält der Paddler die flußaufwärts gelegene Kante aus dem Wasser. Die Strömung fließt unter dem Kajak hindurch und unterstützt diese.

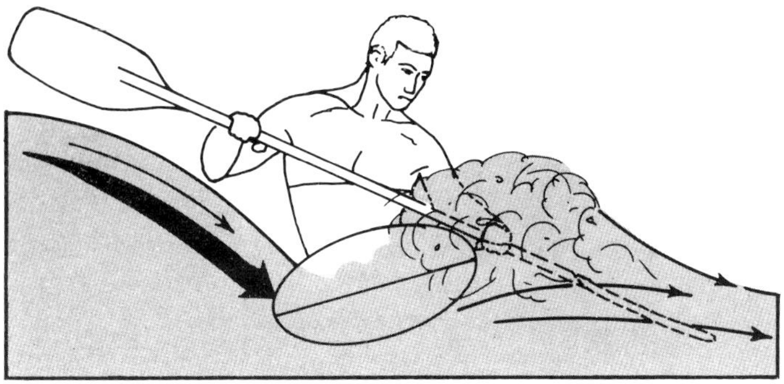

Abbildung 11.1B: Hält man sein Kajak beim seitlichen Abreiten von Walzen nicht flußabwärts gekantet, bittet man förmlich um eine kalte Dusche ... Unser Freund hier ist gerade dabei, sich etwas abzukühlen.

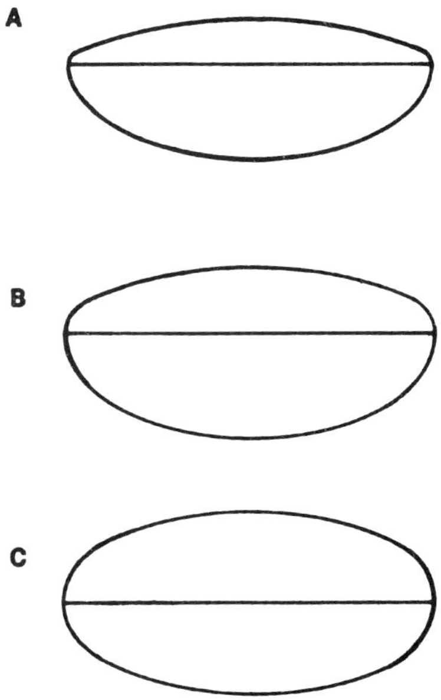

Abbildung 11.2 A-C: Scharfe oder runde Kante? Je schärfer die Kanten sind, desto empfindlicher und instabiler wird das Kajak im Wildwasser sein – bis man schließlich gelernt hat, die flußaufwärts gelegene Kante aus dem Wasser zu halten. Diese Abbildungen zeigen verschiedene Bootsquerschnitte. Die Form eines Kajaks kann stark variieren, so können z.B. die Kanten zu den Bootsspitzen hin scharf und im Sitzlukenbereich rund sein. Charakter und Fahreigenschaften eines Kajaks hängen von dieser Form ab.

nau richtigen Moment umzukanten. Kajaks mit stumpferen oder abgerundeten Kanten verzeihen mehr Fahrfehler, da diese das Wasser eher ablaufen lassen und träger reagieren, wenn Wasser auf das Oberschiff kommt.

Bleibt die flußaufwärts liegende Kante über Wasser, so bildet das Kajak eine stabile Plattform, auf der der Paddler sitzt und versucht, sein Gleichgewicht über dem Boot zu halten. Die erste Priorität besteht immer darin, durch richtiges Kanten Stabilität zu erzeugen.

Das Gleichgewicht zu halten, ist erst die zweite Priorität. Als nützliche Grundregel beim Spielbootfahren sollte man beim Kanten und ausbalancieren des Kajaks immer den flußaufwärts gelegenen Oberschenkel hochziehen und den Oberkörper etwas auf diese Seite verlagern, um den Kopf über dem Boot zu halten (siehe Abbildungen in Kapitel 2 und 11.1A).

Anfängern wird oft gesagt, sie sollten sich flußabwärts lehnen um das Boot im Gleichgewicht zu halten. Leider wird in dieser Aussage der Unterschied zwischen Auslage und Kanten verwischt. Meistens kann und soll man nämlich beim Kanten aufrecht sitzen. Diese Haltung erlaubt einen besseren Überblick und es ist leichter, das Gleichgewicht zu halten.

Es ist leichter schnell umzukanten und mit Hilfe von Lagewechseln schnell auf Verschneidungslinien, Wellen oder Querströmungen zu reagieren. Desweiteren erlaubt eine aufrechte Sitzposition kräftige Paddelzüge auf der hochgezogenen Seite eines gekanteten Kajaks anzusetzen und so Schlagzahl, Kraft und Richtungskontrolle zu verbessern. Ein gutes Beispiel dafür ist eine Seilfähre flußaufwärts in starker Strömung, um ein riesiges Loch, das plötzlich vor uns auftaucht, zu umfahren.

Die aufrechte Haltung ist die Grundregel, Auslage ist jedoch in zwei Situationen erforderlich. In der ersten trifft das Kajak auf eine breite Gegenströmung, die es stark beschleunigt oder verlangsamt. Hier kann eine kurze Auslage erforderlich sein, um zu verhindern, daß das Kajak unter dem Körper weggezogen wird und dieser ohne Stütze ins Wasser fällt. Klassische Beispiele für diese Situation, wie in Abbildung 11.3 dargestellt, sind kurze

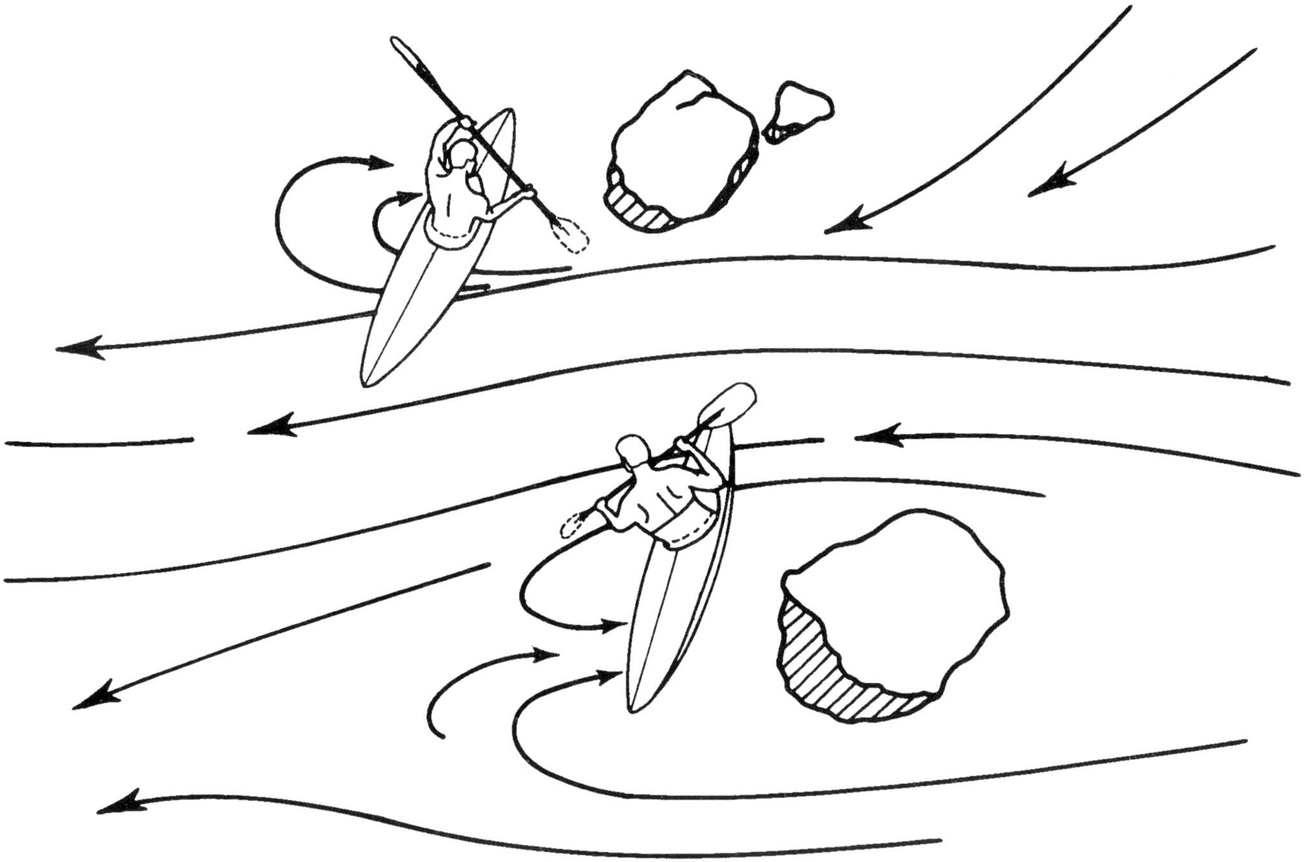

Abbildung 11.3: Einfahren in die Strömung und Einfahren ins Kehrwasser sind die einfachsten Beispiele für Situationen, in denen Auslage erforderlich ist, um das Gleichgewicht zu halten.

Auslage flußaufwärts beim Einfahren in ein Kehrwasser (das Kajak verlangsamt sich oder stoppt schnell ab) und kurze Auslage flußabwärts beim Einfahren in die Strömung aus einem Kehrwasser (das Boot wird abrupt flußabwärts geschoben).

Die zweite Situation tritt auf, wenn ein Hindernis in der Hauptströmung, wie z.B. eine Walze, ein Fels oder ein Baum, das Kajak abbremst oder abstoppt. In so einem Fall muß man sich sofort flußabwärts zum Hindernis hin lehnen, eine Bewegung, die den Instinkten der meisten Anfänger entgegenläuft. Da ein plötzliches Abstoppen den Körper wie beim Einfahren in ein Kehrwasser auf die flußabwärts gelegene Seite drückt, wollen sich viele Paddler flußaufwärts, weg vom Hindernis lehnen. Das Problem dabei ist, daß die Hauptströmung eines Flusses nicht wie die im Kehrwasser reagiert, sondern weiterhin kräftig am abgebremsten oder stehenden Kajak vorbeizieht. Eine Auslage flußaufwärts hat garantiert zur Folge, daß das Kajak Oberwasser bekommt und der Paddler umkippt. Im Falle eines Felsens oder Baumes könnte dies zu einer gefährlichen Klemmsituation unter dem Hindernis führen. Liegt der Körper flußabwärts, kann man eine Paddelstütze ansetzen, oder sich am Hindernis ab-

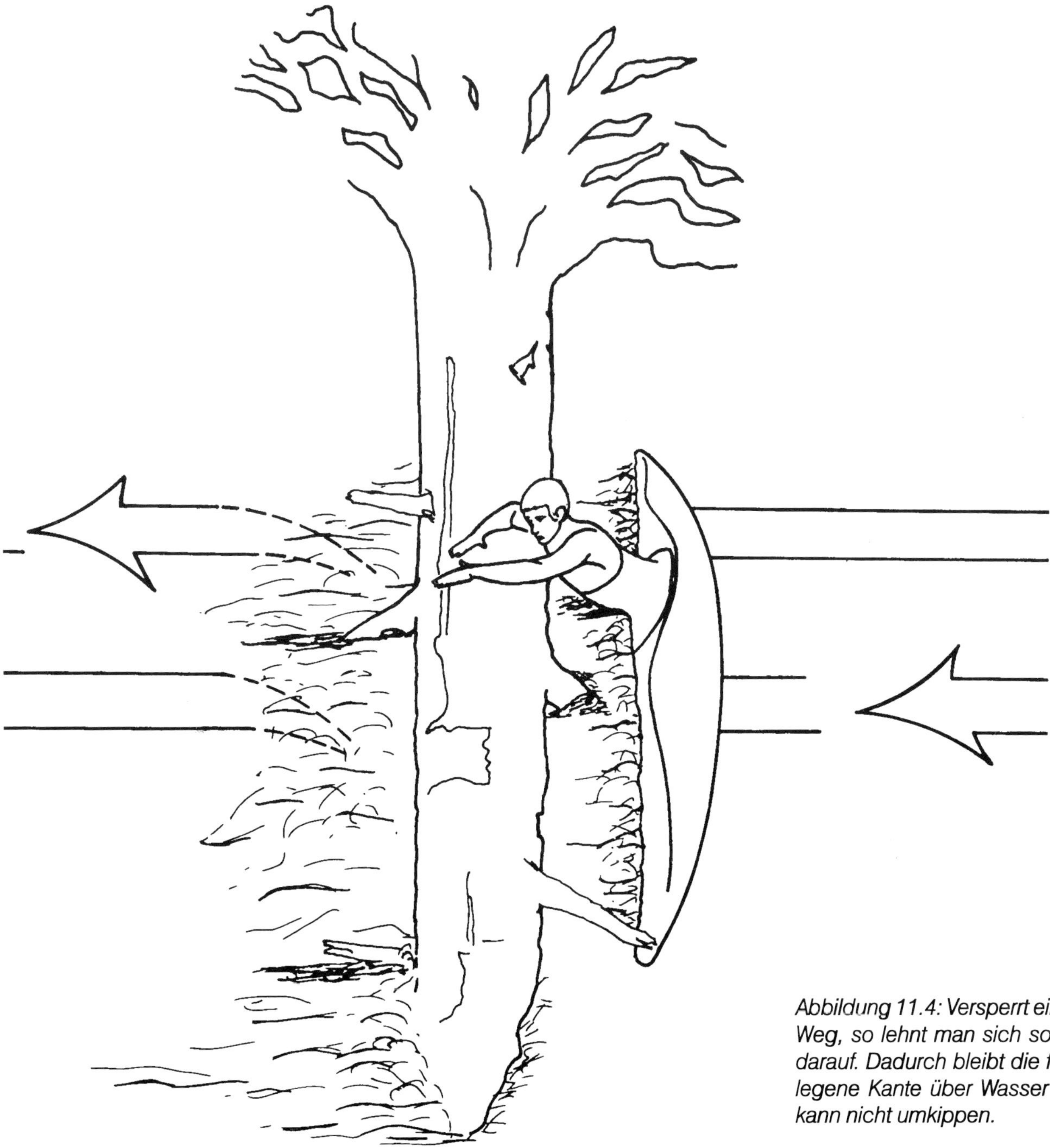

Abbildung 11.4: Versperrt ein Hindernis den Weg, so lehnt man sich sofort flußabwärts darauf. Dadurch bleibt die flußaufwärts gelegene Kante über Wasser und das Kajak kann nicht umkippen.

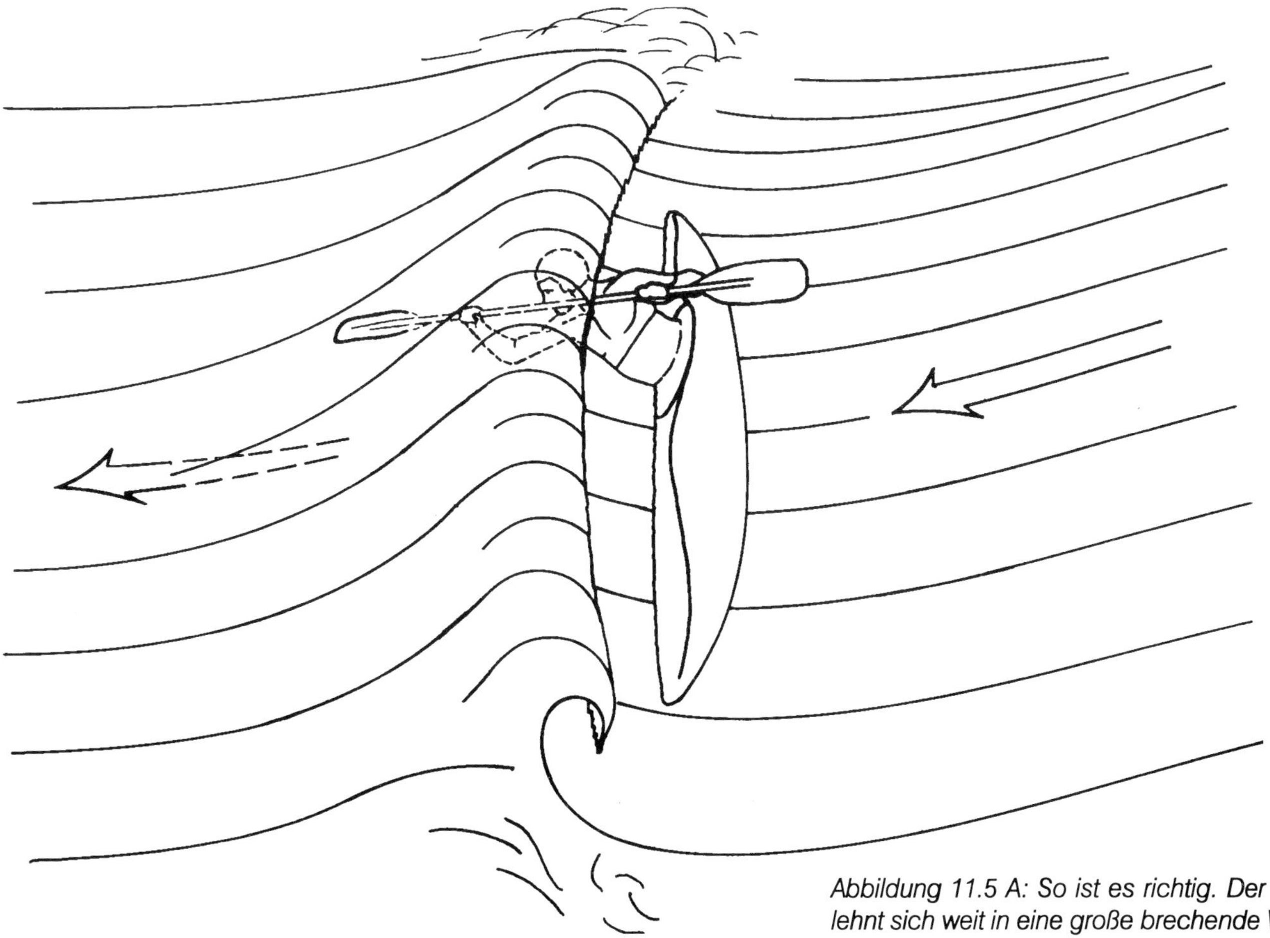

Abbildung 11.5 A: So ist es richtig. Der Paddler lehnt sich weit in eine große brechende Welle.

stützen und gleichzeitig die flußaufwärtige Kante anheben, um ein Umkippen des Kajaks zu verhindern (siehe Abbildung 11.4).

Eine ähnliche Situation kann auftreten, wenn man quer in eine große Welle treibt (eine Welle, die sich fast senkrecht bricht). Hier sollte man sich in die Welle hineinlehnen, so als ob man sich auf sie werfen wollte (siehe Abbildung 11.5A), eine weniger starke Auslage reicht eventuell nicht aus, um das Gewicht über dem Boot zu halten. Nimmt man eine Welle seitwärts, so stützt man flußabwärts, um das Gleichgewicht wiederzufinden.

Eine Vorlage (oder etwas ungewöhnlicher, eine Rücklage) bringen den Schwerpunkt näher zum Kajak, und es kippt nicht so leicht um. Vor- und Rücklagen verbessern die Bootskontrolle, da sie Bug und Heck be- bzw. entlasten. Beim Verlassen eines Kehrwassers hebt eine Rücklage das Vorderschiff und läßt es starke Verschneidungen leichter überwinden. Bleibt man in Rücklage, so wird das Hinterschiff schneller flußabwärts gedrückt als das Vorderschiff, und die Bootsspitze kann bei Seilfähren leichter flußaufwärts gehalten werden. Eine Vorlage drückt das Vorderschiff beim Einfahren in kleine Kehrwasser etwas unter Wasser, man kann eine engere Kurve fahren.

Sie können Ihr Selbstvertrauen schnell verbessern, wenn Sie Kanten und Auslage bewußt und aggressiv einsetzen, um die

Abbildung 11.5 B: Falsch! Dieser Paddler hat nicht genügend Auslage. Er gerät aus dem Gleichgewicht und die Strömung wirft ihn um.

Stabilität zu verbessern. Nach kurzer Zeit werden Sie merken, wie Sie im richtigen Augenblick und im richtigen Maße umkanten und unbewußt eine entspannte (normalerweise aufrechte) Paddelhaltung einnehmen; Stützschläge müssen nur noch selten zu Hilfe genommen werden, um das Kajak aufrecht zu halten.

Wie erlernen wir nun Kanten und Stabilisieren im Wildwasser? Am besten ist es, jede Situation auszunützen, in der man sein Paddel aus dem Wasser heben kann, ohne Gefahr zu laufen, sofort umzukippen. Beginnen wir mit einfachen Seilfähren. Geübt wird am besten an Stellen mit Kehrwassern auf beiden Seiten, die von schnell fließender Strömung getrennt sind. Paddeln Sie im Kehrwasser kräftig flußaufwärts, um die Kehrwasserlinie schnell zu überqueren, halten Sie beim Einfahren in die Strömung die Bootsspitze flußaufwärts gerichtet, so daß die Strömung das Boot auf die andere Seite in das dortige Kehrwasser trägt. Das Ziel ist hierbei, nach dem Ausfahren aus dem Kehrwasser so wenig Paddelschäge wie möglich zu benötigen.

Beim Verlassen des Kehrwassers wird ein kräftiger Vorwärtsschlag auf der flußabwärts gelegenen Seite angesetzt. Schießt man im richtigen Winkel über die Kehrwasserlinie, so wird das Boot nicht flußabwärts gedreht, das Kajak bleibt auf gleicher Höhe mit dem Kehrwasser. Je schneller die Strömung ist, desto kleiner sollte der Ausfahrwinkel des Kajaks sein. Nehmen Sie eine aufrechte Sitzhaltung ein; bleibt die flußaufwärts liegende Kante aus dem Wasser, so ist nur eine geringe Körperauslage flußabwärts notwendig, um das Kajak aufrecht zu halten.

Schauen Sie sich den Flußabschnitt, auf dem Sie üben wollen, gut an. Sind kleine Wellen vorhanden, können diese benutzt werden, um die Gleitphase zu verlängern. Jegliche Hindernisse flußaufwärts oder Veränderungen der Wassertiefe können die Strömung verlangsamen und das Kajak leicht flußaufwärts drehen. Dies sollten Sie vorhersehen und entsprechend weniger stark kanten. Andernfalls kippt das Boot flußabwärts um, sobald man in die langsamere Strömung kommt. Stärkere Strömung wird die flußabwärts gelegene Kante besser unterstützen als schwache Strömung. Daher muß das Kajak wieder mehr aufgekantet werden, wenn man in stärkere Strömung kommt.

Versuchen Sie, die Seilfähre ohne Paddeleinsatz immer länger zu machen. Die Kehrwasser können 5, 10 Meter, oder noch weiter auseinander liegen. Ausfahrwinkel und Geschwindigkeit müssen entsprechend angepaßt werden, um Unregelmäßigkeiten in der Strömung und leichte Drehbewegungen des Kajaks auszugleichen.

Als nächstes versucht man, sich auf einem Fluß im II. oder III. Schwierigkeitsgrad treiben zu lassen und das Paddel nur einzusetzen, um Felsen oder Walzen auszuweichen und den ein oder anderen Stützschlag anzusetzen. Auf den Wellenbergen setzt man sich aufrecht ins Boot, um sich einen Überblick zu verschaffen. In den Wellentälern, in denen Strömungen an den Kanten angreifen, begibt man sich in Vorlage, um den Schwerpunkt zu erniedrigen und die Stabilität zu erhöhen. Treibt man mit seinem Kajak im Fluß, entspannt man sich und läßt die Kanten sich der Kontour der Wellen anpassen. Zu Anfang fühlt man sich wahrscheinlich wohler, solange das Kajak mit der Bootsspitze flußabwärts zeigt, bald jedoch wird man sich einfach treiben lassen und es dahin drehen lassen, wohin es will. Auch in dieser Situation behält man den Fluß weiterhin im Auge, um wenn nötig in Auslage zu gehen, umzukanten, oder einem Felsen auszuweichen.

Fällt das Kajak in eine kleine Walze, so zieht man die flußabwärts liegende Kante nach unten, die flußaufwärts liegende Kante nach oben. In dieser Stellung liegt das Kajak stabil im Wasser, Sie sitzen aufrecht im Boot, um das Gleichgewicht zu halten (siehe Abbildung 11.6). Da das Kajak so auch beim Einfahren in Walzen eine stabile Position einnimmt, werden Sie bald schon instinktiv richtig reagieren, auch wenn Sie rückwärts treiben und nicht genau wissen, in welche Richtung sich das Boot dreht. Je nachdem, welche Kante in einer Walze hängen bleibt, werden die Schultern automatisch leicht zur flußabwärts gelegenen Seite wandern und das Paddel wird (als letzte Reserve) bereit sein, auf dieser Seite zu stützen. Ist das Kajak durch die Walze hindurchgespült worden, kann die flußaufwärts gelegene Kante wieder abgesenkt und eine entspannte Stellung eingenommen werden.

Selbst wenn Sie das eine oder andere Mal stützen müssen, sollten Sie doch darauf achten, das Paddel so wenig wie möglich einzusetzen. Versuchen Sie, selbst bei stark angekantetem Boot, im Gleichgewicht zu bleiben, indem Sie den Körper über dem Kajak halten und das Paddel nur als Balancestange benutzen. Ein blindes Vertrauen auf das Paddel sollte gar nicht erst aufgebaut werden.
Benutzen Sie Körperauslage und Kanten, um das Gleichgewicht zu halten und Stabilität zu erzeugen. So kann die enorme Kraft des Paddels dazu verwendet werden, das Kajak dorthin zu bewegen, wo man es gerne haben möchte.

12 Rollen in Gefahrensituationen

Die normale Zugangsvoraussetzung zu Flüssen der Klasse IV ist eine hundertprozentige Rolle. Obwohl die technischen Unterschiede zwischen einer Rolle im ruhigen Wasser und im Wildwasser gering sind, haben die meisten Paddler im bewegten Wasser mehr Probleme. Hier verändern große Wellen, Gegenströmungen, Walzen und Steine ständig die Bedingungen, so daß auch gutes Timing, ein kühler Kopf, und Verständnis für die verschiedenen Kräfte, die am Boot angreifen notwendig sind. Die folgenden Tips sollen die Rolle im Ernstfall erleichtern.

Rollen in großen Wellen

Kentert man vor einer Schwallstrecke mit einer Reihe großer Wellen, so fühlt man den Rhythmus der Wellen, die das Boot heben und senken, die es auf den Wellenkamm schieben, es auf den Wellenrücken zurückwerfen, es ins Wellental senken und schließlich wieder hochheben. Die einzige Stelle, in der es sich nicht empfiehlt zu rollen, ist zwischen zwei Wellen im Wellental. Bug und Heck des Kajaks, sowie das Paddel befinden sich wahrscheinlich unter Wasser und machen das Boot träge und die Rolle schwierig. Ob es nun besser ist, auf der hochsteigenden Welle oder auf dem Wellenrücken zu rollen, ist eine Streitfrage, und hängt sehr stark von der Größe und Beschaffenheit des jeweiligen Flusses ab.

Mir persönlich fällt die Rolle am leichtesten, wenn ich mich in die Ausgangsposition begebe und warte, bis sich das Kajak nicht mehr weiter hebt. In dieser Situation befinden sich Bug und Heck in der Luft und die Angriffsfläche des Wassers ist erheblich kleiner, wie in Abbildung 12.1 verdeutlicht wird. Die Wirkung auf den Paddler ist ähnlich wie die auf einen Autofahrer, der schnell über die Kuppe einer Landstraße fährt: er fühlt sich leichter. Eine Rolle auf dem Kamm einer großen Welle ist unglaublich einfach.

Rollen in kräftiger Strömung

Liegt das Paddel in der Ausgangsstellung zur Rolle flußabwärts, so hilft die Strömung des Flusses kräftig bei der Eskimorolle mit. Starke Strömung kann aber auch verhindern, daß das Kajak ganz umkippt; nämlich dann, wenn man sich flußabwärts in die Strömung lehnt, um flußaufwärts aufzurollen (siehe Abbildung 12.2). Dies passiert, wenn sich das Kajak langsamer bewegt als die

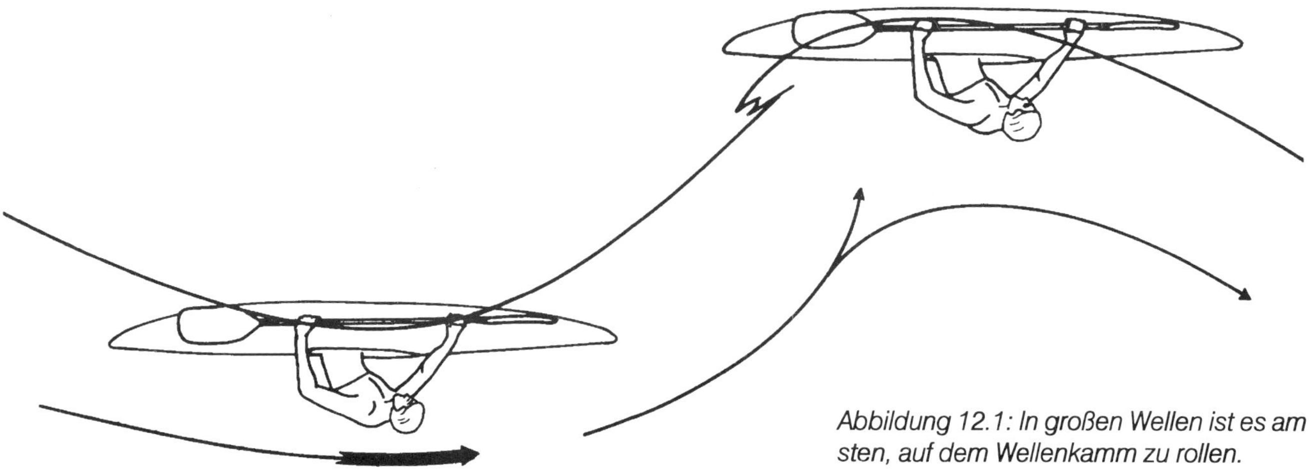

Abbildung 12.1: In großen Wellen ist es am leichtesten, auf dem Wellenkamm zu rollen.

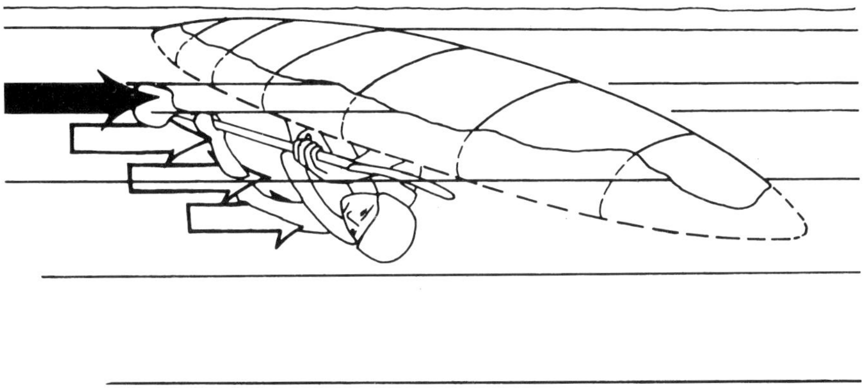

Abbildung 12.2: Sollte man in der Ausgangsposition flußaufwärts liegen, so ist es schwierig, das Paddel vor Beginn der Rolle an die Oberfläche zu bringen.

Strömung, z.B. beim Einfahren in die Strömung, oder wenn das Kajak aus einer Walze gespült wird, die es abgestoppt hat.
Da die meisten Kenterungen dadurch passieren, daß die flußaufwärts liegende Kante in die Strömung kommt, sollte man sich angewöhnen, den Oberkörper nach vorne und in die Richtung zu legen, in die das Kajak kippt. Am leichtesten rollt es sich, wenn man den Schwung der Kenterung mitnimmt und auf der anderen Seite sofort wieder hochrollt. Das Paddel wird dabei während des Bogenschlags an die Oberfläche gebracht, sobald der Körper unter dem Boot auf die andere Seite geschwungen ist.
Rollt der Körper nicht ganz unter das Kajak, oder verliert man die Orientierung, so versucht man geduldig, fünf Sekunden in der Ausgangsstellung zu warten bis die Strömung das Boot wieder auf Fließgeschwindigkeit beschleunigt hat. Das Paddel wird dann an die Oberfläche kommen und die Rolle kann wie gewohnt ausgeführt werden. Funktioniert diese Taktik nicht, oder ist eine schnelle Rolle notwendig, um nicht flußabwärts von einigen Felsen aufgespießt zu werden, warten Sie nicht! Bringen Sie das Paddelblatt mit der Bogenschlagrolle oder fortgeschrittenen Hangrolle an die Oberfläche. Mißlingt dieser Rollversuch, probieren Sie es sofort auf der anderen Seite, die nun flußabwärts liegen sollte.

Was tun nach mehreren fehlgeschlagenen Rollversuchen?

In gefährlichen Situationen, in denen leicht ein Gefühl der Besorgnis oder gar Panik aufkommt, versucht man möglichst schnell zu rollen und nimmt sich nicht genug Zeit, so daß die Rolle dann mißlingt. Hat man vergessen, Luft zu holen, oder hat man unter Wasser Steinkontakt, wird man ebenfalls eine schnelle panikartige Rolle versuchen. Man muß schon eine sehr gute Technik besitzen, damit die Rolle auch in turbulentem, verwirbeltem Wasser gelingt, z.B. entlang starker Verschneidungslinien, oder unterhalb eines Wasserfalls oder eines großen Lochs, wo das Wasser stark luftdurchsetzt ist und wenig Widerstand für das Paddelblatt bietet. Erschöpfung und Kälte sind ebenfalls Streßfaktoren, die den Denkprozeß verlangsamen und zu unüberlegten Reaktionen führen können. In solchen Situationen wird der Hüftknick oft vergessen und statt dessen zu viel Gewicht auf das Paddel gelegt. Auf diese Weise kann man nur einmal kurz Luft schnappen bevor man wieder ins Wasser zurück kippt.

Ich verlasse mich in so einem Fall auf meine einfache Hangrolle, die ich ansetze, sobald das Paddel in der Luft ist. Ich führe sie überlegt aus und lege meine ganze Energie in den Hüftknick. Allgemein kann ich nur raten, sorgfältig und bedacht die Ausgangsposition einzunehmen, sich dann zu konzentrieren und seine persönliche Lieblingsrolle beherzt anzusetzen.

Orientierungslosigkeit unter Wasser

In der letzten Situation, die ich ansprechen möchte, geht es um Kenterungen in oder in der Nähe einer Walze, bei denen der Paddler am Rand der Walze durch das zurückfließende Wasser gehalten wird, wie bei einem Bug- oder Hecksurf, nur eben andersherum. Er wird das Gefühl haben, als ob sich das Kajak die ganze Zeit in einer wilden Strömung bewegt, während es tatsächlich an einem Ort bleibt und die Strömung um ihn herumwirbelt. Begriffe wie ‚oben', ‚unten' und ‚Wasseroberfläche' verlieren hier ihre Bedeutung. Man kann das Paddel nur in Relation zum Boot und zur daran vorbeilaufenden Strömung bewegen.

Machen Sie sich bewußt, daß jede Bewegung in dieser Situation die Strömungsverhältnisse um Sie herum verändert, deshalb sollten Sie sich als erstes in die Ausgangsposition begeben. Surft man umgekippt in der Strömung, so kann allein der Widerstand von Oberkörper und Paddel beim Einnehmen der

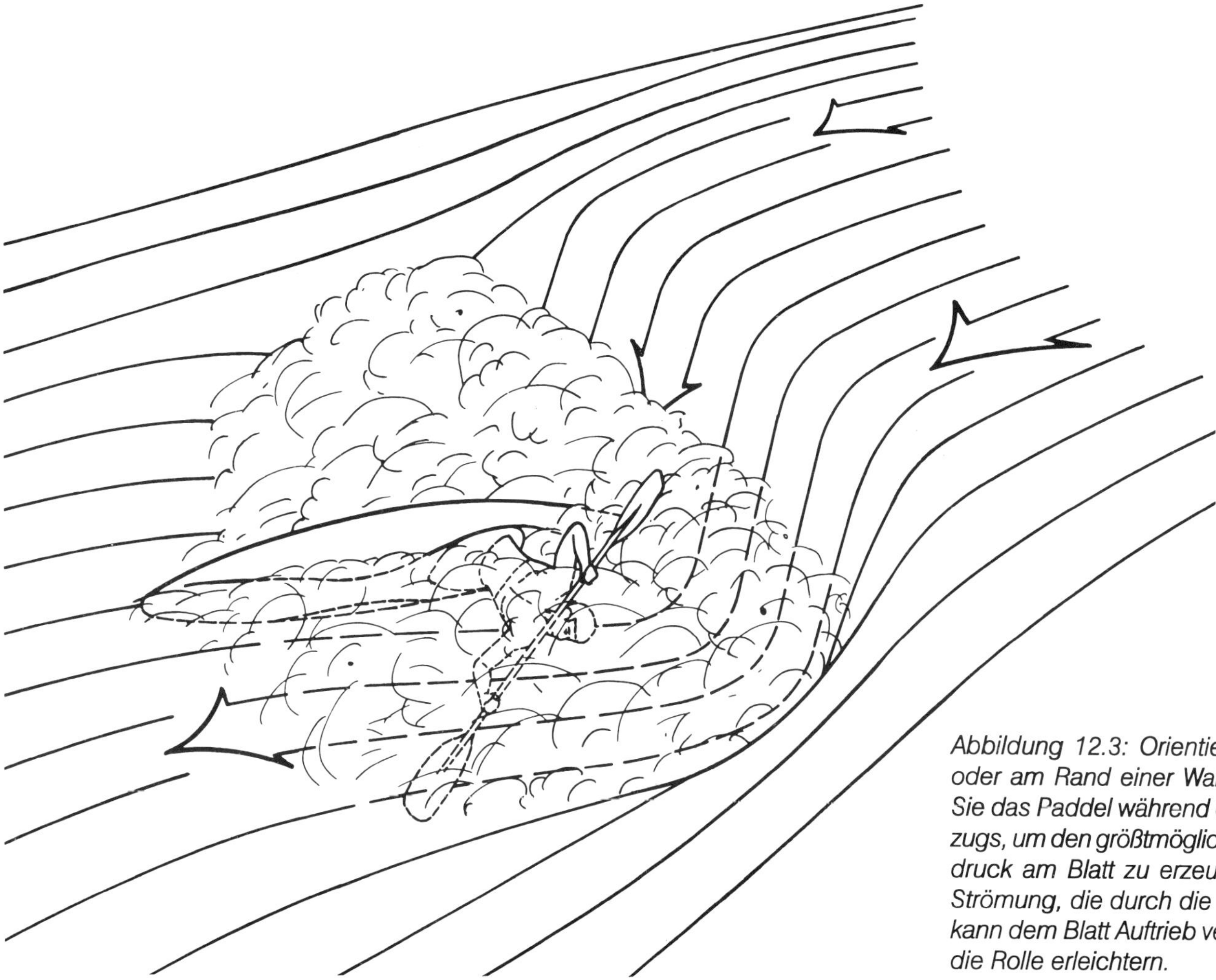

Abbildung 12.3: Orientierungslos in oder am Rand einer Walze? Drehen Sie das Paddel während des Paddelzugs, um den größtmöglichen Wasserdruck am Blatt zu erzeugen. Starke Strömung, die durch die Walze zieht, kann dem Blatt Auftrieb verleihen und die Rolle erleichtern.

Vorlage ausreichen, um das Kajak zu drehen, oder es aus der Walze zu schieben.

Als nächstes setzt man bereits zur normalen Eskimorolle an, obwohl im sehr luftdurchsetzten Wasser unterhalb der Walze das Paddel weniger Widerstand findet. Anstatt sich am Wasser an der Oberfläche abzustützen, sucht man eine Strömung, die am Kajak vorbeizieht – wo immer sie auch sein mag – und macht sich diese zunutze. Während des Paddelzugs versucht man, Widerstand zu finden. Spürt man an der Arbeitsseite des Blattes starken Wasserdruck bei der Rolle, *behält man das Paddelblatt in dieser Position*. Dieser Druck wird normalerweise von starken, flußabwärts gerichteten Strömungen erzeugt, die das Kajak aus der Walze befreien können, oder einen Hüftknick ermöglichen (siehe Abbildung 12.3).

Erfahrene Paddler können auch in schwierigen Situationen rollen, weil sie nicht zur Oberfläche hin orientiert sein müssen, damit die Rolle gelingt; es reicht, beim Paddelzug den Widerstand des Blattes gegen die Strömung auszunützen, und das Blatt entsprechend zu drehen, um guten Auftrieb zu erzeugen. Von da an unterstützt die Strömung das Paddel, so daß man normalerweise einen effektiven Hüftknick und eine erfolgreiche Rolle ansetzen kann.

Haben Sie also die Orientierung verloren, oder sind in einer Walze hängengeblieben, rollen sie konzentriert. Fühlen Sie dabei während des Paddelzugs den Druck der Strömungen am Blatt und nützen Sie diese zu Ihrem Vorteil. In Kapitel 16 werde ich noch einmal detaillierter auf diese Problematik eingehen. Leider weiß ich nicht, wie man hier den Lernprozeß erleichtern könnte; lediglich vielleicht die Übungen zum Streichen und Wriggen in Kapitel 9 könnten helfen, das Gefühl für die Blattstellung zu verbessern. Irgendwann, nach der hundertsten Rolle im Wildwasser, hat jeder den Bogen heraus.

13 Surfen

Jede Surfwelle hat ihren eigenen Charakter. Manche sind breit und ganz glatt, und es bedarf nur einiger kurzer Paddelschläge, um das Kajak darauf zu kontrollieren, während man bei anderen kräftig paddeln muß, um den Bug in der Strömung zu halten. Der Bug bleibt so lange in der Welle, solange die Schwerkraft, die das Kajak zum Wellental zieht, in etwa dem Fließwiderstand entspricht, den das Boot dem abfließenden Wasser bietet. Dieses empfindliche Gleichgewicht aufrechtzuerhalten, erfordert ein großes Maß an Können: die Richtungskontrolle erfolgt durch den Widerstand von Bootsrumpf und Paddel in der Strömung, damit das Kajak in der Welle nicht zu weit nach vorne rutscht (und das Vorderschiff sich nicht in die Welle bohrt); der Widerstand darf aber auch nicht zu groß werden, damit das Kajak nicht zu weit nach hinten gezogen wird (und von der Welle fällt). Sowohl Reaktionsschnelligkeit als auch die motorischen Fertigkeiten, die beim Surfen benötigt werden, schult man zunächst auf kleinen, sanften Wellen, und man versucht sich allmählich auf größeren, unregelmäßigeren Formen in stärkerer Strömung. In diesem Kapitel besprechen wir das Einfahren in eine Welle, das kontrollierte ‚Hin- und Her-', bzw. ‚Vor- und Zurück'-Surfen, das Kanten bei Drehungen und das Retten des Surfs, wenn sich die Bootsspitze in die Welle gräbt.

Das Einfahren in die Welle

Das Einfahren in eine Welle ist manchmal der schwierigste Teil beim Surfen. Man kann sich von oben in die Welle hineintreiben lassen, dazu muß man aber schon oberhalb der Welle einen Sprint hinlegen, um die Treibgeschwindigkeit des Bootes mitten in der Strömung zu verlangsamen – besonders während das Heck rückwärts in das Wellental fällt. Paddelt man stark genug, wird das Kajak mit dem Bug in der Welle surfen, während das Heck sich hebt und mit Hilfe der Erdanziehungskraft gegen die Strömung arbeitet. Vergessen Sie nicht, mehrmals über die Schulter zu schauen, damit Sie die Welle auch treffen. Ist die Strömung zu stark, oder wird der Anstellwinkel des Kajaks nicht gehalten, wird das Kajak zu stark flußabwärts bewegt und durch die Welle geschoben.

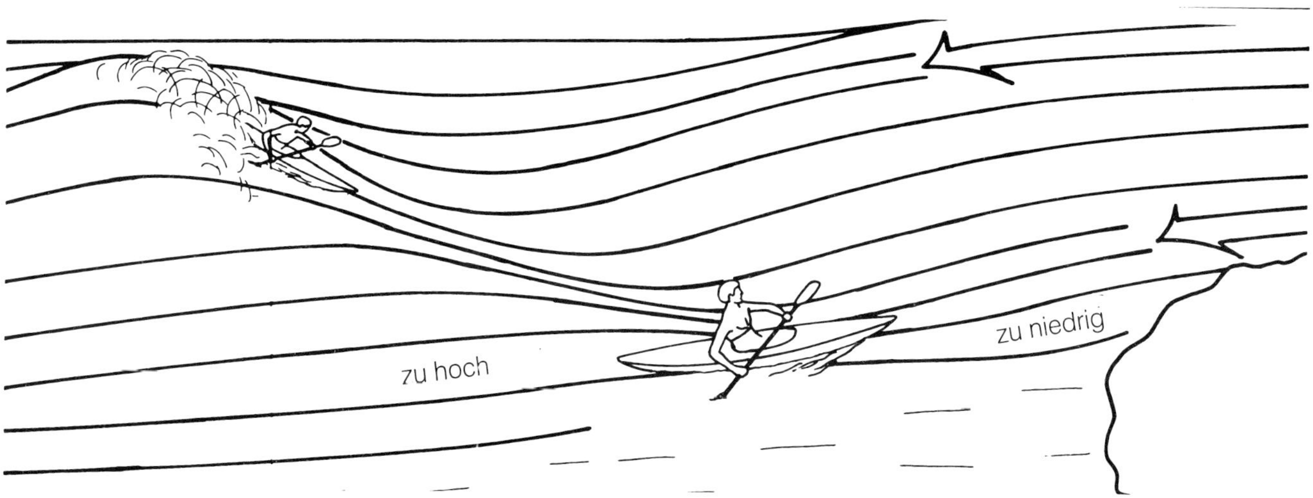

Abbildung 13.1: Am einfachsten erreicht man das Zentrum der Welle, indem man am Wellental entlangsurft. Oberhalb oder unterhalb einzufahren, um mit einer Seilfähre die Strömung zu überwinden, ist oft vergebens.

Manche Wellen lassen sich nur erreichen, indem man sich von oben hineintreiben läßt, zum Beispiel Wellen in der Flußmitte. (In vielen Schwällen, besonders in Wuchtwasser, ist die beste, glatteste Surfwelle oft die erste Welle in der Flußmitte). Doch glücklicherweise gibt es meistens eine bessere, einfachere Alternative. Ein Kehrwasser kurz oberhalb oder neben der Welle bremst das Kajak ab und man kann von dort aus leicht in die Welle einfahren.

Manchmal befindet sich gleich neben der Welle ein Kehrwasser, aus dem heraus man direkt auf die Hauptwelle gleiten kann. Meistens jedoch wird man einen seitlichen Ausläufer der Welle finden, und ihn benutzen müssen. Dieser seitliche Ausläufer oder auch Schulter ist meistens eine kleine Welle, die schräg flußaufwärts in flacheres, langsamer fließendes Wasser läuft. Auch um diese zu erreichen muß energisch gepaddelt werden, es erfordert jedoch weniger Anstrengung, als sich auf die Welle von unten oder von oben in sehr viel schnellerer Strömung zu schieben. Ist die kleine Welle erst einmal erreicht, gelangt man surfend oder per Seilfähre mühelos in die Hauptwelle.

Selbst wenn die Hauptwelle nur zwei oder drei Meter vom Kehrwasser entfernt ist, erleichtert das Erkennen und Nutzen der Wellenschulter das Einfahren erheblich. Ein Versuch, unterhalb per Seilfähre in schneller Strömung einzufahren, endet meist in einem vergeblichen Versuch, auf dem Wellenrücken flußaufwärts zu paddeln. Ein Versuch, oberhalb der Schulter in die Strömung einzufahren und sich rückwärts in die Welle treiben zu lassen, bringt das Kajak jedoch in schneller fließendes Wasser und es wird auf dem Weg ins Wellental beschleunigt, so daß es oft über die Welle hinweg geschoben wird. Abbildung 13.1 zeigt eine sehr große Surfwelle; doch nicht nur dort, sondern auch bei kleinen Wellen ist der einfachste Weg in die Welle fast immer entlang ihrer Schulter.

Beim Surfen in die Hauptwelle sind besonders bei Wuchtwasserflüssen mit schneller Strömung und relativ weiten, flachen Wellentälern manchmal Vorwärtsschläge erforderlich, um den Anstellwinkel des Kajaks und die Position auf der Welle zu halten. Normalerweise jedoch, kann man an der Wellenschulter entlang surfen, dazu hebt man die flußaufwärts gelegene Kante leicht an und setzt einen Steuerschlag auf der gleichen Seite ein

Abbildung 13.2: Der Steuerschlag leitet die Strömung vom Heck weg. Wird er, wie beim Surfen durch eine Welle, auf der flußaufwärts gelegenen Seite angesetzt, hält der Steuerschlag das Kajak gerade in der Strömung.

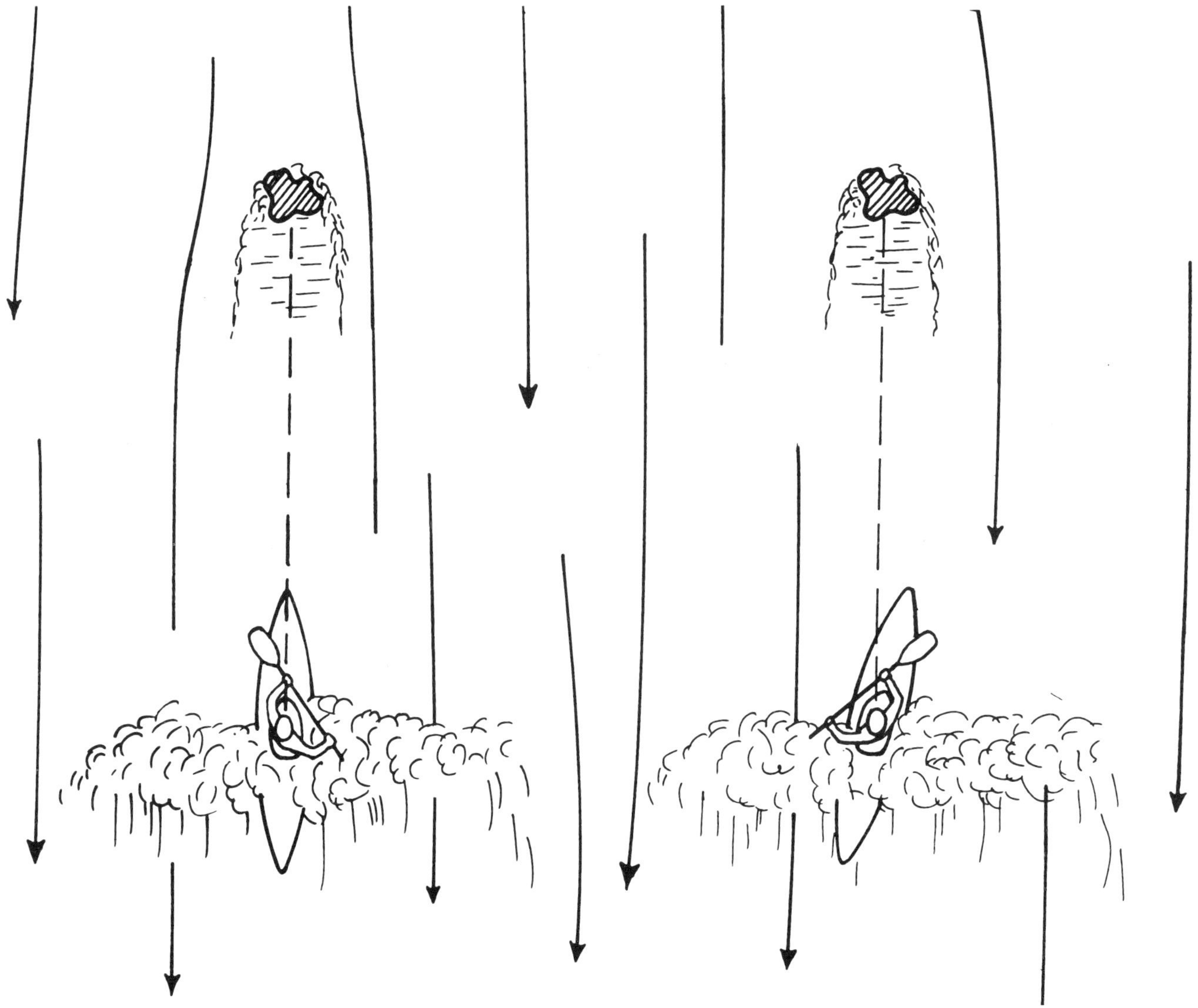

Abbildung 13.3 A,B: A (linke Bildhälfte). Ein flußaufwärts liegender Punkt hilft uns, die Position auf der Welle zu halten, und ermöglicht frühzeitige Stellungskorrekturen. B (rechte Bildhälfte) Ein Seitenwechsel des Steuerschlags ist notwendig, wenn die Bugspitze von der gedachten Linie zum Orientierungspunkt abweicht.

(siehe Abbildung 13.2). Der Steuerschlag arbeitet gegen die Tendenz der Strömung, den Bug flußabwärts zu schieben, und korrigiert den Winkel bei der Seilfähre und beim Surfen. Man sollte bereits beim Überqueren der Kehrwasserlinie und Auffahren auf die Wellenschulter genügend Geschwindigkeit aufgenommen haben, so daß das Kajak nur noch mit Hilfe des Steuerschlags auf Kurs gehalten werden muß. Lehnen Sie sich leicht zurück und fahren Sie in die Welle im spitzen Winkel zur Strömung ein. Die Seitwärtsbewegung in der Welle kann durch Verstärken des Drucks am Paddelrücken aufgehalten werden, so daß der Bug wieder parallel in der Strömung surft.

Bootskontrolle beim Surfen

Um auf einer Welle zu bleiben bedarf es behutsamen Kantens; kleine Richtungskorrekturen mit dem Paddel müssen vorgenommen werden, bevor das Kajak mehr als ein paar Grad von seinem Kurs abweicht. Dazu sucht man sich beim Einfahren in die Welle einen Orientierungspunkt (z.B. einen Baum oder Felsen), der unmittelbar oberhalb der Strömung liegt, die durch die Welle fließt. Den Bug des Kajaks und diesen Punkt behält man, wie in Abbildung 13.3A dargestellt, im peripheren Blickwinkel. Bleibt die Bugspitze auf einer Linie mit dem Referenzpunkt, so bleibt das Kajak auf der Welle am gleichen Ort. Sobald die Bugspitze von dieser gedachten Linie abweicht, kann das Paddel zum Steuerschlag eingesetzt werden, oder ein Bogenschlag das Boot schnell wieder ausrichten (siehe Abbildung 13.3B).

Ein häufiger Fehler besteht darin, seine ganze Aufmerksamkeit auf den Bug und die nähere Umgebung zu richten. Dadurch ist es schwierig, die tatsächliche Richtung der Strömung durch die Welle festzustellen; Kursabweichungen werden zu spät erkannt und können nicht mehr korrigiert werden. Wir alle haben eine ähnliche Lektion beim Geradeausfahren gelernt. Wir mußten unser Blickfeld auf die uns umgebende Landschaft erweitern, um zu wissen, wohin wir paddeln.

Normalerweise wird das Kajak durch Seitenwechsel des Steuerschlags beim Hin- und Hersurfen in der Welle gehalten. Das Paddel wechselt dabei jedesmal auf die ‚neue' flußaufwärtige Seite. Die Strömung drückt Anfängern oft das Vorderschiff flußabwärts,während ihr Blatt beim Seitenwechsel nicht im Wasser ist. Dies passiert, weil der Seitenwechsel zu spät erfolgt, oder weil sie das Paddel mit hochgehobenen Armen in einem weiten Bogen über das Boot heben und so der Strömung genug Zeit geben, den Bug auf eine Seite zu drücken. Hier hilft es, geradeaus zu schauen und das Paddel schnell wieder ins Wasser zu bringen, indem die Ellbogen flach und der Paddelschaft nahe am Körper gehalten werden.

Abbildung 13.4: Der Steuerschlag nach innen leitet die Strömung unter das Heck und dreht das Kajak in eine Richtung, entgegengesetzt zum normalen Steuerschlag (nach außen). Dieser Paddelzug ist zwar schwächer, stellt jedoch eine gute Ergänzung zum normalen Steuerschlag dar. Zusammen angewendet, ermöglichen sie blitzschnelle Kurskorrekturen beim Surfen, ohne daß das Paddel aus dem Wasser gehoben werden muß.

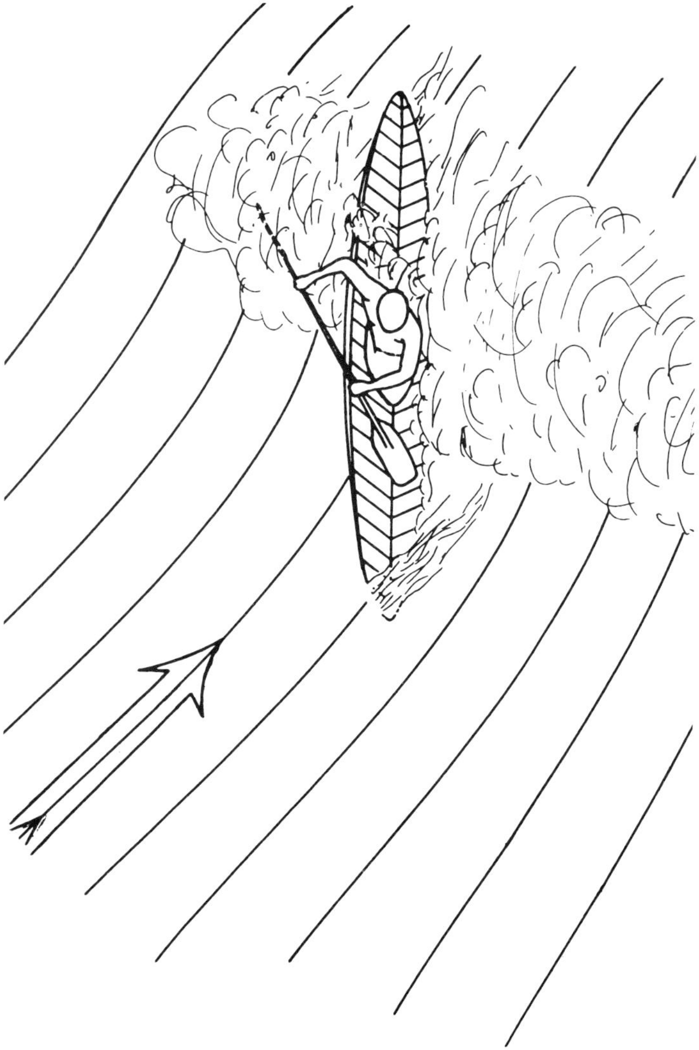

Abbildung 13.5 A: Der Paddler in den Abbildungen A-C befindet sich in der Anfangsphase einer Drehung flußaufwärts nach rechts. Sein Vorderschiff befindet sich teilweise unter Wasser, was beim Spielen in kleinen Flüssen oft passiert. Die flußaufwärts gelegene Kante bleibt in der Anfangsphase der Drehung hochgezogen, so daß die Strömung unter dem Unterschiff hindurchfließt, und das Kajak stabil und aufrecht in der Strömung liegt.

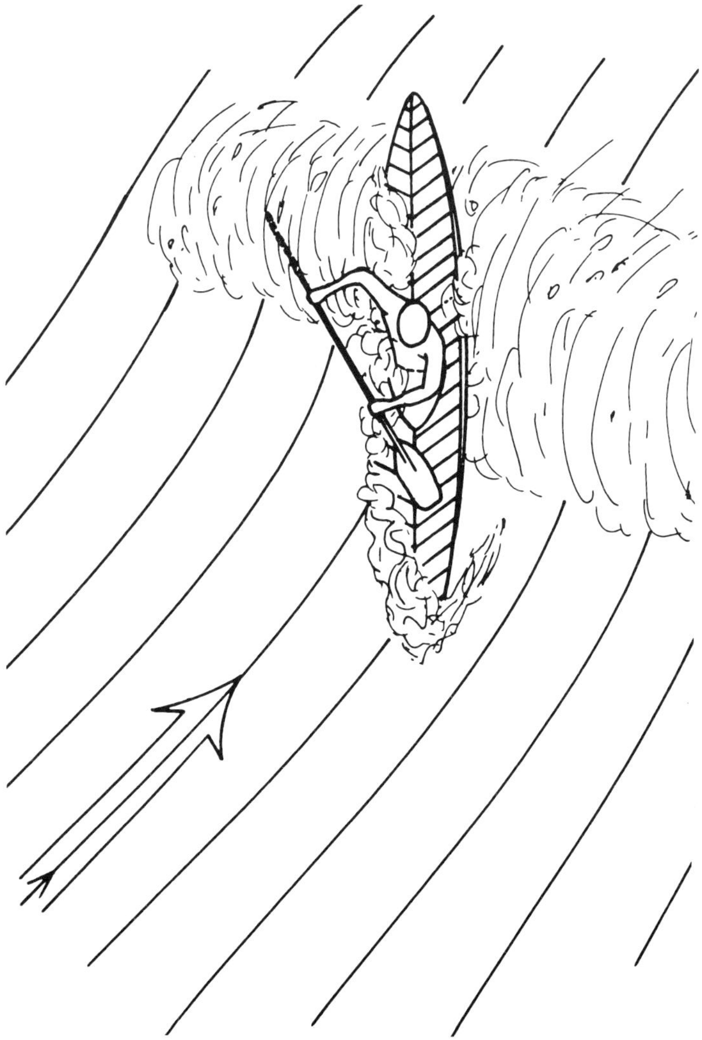

Abbildung 13.5 B: Versucht der Paddler in Abbildung 13.5A stattdessen wie hier abgebildet, sich in die Drehung zu lehnen und das Kajak durch ein Heben der flußabwärts liegenden Kante zu ‚steuern', baut sich sofort Wasser auf dem Oberschiff auf, und das Vorderschiff gräbt sich in die Welle ein. Es wird flußabwärts geschoben, die gewünschte Drehung kann nicht mehr ausgeführt werden, da der Steuerschlag nicht stark genug dagegenhalten kann, um das Vorderschiff flußaufwärts in der Strömung zu halten.

Abbildung 13.5 C: Hier liegt das Kajak etwas höher in der Welle. Das gesamte Vorderschiff kommt beim Surfen aus dem Wasser. Lehnt man sich in dieser Situation etwas ‚in die Kurve', wird der Bug flußaufwärts geschoben – Wasserdruck wird nur auf der Kante des Hecks aufgebaut. Dieser Druck wird das Heck flußabwärts schieben, und den Bug dadurch flußaufwärts in die gewünschte Richtung drehen.

Nach dem Erlernen des Surfens mit Hilfe von Steuerschlägen auf verschiedenen Seiten kann die Technik weiter verfeinert werden; hierzu arbeitet man auf einer Seite mit dem gleichen Blatt in beide Richtungen. Der Paddelschaft liegt dabei in etwa parallel zur Seite des Kajaks, das Blatt nahe am Heck, wo Richtungsänderungen am einfachsten durchgeführt werden können. Wird das Blatt zum Boot hingezogen, so sollte das Arbeitsblatt immer so gedreht werden, daß die Kehlung zur Wasseroberfläche schaut und Auftrieb von der Strömung aufnimmt (siehe Abbildung 13.4). Arbeitet das Blatt vom Boot weg, dreht man es um ein paar Grad, so daß der Blattrücken leicht zum Wasser schaut.

Der einseitige Steuerschlag ermöglicht blitzschnelle Kurskorrekturen, da sich das Arbeitsblatt ständig im Wasser befindet. Die Bewegung des Paddels zum Boot hin ist weniger effektiv als vom Boot weg, so daß das Kajak nur 10 bis 20 Grad von seinem Kurs abweichen darf, da sonst die Seite gewechselt werden muß. Diese Technik funktioniert in langen, glatten Wellen, in denen der Bug nicht im Wasser liegt und nicht mit kräftigen Paddelzügen gearbeitet werden muß, am besten.

Kanten bei Drehungen

Beim Surfen spielt das richtige Kanten eine wichtige Rolle. Die große Frage ist: Sollte man das Boot bei einer Drehung flußaufwärts ankanten, sich in die Richtung lehnen, in die man drehen möchte, und den flußaufwärts liegenden Oberschenkel dabei absenken, oder sollte man das Kajak entgegen der Drehrichtung kanten und den flußaufwärts liegenden Oberschenkel hochziehen, um das Gleichgewicht zu halten? Die Antwort hängt davon ab, wie groß die Fläche des Vorderschiffs ist, die das Wasser berührt.

Auf kleineren Flüssen ist der Abstand zwischen den Wellen oft nicht größer als eine Bootslänge. Da das ganze Kajak auf der aufsteigenden Welle keinen Platz findet, gräbt sich die Bootsspitze teilweise im Wellental ein. Dasselbe passiert auf einer steilen Welle. Die Anziehungskraft der Erde zieht das Kajak nach vorne in das Wellental, wo sich die Bootsspitze für einen Moment in die entgegenkommende Strömung bohrt. Liegt das gesamte Vorderschiff in der Welle, oder gräbt es sich teilweise in die Welle ein, passiert es oft, daß das Boot verkantet und sich unter Wasser ‚schraubt'. Auf so einer Welle lernen die meisten Anfänger.

Senkt man in dieser Situation die flußaufwärts liegende Kante in Drehrichtung ab, so sollte man nicht überrascht sein, wenn man plötzlich kopfunter im Boot sitzt. Sie werden viele Male umkippen, bevor Sie gelernt haben, den Instinkt, sich in die Drehung zu lehnen, zu unterdrücken. Ganz allein der Steuerschlag leitet die Drehung ein, die Oberschenkel ziehen die flußaufwärts gelegene Kante so lange hoch, bis das Kajak beinahe parallel zur Strömung liegt. Beachten Sie, daß in der ersten Hälfte einer Drehung von links nach rechts die *rechte* Kante aus Stabilitätsgründen hochgezogen bleibt – das Kajak wird nicht umgekantet, um die Drehung zu erleichtern.

Abbildung 13.5A ist eine Aufsicht auf einen surfenden Paddler, dessen Vorderschiff teilweise unter Wasser liegt. Er ist dabei, mit dem Steuerschlag eine Drehung flußaufwärts einzuleiten, und hebt die flußaufwärts liegende Kante, um seine Stabilität zu verbessern. Würde er sich stattdessen durch Umkanten in die Drehung legen, so ergäbe sich die gleiche Situation wie in Abbildung 13.5B. In dem Moment, in dem die flußaufwärtige Kante sich in die Strömung gräbt, erhöht sich der Wasserdruck um ein Vielfaches, bis das Kajak schließlich kentert, oder von der Welle geschoben wird.

Wuchtwasserflüsse mit schneller Strömung haben weite, flache Wellentäler; sie sind länger als ein Kajak. Beim Surfen auf so großen Wellen kann mehr als die Hälfte des Vorderschiffs aus dem Wasser kommen. In dieser Stellung reagiert das Kajak nicht auf Umkanten. Die flußaufwärts liegende Kante des *Hecks* wird von der Strömung beeinflußt, wenn man sich in die Drehung lehnt, dieser Druck *hilft* jedoch, den Bug flußaufwärts zu halten, indem er das Heck flußabwärts drückt (siehe Abbildung 13.5C). Oft ist genügend Platz da, um sich leicht auf das Paddel zu lehnen, das Kajak anzukanten und quer über die Welle hin- und herzuschneiden. Surfen auf großen Wellen vermittelt ein Gefühl von unwahrscheinlich hoher Geschwindigkeit und Stabilität, man fühlt sich, als ob man der Pilot in einem Düsenjet wäre.

Höhenkontrolle in der Welle

Das Kajak wird normalerweise auf der Welle irgendwo zwischen Wellenkamm und -tal *seine* Position (abhängig von der Strömungsgeschwindigkeit und der Steilheit der Welle, etc.) finden. Nachdem es bisher darum ging, auf die Welle zu gelangen und dort sich halten, wollen wir uns im folgenden mit den Vor- und Nachteilen verschiedener Positionen auf der Welle befassen.

Läßt man sich auf der Welle etwas zurückfallen, so ist es einfacher, den Bug zu kontrollieren. Er kann sich nicht in die Welle bohren und wird nicht so leicht von der Strömung zur Seite gedrückt. Fällt man noch weiter zurück, wird das Heck im luftigen Kissen auf dem Wellenberg versinken, so daß das Kajak eine horizontalere Stellung einnimmt und das Vorderschiff sich aus dem Wasser hebt.

Die Kanten des Kajaks werden weniger anfällig gegenüber der Strömung, während sich der Bug aus dem Wasser schiebt und das Kajak sich in jede Richtung drehen kann. Es bedarf viel Gefühls für die Stellung des Bootes, direkt unterhalb dem Wellenkamm zu surfen. Diese Position bietet jedoch die Möglichkeit, mit Geschwindigkeit ins Wellental nach links oder nach rechts zu fahren, oder geradeaus nach unten eine Kerze anzusetzen. Sitzt man auf dem Kamm mit Bug und Heck in der Luft, ist es einfach, das Kajak um 180 Grad zu drehen und rückwärts weiterzusurfen.

Es gibt zwei Möglichkeiten, sich auf einer Welle rückwärts zu bewegen; zum einen kann man den Widerstand des Paddels, zum anderen den des Unterschiffs erhöhen. Das Unterschiff erzeugt immer Widerstand; durch eine Rücklage kann dieser etwas vergrößert werden. Dreht man den Steuerschlag so, daß er dann zum Konterschlag wird, erhöht sich der Widerstand weiter. Wird das Blatt dabei auf Höhe der Sitzluke gebracht, übt das Paddel eine geringere Drehwirkung auf das Kajak aus.

- **Je größer die eingesetzte Paddelfläche ist, desto mehr Widerstand wird erzeugt.**

Sobald Sie das Gefühl haben, nach hinten aus der Welle zu treiben, braucht das Kajak stärkeren Vortrieb. Zunächst schaltet man allen unnötigen Widerstand aus. Benutzen Sie den Steuerschlag zur Richtungskontrolle, stellen Sie den Paddelschaft fast parallel zum Boot (dieselbe Stellung wie beim Heckruder). Dadurch veringert sich der Widerstand auf ein Minimum. Anfänger fallen oft aus kleinen Spielwellen, da sie fälschlicherweise das Paddel nach unten drücken und ihr Gewicht darauf legen, ohne darauf zu achten, wieviel Widerstand sie mit dem Paddel erzeugen. Der Widerstand des Unterschiffs kann verkleinert werden, indem man parallel zur Strömung surft und das Kajak nur gerade so weit ankantet, daß es stabil im Wasser liegt.

Sollte die Verringerung des Widerstands das Kajak nicht wieder stabilisieren, gibt es noch die Möglichkeit, in Vorlage zu gehen, und schnelle Vorwärtsschläge anzusetzen. Sind die Schläge zu schwach, drückt es das Kajak in der schnellen Strömung zum Wellenberg. In dieser Situation kann ein blitzschnell angesetzter ‚Paddelwirbel' auf dem Wellenberg noch Erfolg haben. Die Schlagzahl muß jedoch beträchtlich erhöht werden und das Blatt muß kräftig in die aufsteigende Welle gedrückt, anstatt durch diese gezogen zu werden.

Surfen mit untergetauchtem Vorderschiff

Das Surfen mit untergetauchtem Bug ist möglich, aber ungleich schwieriger als mit dem Vorderschiff an oder über der Wasseroberfläche. Halten Sie das Vorderschiff so nahe wie möglich an der Wasseroberfläche, indem Sie die flußaufwärts liegende Kante immer wieder heben und dabei den Steuerschlag stützend flußaufwärts einsetzen. Der Bug wird normalerweise an die Oberfläche wandern, wenn das Kajak auf die Kante gestellt wird, da der Auftrieb gleich bleibt und der Druck der Strömung, die die Spitze nach unten drückt, verringert wird. Ein flußaufwärts eingesetzter Steuerschlag schiebt das Kajak durch Erhöhung des Wasserwiderstands ebenfalls aus dem Wellental, es dreht den Bug flußaufwärts und hilft mit seinem Auftrieb, das angekantete Kajak im Gleichgewicht zu halten.

Das gleiche Manöver funktioniert auch, wenn das Vorderschiff plötzlich tiefer unter Wasser gedrückt wird – es muß hier jedoch sofort und energischer ausgeführt werden, weil das Kajak sonst nach hinten über die Welle geschoben wird. Die flußaufwärts liegende Kante muß stark angehoben werden, der Oberkörper geht in Rücklage und der flußaufwärts liegende Steuerschlag verwandelt sich zu einem kräftigen Rückwärtsschlag. Dadurch verringert sich nicht nur der Druck auf das Vorderschiff, so daß das Kajak auf der Welle zurückfällt, dieser Paddelschlag dreht die Bootsspitze flußaufwärts, der angekantete Bug kommt an die Oberfläche – ähnlich eines Paddels, das mit einem in Zugrichtung geöffneten Anstellwinkel beim Bogenschlag an die Oberfläche zieht.

Beim Surfen in einer kurzen oder steilen Welle mit engem Tal (einem Mittelding zwischen Welle und Walze) wird das Vorderschiff oft ständig unter Wasser gedrückt. Auf solchen Wellen ist es schwer zu surfen. Sie können jedoch durch rhythmisches Umkanten in Verbindung mit starkem, abwechselndem Einsatz des Steuerschlags auf jeder ‚neuen' flußaufwärts gelegenen Seite den Surfwinkel kontrollieren.

Das Schneiden der Richtungswechsel (Carven)

Es gibt Wellen, die einfach zu schmal oder steil sind, so daß das Vorderschiff beim geraden Surfen mit der Bootsspitze flußaufwärts abtaucht. Die Erhöhung des Widerstands bietet nur eine kurze Verschnaufpause. Das Kajak wird wieder weiter nach vorne wandern, findet man keine andere Lösung, wie z.B. in einen flacheren Teil der Welle zu wechseln. Einige dieser Wellen, nämlich die breiteren, können diagonal mit ständigem Richtungswechsel abgesurft werden, diese Technik nennt man ‚Carven'.

Um die Diagonalbewegung in der Welle abzubremsen und die Richtung zu ändern, wird der flußaufwärts gelegene Steuerschlag so stark eingesetzt, daß er fast als Rückwärtsschlag bezeichnet werden kann. Dadurch kommt das ganze Kajak zurück auf den Wellenberg und der Bug schwingt über das Wellental direkt flußaufwärts. Der Steuerschlag wird auf die neue flußaufwärtige Seite gewechselt, während das Kajak kontrolliert in die andere Richtung vorwärtssurft. Dieser Übergang geht schnell und reibungslos.

Die beim Carven verwendete Technik ähnelt stark dem Korrekturschlag bei untergetauchter Bootsspitze. Beim Surfen muß das Kajak oft vor dem Richtungswechsel auf die Welle zurückgeschoben werden, um zu verhindern, daß sich die Spitze in die Welle bohrt. Ein Steuerschlag, der über die hochgezogene, flußaufwärts liegende Kante ins Wasser greift, leistet gute Dienste. Die einzige Situation, in der man sich in die Kurve legen, und die flußaufwärtige Kante absenken kann ohne zu kentern, ist in Wuchtwasser, wenn ein großer Teil des Vorderschiffs aus dem Wasser kommt. Das Carven ist eine Abrundung Ihrer

Fähigkeiten und erlaubt es Ihnen, in der Welle überall hinzukommen.

Orientierung in der Welle

Viele Wellen sind in der Mitte am tiefsten und flachen zu den Enden hin ab, sie können jedoch auch variieren. Driftet man einen Meter nach links, fällt man kaum merklich von der Welle ab und gerät in die Strömung. Driftet man einen halben Meter nach rechts, kommt das Kajak in eine zu steile Zone. Versuchen Sie da zu bleiben, wo das Kajak am sichersten in der Welle steht, bis *Sie* sich entscheiden, die Position zu verändern.

Anfangs achten die meisten Paddler nur auf ihr Vorderschiff und die unmittelbare Umgebung. Dies reicht jedoch nicht, um seine Position genau im Auge zu behalten. Die Strömung oberhalb sieht oft erstaunlich gleich aus, während die Welle flußabwärts (die das Kajak beim Surfen hält) von Stelle zu Stelle anders ist. Machen Sie es sich zur Gewohnheit, sich regelmäßig nach links und rechts anhand von Fixpunkten zu orientieren. Nur so ist es möglich, sein Kajak in der gewünschten Position zu halten.

Wenn man seine Position und seine Aktionen ungefähr kennt, wird man ein Ge- oder Mißlingen des Surfs besser nachvollziehen können. Sie werden diese eine Welle genau kennenlernen und ähnlich gebaute Wellen ebenfalls besser absurfen können. Bald schon werden Sie die Wirkung von Wellen und Strömungen auf das Kajak *vorhersehen* können, und wissen, wie Sie darauf reagieren müssen. Unnötige Manöver werden vermieden, das Surfen wird zu einer harmonischen, kontrollierten Bewegung.

14 Luftmanöver

Bei Figuren in der Luft ist das Ziel nicht, eine Walze so lange wie möglich abzusurfen, sondern die Ausfahrt so spektakulär wie möglich zu gestalten. Dies erreicht man, indem man das Kajak in eine Position auf einer Welle, in einer Walze oder einem Abfall bringt, von der aus man durch kräftiges Vorwärtspaddeln in die Strömung Wasser auf das Oberschiff bekommt. Dabei wird das Vorderschiff nicht nur nach unten, sondern auch nach hinten gedrückt, so daß das Kajak in die Vertikale kommt (siehe Abbildung 14.1). Diese Figur bezeichnet man als ‚Kerze'. Bei einer Kerze wird immer Vorder- oder Hinterschiff unter Wasser gedrückt. Wird der Bug schneller flußabwärts gedrückt als der Rest des Kajaks, so überschlägt es sich über die Spitze. Hin und wieder gelingt es mit der richtigen Balance, daß Paddler und Kajak mit der gleichen Geschwindigkeit nach hinten beschleunigt werden, so daß sie mehr als 5 Meter vertikal in der Luft stehen.

Je tiefer das Vorderschiff eintaucht, desto mehr Wasser verdrängt es; je mehr Wasser es verdrängt, desto stärker sind die Kräfte, die das Kajak aus dem Wasser schieben. Diese Kräfte können so stark sein, daß sie das gesamte Kajak auf seinem Weg nach oben aus dem Wasser katapultieren. Und natürlich ist es nicht ungewöhnlich, daß das Kajak kieloben landet, so

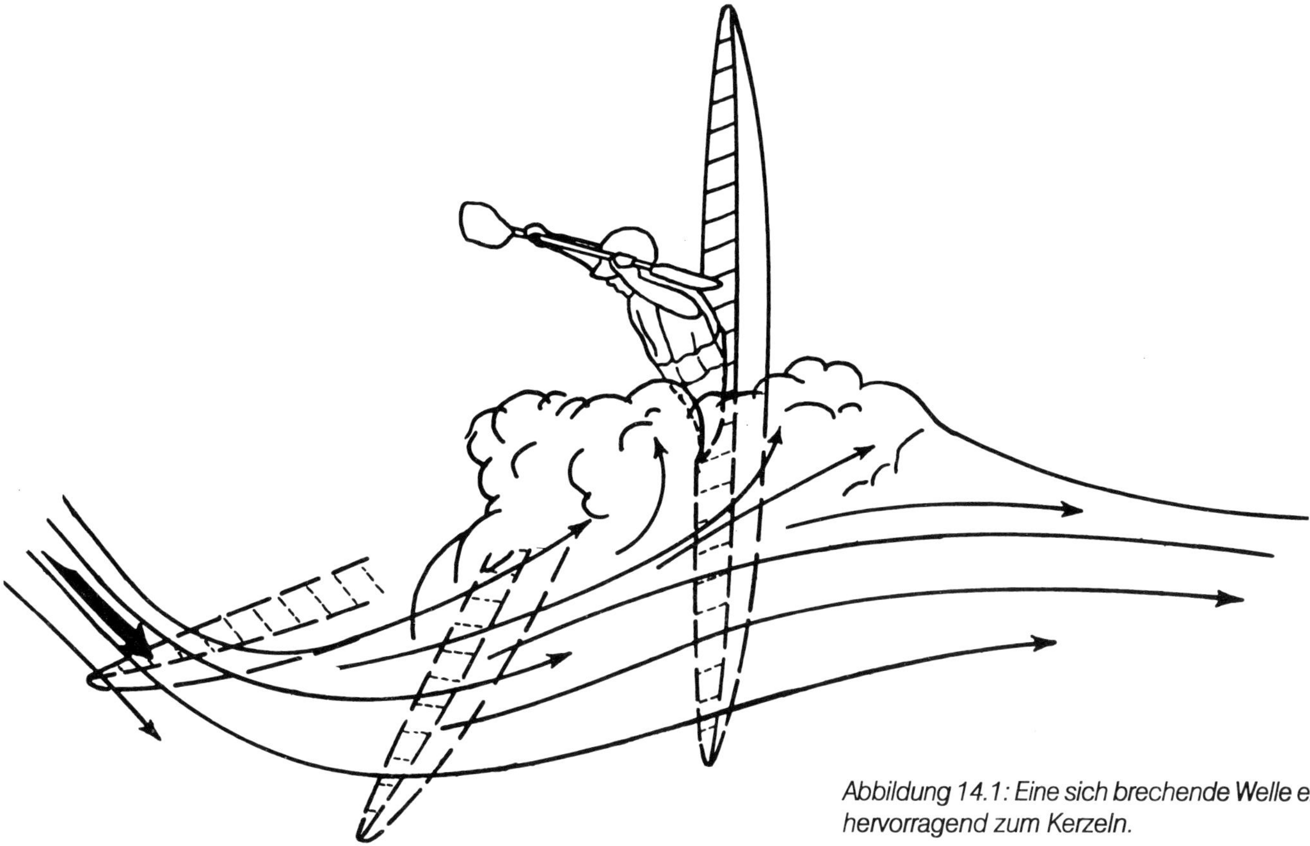

Abbildung 14.1: Eine sich brechende Welle eignet sich hervorragend zum Kerzeln.

daß besonders beim Spielen im Wildwasser eine gute Rolle vonnöten ist.

- **Kenterungen sind unvermeidlich – eine gute Rolle ist daher unbedingt notwendig!**

Strömungsverhältnisse, die das Vorderschiff stark nach unten drücken können, rühren alle von Wasser her, das nach unten über Kanten oder Felsbarrieren fließt. Dazu gehören auch Abfälle mit starker vertikaler Strömung, Walzen und steile Wellen. Die ausgewählte Stelle sollte tief genug sein, so daß Steine im Unterwasser die Abwärtsbewegung des Kajaks nicht blockieren. Diese verhindern nicht nur Kerzen und andere Figuren, sie können Bootsspitzen abknicken und Löcher in das Kajak schlagen. Die Qualität einer Spielstelle läßt sich letztendlich nur durch Ausprobieren feststellen. Auf stark befahrenen Flüssen läßt sich eine gute Spielstelle leicht ausmachen, indem man den Horizont nach fliegenden Kajakfahrern absucht.

Kerzen aus Abfällen

Abfälle entstehen durch Strömungen, die um ein Hindernis herumgebündelt werden, und dann über eine kurze Distanz fallen. Neben dieser Wasserrutsche bildet sich ein Kehrwasser unterhalb des Hindernisses. Zum ‚Kerzeln' paddelt man vorwärts aus dem Kehrwasser in die stärkste Strömung des Wasserstrahls, normalerweise neben dem Felsen, über den das Wasser läuft (siehe Abbildung 14.2). Ein unruhig wirbelndes Kehrwasser macht dies schwieriger als es klingen mag. Ist die Bootsspitze nicht genau flußaufwärts gerichtet, wenn die Strömung auf das Vorderschiff kommt, muß umgekantet werden (normalerweise bedeutet dies, die flußaufwärts liegende Kante leicht abzusenken), so daß die flache Fläche des Oberschiffs die volle Wucht der Strömung abbekommt. Lehnen Sie sich im Moment des Einfahrens abrupt nach vorne. Wird diese Vorlage gehalten, so wird das Boot wahrscheinlich ein Cartwheel vollführen. Geht man beim

Abbildung 14.2: Das Kreuz markiert die ideale Stelle für vertikale Figuren.

Einfahren in Rücklage, so bleibt das Kajak in einer vertikaleren Position.

Manchmal formt sich zwischen zwei Felsen ein starker Hauptstrahl, hier sind Kerzen am leichtesten möglich. Oft muß die Bootsspitze nicht besonders genau ausgerichtet werden; man muß sie lediglich in den Felsspalt schieben, und das Wasser besorgt den Rest ganz alleine.

Kerzen in Walzen

Sind Felshindernisse komplett unter Wasser, so bilden sich hinter ihnen keine Kehrwässer sondern Walzen und Löcher. In den meisten Spielwalzen muß man sich an eine Stelle manövrieren,

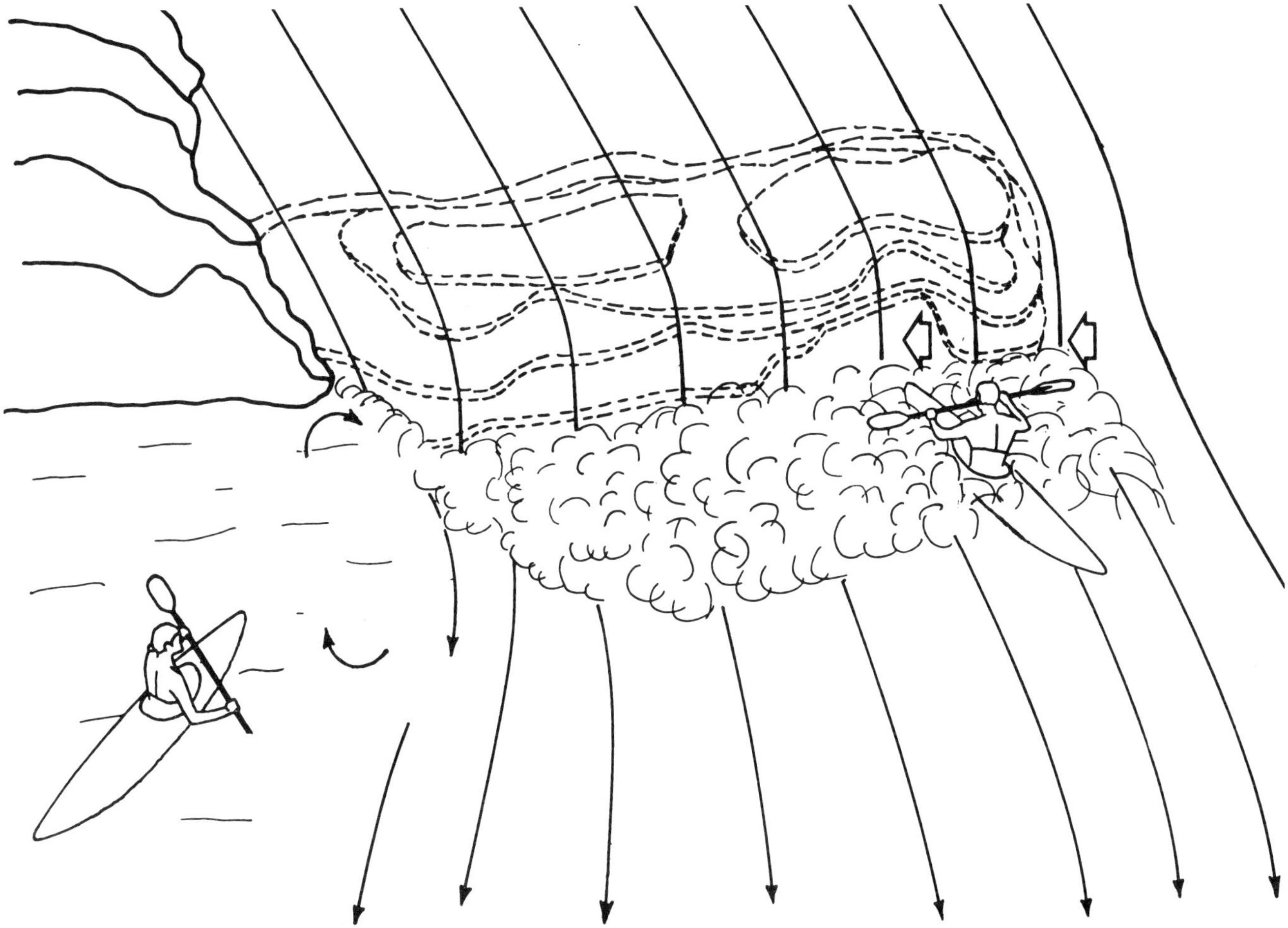

Abbildung 14.3: Um in die Vertikale gehen zu können, sucht man sich in einer Walze eine Stelle zwischen den Felsen im Unterwasser, die tief genug ist, so daß die Bootsspitzen keine Steinberührung haben. Die Pfeile zeigen zwei mögliche Stellen in dieser Walze auf.

die tief genug ist, so daß es nicht zu Bodenberührungen kommt (siehe Abbildung 14.3). Suchen Sie nach einer Stelle zwischen den unter Wasser liegenden Felsen, die die Walze formen, oder an der Außenseite der Walze, wo die Strömung um das Hindernis herumläuft. Manchmal findet man eine Walze, die das Kajak flußaufwärts bis zur Walzengrube zieht und das Vorderschiff nach unten reißt, so daß das Kajak ohne Zuhilfenahme des Paddels in die Vertikale kommt.

Achten Sie darauf, daß das Oberschiff waagrecht zur Strömung steht und das Kajak nicht im zu schrägen Winkel einfährt, so daß es statt hinauskatapultiert zu werden in der Walze hängenbleibt. Versuchen Sie sich zunächst in gutmütigen Löchern. Sobald Sie sich wohl fühlen, können Sie auch Rückwärtskerzen probieren.

Kerzen in brechenden Wellen

In den meisten steilen oder brechenden Wellen gelingen Kerzen hervorragend. Der Trick besteht dabei darin, in die beste (normalerweise ist dies die steilste) Stelle der Welle zu surfen, und dann das Boot geradezuhalten und es nicht anzukanten, während man auf der Welle nach unten gleitet und in die ankommende Strömung eintaucht.

Beginnen Sie beim Surfen in Rücklage, so daß das Kajak im oberen Teil der Welle bleibt. Hier können Sie die Drehrichtung am leichtesten kontrollieren und den größten Anlauf nehmen, bevor sich die Spitze in die Strömung bohrt. Beim Abwärtsfahren gehen Sie schnell in Vorlage. Das Tal einer Welle ist in der Regel flacher als das einer Walze, so daß der Bug belastet werden muß, damit er im ankommenden Wasser versinkt.

Pirouetten

Gelingen die Kerzen immer mühelos, ist es Zeit einen Schritt weiter zu gehen. Eine Pirouette ist eine Kerze, bei der sich das Kajak zusätzlich um seine Längsachse dreht. Sofort nachdem sich das Vorderschiff in der Walze versenkt hat, erzeugt man eine Drehbewegung durch einen kräftigen Rückwärtsschlag nach unten und hinten (wie in Abbildungen 14.4 A-F dargestellt), oder durch ein Übergreifen (siehe Abbildung 14.5 A,B). Wird die Anfangsphase der Figur korrekt ausgeführt, so entsteht mit großer Wahrscheinlichkeit eine wunderschöne Pirouette. Wenn nicht, dann wird es eben eine schöne Eskimorolle – doch versuchen Sie es trotzdem! Die Chance zu kentern besteht immer, selbst wenn Sie alles richtig gemacht haben.

Die schnellere und natürlichere Bewegung ist der Rückwärtsschlag. Da das Paddel in seiner normalen Position steht, kann es beim Einfahren in die Walze noch für Richtungskorrekturen benutzt werden und das Heck noch weiter aus dem Wasser hebeln. Diese Technik sieht man oft, wenn eine Pirouette aus dem Vorwärtssurfen entsteht.

- **Selbst wenn Sie alles richtig gemacht haben, besteht immer die Chance einer Kenterung!**

Das Übergreifen erfordert schon etwas mehr Risikobereitschaft – während sich das Vorderschiff nach vorne in die Walzengrube schiebt, muß das Paddel als Vorbereitung aus dem Wasser gehoben werden und steht für Richtungs- oder Geschwindigkeitskorrekturen nicht mehr zur Verfügung. Das Übergreifen ist wahrscheinlich bei Abfällen am sinnvollsten, da man vom Kehrwasser aus in die Strömung fährt, seine Bewegungen zeitlich besser aufeinander abstimmen und das Blatt rechtzeitig aus dem Wasser heben kann.

Bei beiden Techniken beginnt man mit der Drehung während das Heck des Kajaks sich noch nach oben schiebt. Starker Druck aus den Oberschenkeln beim Paddeleinsatz leitet die Drehung ein und eine Rotation des Oberkörpers in Drehrichtung führt diese fort. Zieht man die Hände nach dem Paddeleinsatz zur Seite des Kajaks, so erhöht sich das Drehmoment, ähnlich wie bei Eiskunstläufern oder Ballettänzerinnen. Das gibt uns mehr Zeit, in die Ausgangsposition für die unvermeidliche Rolle zu kommen.

Mit guter Balance, viel Übung und frühem Oberschenkeleinsatz, sollten Sie in der Lage sein, sich bei einer gut ausgeführten Pi-

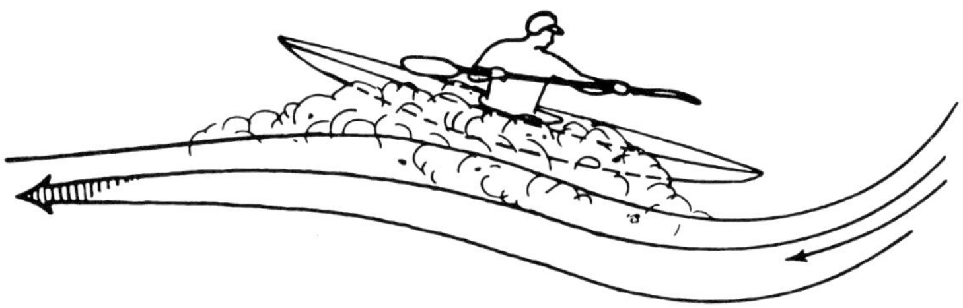

Abbildung 14.4 A: Eine Pirouette, die mit Hilfe eines Rückwärtsschlags ausgeführt wird. Sobald das linke Blatt ins Wasser eintaucht (irgendwo zwischen A und B), wird die Strömung das Kajak drehen.

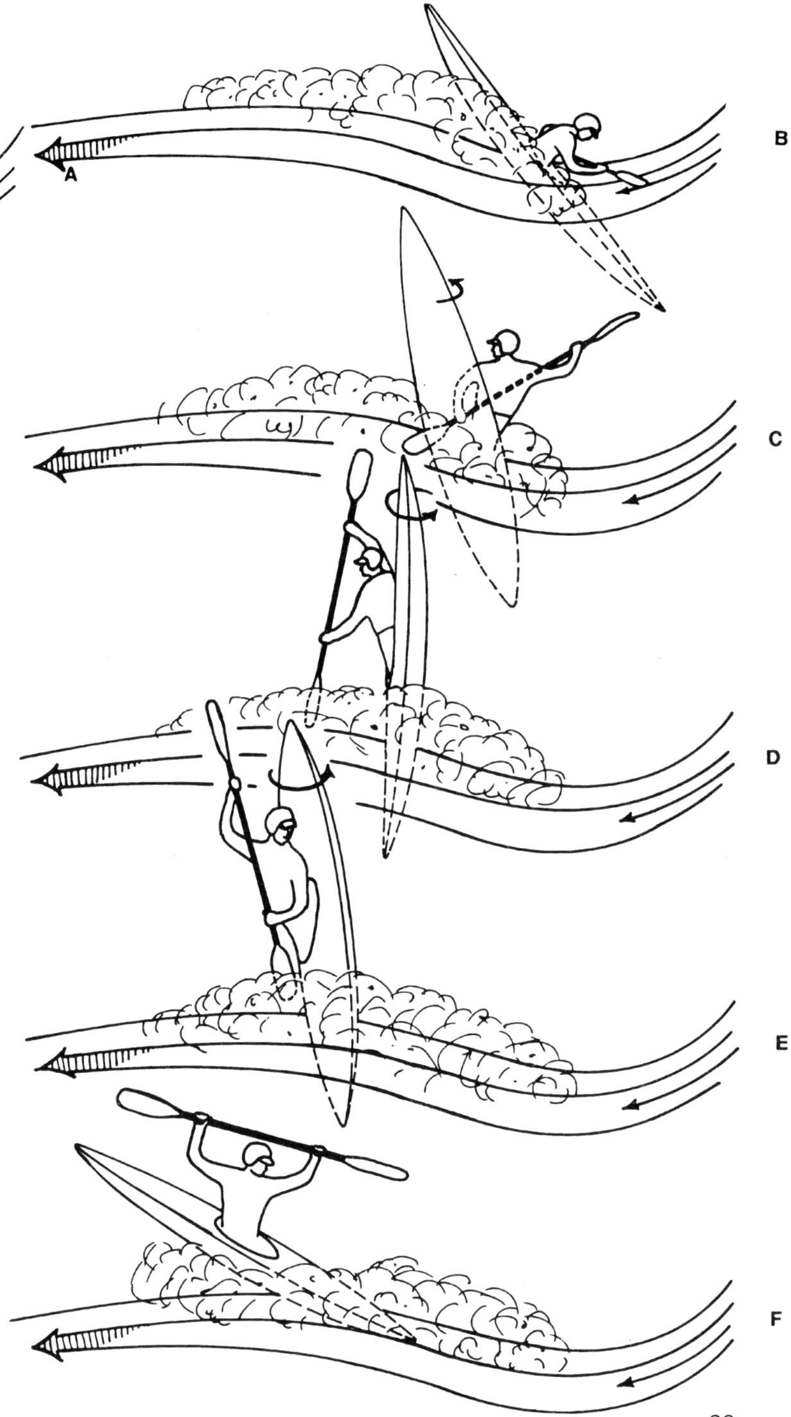

Abbildung 14.4 B-F: Eine Pirouette, die mit Hilfe eines Rückwärtsschlages ausgeführt wird. Der Rückwärtsschlag beginnt, während das Kajak sich noch nach oben bewegt (zwischen C und D) und hebt das Kajak nicht nur, sondern dreht es auch.

Abbildung 14.5 A: Eine Pirouette mit Übergreifen. Obwohl diese Abbildung eine Welle zeigt, funktioniert das Übergreifen in Abfällen wahrscheinlich besser. Das Übergreifen erfolgt, sobald das Oberschiff unter Wasser kommt.

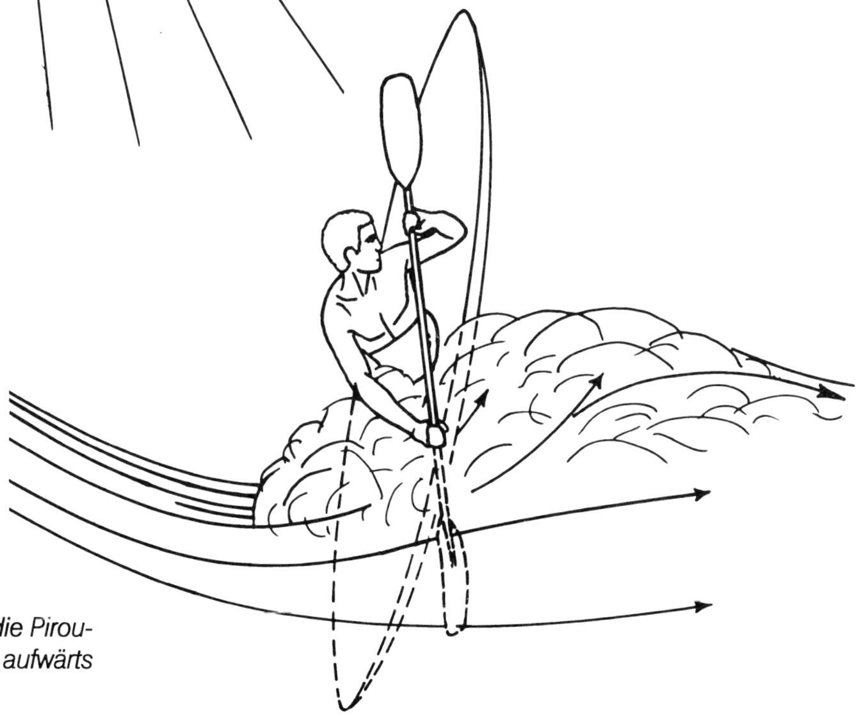

Abbildung 14.5 B: Beginnen Sie die Pirouette während das Kajak sich noch aufwärts bewegt.

rouette mehr als einmal um die eigene Achse zu drehen. Sie kann beendet werden, ohne daß Sie auf Ihrem Kopf landen, indem Sie das Blatt *kurz bevor* das Kajak ins Wasser zurückfällt über die Wasseroberfläche ziehen und Ihr Boot mit einem Hüftknick aufrollen. Die Pirouette ist eine eindrucksvolle akrobatische Figur, wenn sie richtig ausgeführt wird, und macht großen Spaß.

15 Walzen

Beim Spielen in Walzen entwickelt man viele Fertigkeiten: Kontrolliertes seitliches Abreiten am Ort, vorwärts und rückwärts, kontrolliertes Verlassen der Walze und Rollen in der Walze. Es gibt sie in allen Größen, Formen und Arten. In diesem Kapitel werde ich auf das Spielen in gutmütigen Walzen eingehen, die keine vorstehenden Felsen aufweisen, tief genug sind um ein Kajak zu halten, jedoch mit guter Technik einfach zu verlassen sind und ein kilometerlanges Kehrwasser am Ende besitzen. Eine ungefährliche, gutmütige Spielwalze, ein geeigneter Ort zum Ausprobieren neuer Techniken. Einmal erlernt werden die hier beschriebenen Fertigkeiten in unangenehmen, steilen, luftdurchsetzten Löchern gute Dienste erweisen.

Abbildung 15.1 A: Der Durchschnittspaddler stützt sich beim seitlichen Surfen leicht auf seinem Paddel ab. Dadurch erhöht sich der Widerstand und Positionsveränderungen werden schwieriger.

Walzenreiten

Der wichtigste Aspekt ist hier die Auslage des Oberkörpers – wird dieser über dem Kajak gehalten oder liegt er flußabwärts in der Strömung? Die erste Variante erfolgt beinahe ohne Anstrengung, ist extrem stabil und kann in großen als auch kleinen Walzen angewendet werden; die zweite ist eher zweifelhaft.

Der Paddler in Abbildung 15.1 hält die obere Kante aus dem Wasser, indem er sich flußabwärts lehnt. Zur Stabilisierung muß oft die Technik des Streichens angewendet werden. Da das Paddel zusätzlichen Widerstand erzeugt, wird er oft aus kleinen Löchern geschoben und in größeren Walzen Probleme haben, sein Boot von einer Seite zur anderen zu bewegen. Fühlt er sich unsicher oder erschöpft, wird der sich noch weiter flußabwärts lehnen, um die obere Kante aus der Strömung zu halten, oder um die Wirkung seiner Stütze zu verbessern. Dadurch tritt die in Abbildung 15.1B beschriebene Situation ein.

Abbildung 15.1 B: Stärkeres Abstützen am Paddel führt dazu, daß der Paddler flußabwärts ‚fällt' und...

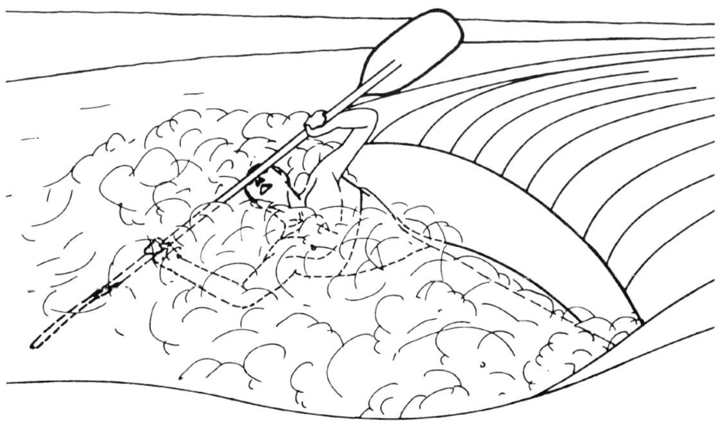

Abbildung 15.1C: ...wie wir bereits bei der Eskimorolle mit Paddel gesehen haben, kann das Kajak kentern, wenn der Kopf hochgehoben wird während der Oberkörper nicht über dem Kajak liegt.

Abbildung 15.2: Dieser Paddler hält die flußaufwärts liegende Kante aktiv aus der Strömung, sein Gewicht liegt durch die aufrechte Sitzhaltung über dem Boot.

Die flußaufwärts liegende Kante dieses Kajaks wird sicherlich nicht in die Strömung kommen; der Paddler kann jedoch nicht mehr den Auftrieb des Kajaks nutzen. Er kann sich nur noch schwierig einen Überblick über seine Situation verschaffen, oder effektiv vorwärts oder rückwärts paddeln, da er schon beträchtliche Mühe aufwenden muß, um seinen Kopf über dem schaumigen Wasser zu halten. Ein schneller Rückwärtsschlag aus dem Streichen heraus (mit der Kehlung des Blattes) wird das Kajak aufgrund des enormen Widerstandes, den sein Körper in der Strömung Seitwärtsbewegungen bietet, wohl kaum mehr bewegen. Wie Abbildung 15.1C zeigt, kann sich die Situation dennoch weiter verschlechtern. Durch eine ausgeprägte Auslage flußabwärts wird beim seitlichen Abreiten sehr viel Kraft und Kontrolle geopfert, um minimale Stabilität zu erzielen.

Der aufrecht sitzende Paddler in Abbildung 15.2 hält die flußaufwärtige Kante konsequent aus der Strömung (trotz des unruhigen Wassers und Turbulenzen), indem er sein Knie hochzieht. Die aufrechte Sitzhaltung ermöglicht ihm gute Übersicht über die Walze und seine Umgebung. Läßt ihn die Walze nicht los, so ist es nicht schwierig, sich nach einem Ausgang umzusehen. Da das Kajak das Gewicht dieses Paddlers trägt, muß er sehr viel weniger Energie daran verwenden, nicht umzukippen. Das Paddel übt keinen Widerstand aus und wird hauptsächlich benutzt, um das Gleichgewicht zu halten und hin und wieder um

Abbildung 15.3: Oft wird eine leichte Verringerung des Ankantwinkels das Kajak im Sidesurf stabilisieren, indem es das Kajak zurück in das Loch schiebt. Durch die Verringerung des Widerstands bleibt das Kajak in manchen Löchern hängen, aus denen es sonst herausgeschoben würde.

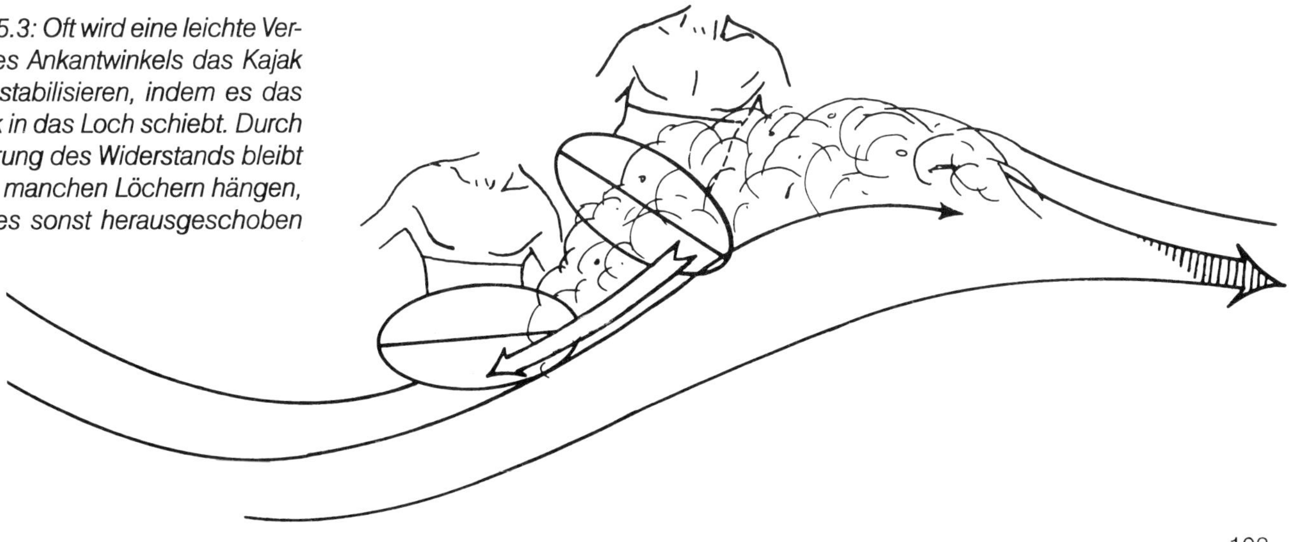

eine kleine Stütze anzusetzen. Ein exzellenter Gleichgewichtstest ist es, das Paddel in einer Hand über dem Kopf zu kreiseln. Dies kann in den meisten gutmütigen Walzen ausprobiert werden.

Ein weiterer Vorteil bei der aufrechten Sitzposition ist die Möglichkeit, den Ankantwinkel in bestimmten Situationen vorsichtig zu verkleinern. Ein großer Ankantwinkel wird in die Strömung schneiden, den Widerstand erheblich vergrößern und das Kajak auf dem Wasserpolster hochschieben, es herumwerfen oder aus der Walze drücken. Dies geschieht oft in kleinen Löchern, die ein Kajak nicht gut halten, und beim seitlichen Absurfen einer sich brechenden Welle (eine brechende Welle ist beinahe eine Walze, jedoch schießt der Großteil des Wassers durch das Tal ohne zurückzulaufen). Wie in Abbildung 15.3 deutlich wird, reicht bereits eine leichte Verringerung des Ankantwinkels aus (so daß die flußaufwärtige Kante kein Oberwasser bekommt), damit das Kajak wieder in die Walze zurückgleitet.

Die Gefahren des Paddelhangs

Es gibt unter Anfängern die nicht auszumerzende Theorie, daß eine Paddelstütze, bei der sich eine Hand über dem Kopf befindet, eine gute Technik ist, nicht nur um in Löchern zu surfen, sondern auch um sich aus diesen zu befreien; besonders aus großen Löchern mit großem Schaumpolster. Am Anfang schüchtern große Walzen die meisten Paddler ein, und ihr Instinkt befiehlt ihnen, sich flußabwärts, weg von der Walze zu lehnen und zum Stützen mit dem Paddel über das Polster zu greifen. Diese Technik ist nicht nur schlecht, sondern auch gefährlich.

- **Eine Über-Kopf-Haltung der Hand beim Paddelhang erhöht das Risiko einer Schulterverletzung!!**

Die Schulter ist das beweglichste Gelenk unseres Körpers. Sie arbeitet am besten, wenn der Arm gebeugt ist und die Hand sich vor der Brust befindet – die Position, die beim Boxen oder Armdrücken eingenommen wird. Sie ist am schwächsten und instabilsten, wenn der Arm gehoben wird und Hand und Ellbogen hinter dem Kopf stehen. Starke Strömung kann diese Hand beim Paddelhang mühelos nach hinten drücken und die Schulter dadurch auskugeln. Dies passiert in der Regel, wenn ein Paddler versucht, sich beim Sidesurf durch Streichen rückwärts aus einer Walze zu schieben und wie in Abbildung 15.4 dargestellt, Oberwasser bekommt. Das Kajak wird mit ungeheurer Kraft flußaufwärts umkippen und den Oberkörper nachziehen. Verletzungen sind fast unausbleiblich, wenn das flußaufwärts liegende Paddelblatt dabei auf einen Felsen trifft.

- **Starkes Wildwasser kann beide Hände beim Paddelhang nach hinten drücken und das Schultergelenk auskugeln.**

Viele Paddler benutzen trotz aller Nachteile immer noch die hohe Paddelstütze, dadurch bleiben Schulterluxationen die häufigste Verletzungsart.

Dies ist ein Problem der Technik, nicht der Gewöhnung. Die stärkste, wirkungsvollste Stütztechnik wird in Abbildung 15.2 dargestellt – beide Arme sind dabei gebeugt und beide Hände werden vor der Brust fixiert. Dies gilt selbst in Walzen, die höher sind als der Paddler. Die Stütze erfolgt in das Polster, es ist nicht notwendig, darüber hinwegzugreifen (siehe Abbildung 15.5). Die tief gehaltene Gegenhand schützt die Schultern, indem sie den Oberkörper benutzt, um jegliche Rückwärtsbewegung des Paddelschafts zu blockieren.

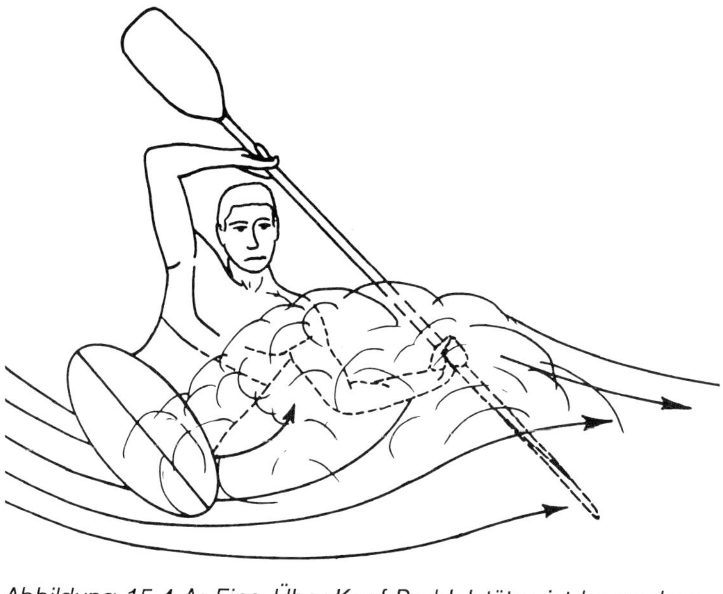

Abbildung 15.4 A: Eine Über-Kopf Paddelstütze ist besonders beim seitlichen Abreiten von Walzen riskant. Siehe dazu Abbildungen 15.4B-C.

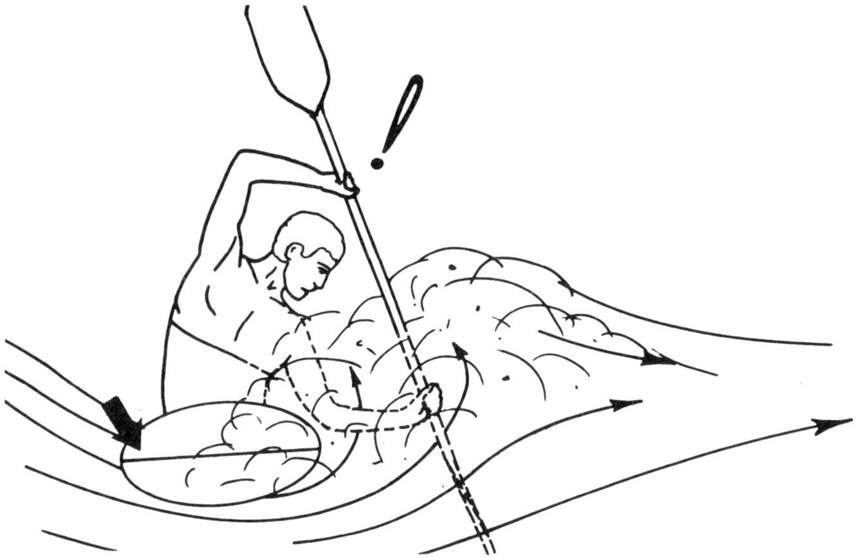

Abbildung 15.4 B

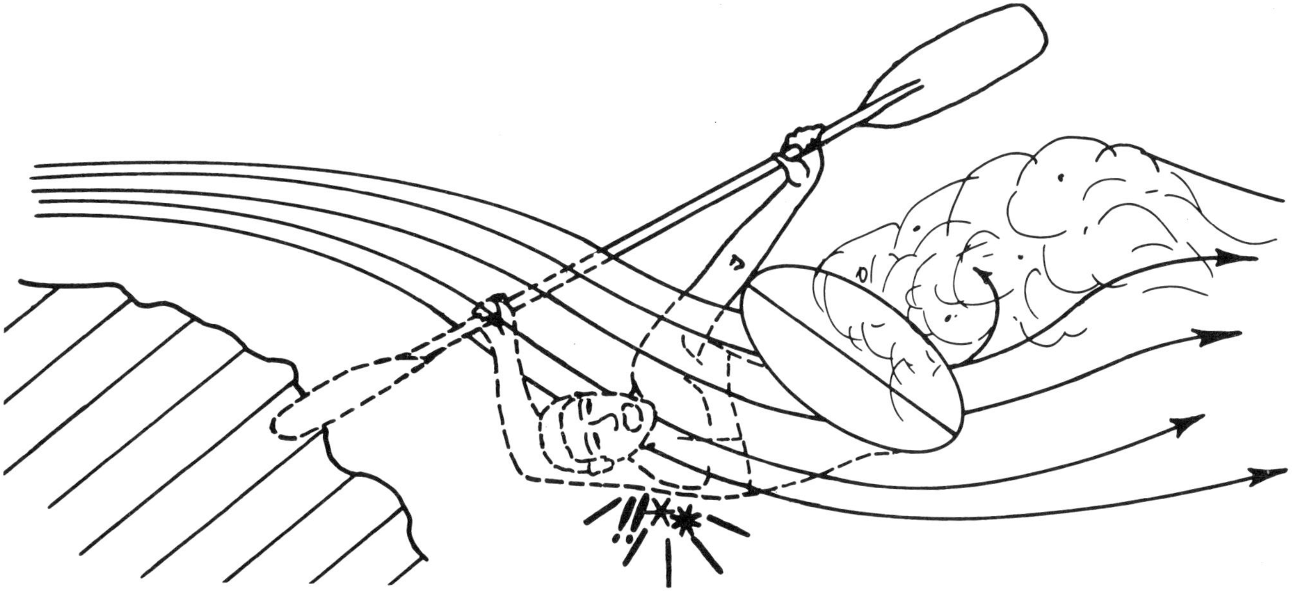

Abbildung 15.4 C

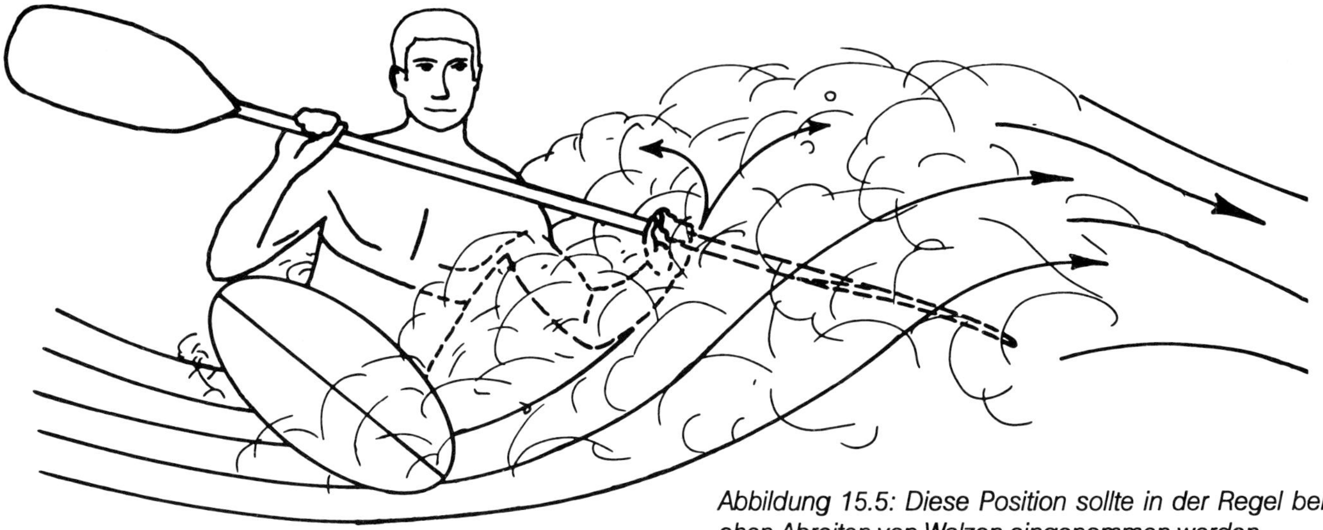

Abbildung 15.5: Diese Position sollte in der Regel beim seitlichen Abreiten von Walzen eingenommen werden.

Fortwährendes Stützen

Ist die flußaufwärtige Seite der Walze steil, so muß das Kajak sehr viel stärker angekantet werden um seine Stabilität zu bewahren. In dieser Situation benutzt man eine Art fortwährende Stütze, um das Gleichgewicht zu halten. Ich habe das Gefühl, daß verbundene Bogenschläge bedeutende Vorteile gegenüber dem Streichen bieten.

Beim Streichen wird nur die Blattinnenseite in einer Rückwärts- und Vorwärtsbewegung benutzt. Der Paddler muß seinen Oberkörper nahe an oder teilweise in das Wasser bringen, da beim Nach-Vorne-Führen des Paddels das Handgelenk stark überstreckt wird und der Oberkörper in Rücklage gehen muß. Bei verbundenen Bogenschlägen wechseln sich beide Seiten ab – beim Nach-Hinten-Führen kommt die Blattinnenseite, beim Nach-Vorne-Führen der Blattrücken zum Einsatz. Der Paddler sitzt aufrecht im Boot, der Kopf ist weit über der Wasseroberfläche. Da kein Teil des Arms oder des Körpers in der Strömung liegt und Widerstand erzeugt, läßt sich das Kajak leicht bewegen und gelangt problemlos von einer Seite der Walze zur anderen.

Um das Kajak vorwärtszubewegen, ersetzt man die verbundenen Bogenstützschläge durch einen normalen Vorwärtsschlag gepaart mit einem Rückwärtsbogenschlag. In die andere Richtung wird das Kajak mit einem kräftigen Rückwärtsschlag, kombiniert mit einem Bogenschlag bewegt. Dieser Rückwärtsschlag ist sehr viel kraftvoller als jeder Rückwärtsschlag beim Streichen, da beide Schultern und der Rumpf (nicht nur die Arme) mitarbeiten. Verbessern Sie Ihr Gleichgewicht, indem Sie den stützenden Bogenschlag in die eine Richtung anwenden, während Sie in die andere Richtung mit einem normalen Paddelschlag die Kraft produzieren, um sich aus der Walze zu arbeiten. Diese verbundenen Bogenschläge erleichtern das Spielen in Walzen und schützen die Schultern vor Verletzungen.

Wie sinnvoll ist eine Paddelstütze flußaufwärts, wenn das Kajak Oberwasser bekommt? – Es ist allgemein bekannt, daß in so einer Situation eher eine Eskimorolle in Frage kommt. Beim Versuch, die Kante wieder aus dem Wasser zu heben, riskiert man Schulterverletzungen. Oft trifft diese Regel zu. Es gibt jedoch Ausnahmen – je nachdem, wie kräftig die Walze und wie gut die Paddeltechnik ist. Unbestreitbar ist die Tatsache, daß Paddler beim Spielen in Walzen oft flußaufwärts stützen. Dort sind schnell angewandte verbundene Bogenschläge effektiver und ungefährlicher als Paddelhang, Paddelstütze oder Streichen.

Diagonal Surfen

Als Diagonal Surfen bezeichne ich das Surfen in einer Welle oder Walze, wobei das Kajak an einer Stelle bleibt und in einem Winkel zur Strömung steht. Tatsächlich ist es schwierig zu sagen, ob eine Stelle an der diagonales Surfen möglich ist, eine Welle oder eine Walze ist. Man muß es sich so vorstellen, daß man gleichzeitig im Wellenkamm und Wellental einer Welle surft, die in einem Winkel zur Strömung steht (siehe Abbildung 15.6). Versucht man, an einer solchen Stelle zu surfen, wird man entweder ins Wellental gleiten, bis sich der Bug in die ankommende Strömung bohrt und das Kajak über das Schaumkissen flußabwärts schiebt. Übt man über das flußabwärts liegende Paddelblatt stärkeren Druck aus, um eine Vorwärtsbewegung zu verhindern, wird das Boot seitwärts zur Strömung gedreht und das Vorderschiff bekommt Oberwasser oder das Kajak wird ebenfalls von der Welle geschoben. Ein nur wenige Sekunden dauernder Surf ist alles, was dabei herauskommt. Viele Paddler wissen nicht, daß diese Stelle diagonal abgesurft werden kann, und zwar mit Hilfe eines Steuer- und Rückwärtsschlags auf der flußaufwärts liegenden Seite. Das Kajak kann so an einer Stelle in der Welle stabilisiert werden.

Auf dem Fluß gibt es viele Stellen, die sich zum Surfen eignen. Zum Beispiel im flußabwärts gelegenen, schrägen Wellental an einem Abfall, auf Diagonalwellen und manchmal im Rücklauf von Kanten. Meistens sitzt das Kajak auf einer geneigten Ebene, mit dem Vorderschiff in einem Tal oder einer Einbuchtung (wie beim Vorwärtssurfen auf einer Welle) und lehnt sich gegen ein Schaumpolster flußabwärts (wie beim seitlichen Abreiten von Walzen). Dieser Balanceakt erfordert viel Gefühl – eine Vorwärtsbewegung wirft den Bug flußabwärts, eine Rückwärtsbewegung schiebt das Kajak vom Polster.

Abbildung 15.6: Diagonales Surfen. Ein Balanceakt – eine Vorwärtsbewegung wirft den Bug flußabwärts, eine Rückwärtsbewegung schiebt das Kajak vom Polster.

Beim schrägen Surfen in der Strömung besteht die Aufgabe darin, die Bootsspitze flußaufwärts gerichtet und das Heck hoch genug auf dem Polster zu halten, so daß die aufsteigende Welle abgesurft werden kann. Hierbei muß das Kajak zur Stabilisierung fest auf der Kante gehalten werden, indem man flußaufwärts einen kräftigen Steuerschlag einsetzt. Kontinuierlicher Druck auf das Paddel ist notwendig, ansonsten würde das Kajak seitlich in die Strömung drehen und flußabwärts geschoben werden. Eine Erhöhung oder Erniedrigung des Widerstands des Steuerschlags verhindert eine zu starke Vorwärts- bzw. Rückwärtsbewegung. Es bedarf schon eines guten Gleichgewichts und guten Kantens, um über die höher liegende Kante des Kajaks zu greifen und das flußaufwärts liegende Blatt in der Strömung einzusetzen. Bei den ersten Versuchen werden Sie sicherlich etwas nervös sein, doch geben Sie nicht gleich auf (und lehnen Sie sich nicht auf Ihr Paddel). Es funktioniert!

Die Walzenrolle oder Windowshade

Hier handelt es sich um eine Rolle flußaufwärts während des Sidesurfs. Sie ist eine reine Spielboottechnik mit dem Ziel, weiter in der Walze zu bleiben. Versuchen Sie diese Technik nur, wenn die Walze tief genug ist. Sehen Sie unter Wasser den Felsen liegen, der die Walze verursacht, dann ist die Stelle zu seicht!

Für einen Windowshade wird die ganz normale Ausgangsposition eingenommen, lediglich das Paddel liegt nicht an der Seite, sondern auf dem Oberschiff. So übt die Strömung über das Paddel beim Umfallen weniger Druck auf Hände und Handgelenke aus. Atmen Sie noch einmal durch, lehnen Sie sich flußaufwärts und halten Sie den Kopf nahe am Oberschiff.

Sie werden feststellen, daß das Kajak in einigen Walzen so sicher steht, daß es schwierig ist, flußaufwärts zu kentern. Der beste Weg, das Kajak zum Kentern zu bringen ist nicht, das flußaufwärts liegende Knie abzusenken, sondern sich von einer aufrechten Sitzhaltung in die Ausgangsposition mit starker Vorlage zu begeben. Durch diese Bewegung gerät das Kajak aus dem Gleichgewicht, während der Kopf geschützt auf dem Oberdeck liegt.

Abbildung 15.7 A: Eine einhändige Walzenrolle (Window Shade); das Paddel wird nur im Notfall eingesetzt. Die Ausgangsposition vor der Rolle. Das Paddel ist fest unter dem Arm eingeklemmt. Kommt es in die Strömung bevor das Kajak umkippt, reißt diese es dem Paddler aus der Hand.

Nachdem das Kajak gekentert ist, bewegt man das Paddel in einem Bogen zur Seite und läßt es von der Strömung flußabwärts ziehen. Sie brauchen sich nicht zu bemühen, das Paddel beim Bogenschlag an die Oberfläche zu bringen, die ganze Kraft der Strömung drückt es bereits in diese Richtung. Ein langsam ausgeführter Hüftknick dreht das Kajak wieder nach oben. Ist der Hüftknick zu schwungvoll, besteht die Gefahr, flußaufwärts gleich wieder umzukippen. Sitzen Sie dabei aufrecht im Boot, wird der Kopf eventuell einen flußaufwärts liegenden Felsen treffen! Während des Hüftknicks darf also die obere Kante nicht in die Strömung kommen; das Kajak wird eine stabile Sidesurf-Position einnehmen, lange bevor es wieder waagrecht steht.

Der zeitliche Ablauf der Rolle ist in kleineren Löchern, in denen das Kajak nicht länger als ein paar Sekunden im tiefsten Punkt hängenbleibt, sehr wichtig. Es wird im Loch von Seite zu Seite wandern, und von der Strömung aufwärts zum Rand oder abwärts zum Zentrum gedrückt. Die Rolle muß so abgestimmt sein, daß ihr Schwung den Paddler in Richtung Zentrum schiebt. Beim Window Shade erzeugt der Oberkörper, der in die Strömung kommt, viel Widerstand. Wird die Rolle angesetzt, wenn

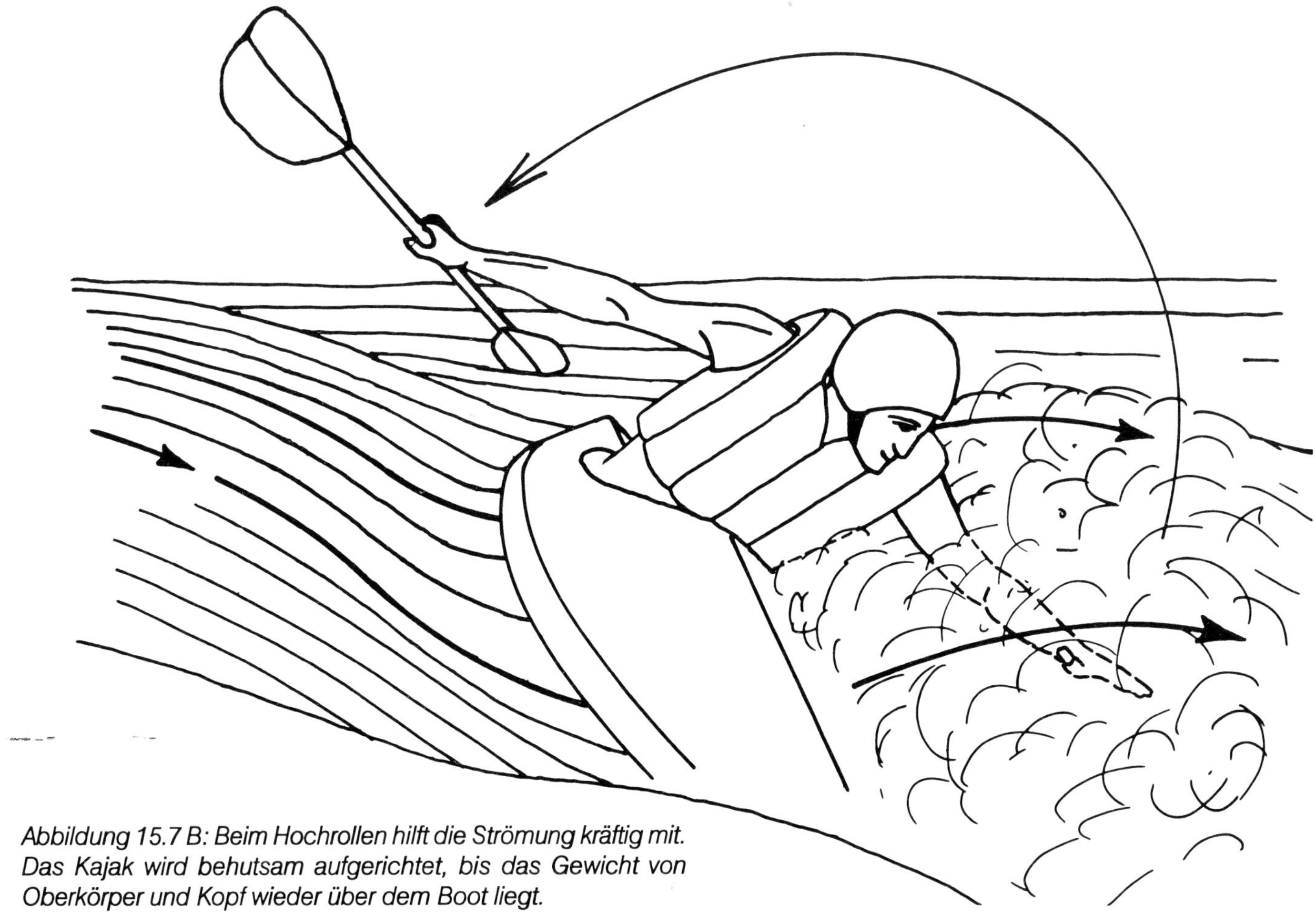

Abbildung 15.7 B: Beim Hochrollen hilft die Strömung kräftig mit. Das Kajak wird behutsam aufgerichtet, bis das Gewicht von Oberkörper und Kopf wieder über dem Boot liegt.

das Kajak zum Rand der Walze wandert, so läuft man Gefahr, während der Rolle aus der Walze gedrückt zu werden.

- **Der Schwung des Oberkörpers bringt das Kajak zum Kentern, der Kopf bleibt dabei geschützt über dem Oberschiff.**

Nachdem Sie sich mit der Technik des Window Shades vertraut gemacht haben, werden Sie feststellen, daß er ohne Paddel genauso gut funktioniert. Halten Sie Ihr Paddel zur Reserve unter dem flußaufwärts liegenden Arm, wie in Abbildung 15.7A dargestellt, nahe am Körper. Die Strömung wird das Paddel während der Rolle flußabwärts schieben. Heben Sie es in die Luft, weit weg vom Oberkörper, während Sie die freie Hand weit in die andere Richtung von sich strecken (siehe Abbildung 15.7B). Die Strömung sollte Sie wieder an die Oberfläche drükken – sie verrichtet 98 Prozent der Arbeit. Stützen Sie mit Hand und Arm, und rotieren Sie das Kajak mit Hilfe des Drucks aus den Oberschenkeln wieder unter den Körper. Um den Kopf wieder über das Boot zu bringen, hilft eine leichte Vorlage, die Arbeitshand kommt dabei näher zur Kante. Wichtig ist hier, den Schwerpunkt immer über dem Boot zu halten und ihn nicht über die Hand zu bringen. Sie bietet nicht genügend Auftrieb!

360-Grad-Drehungen

Zur weiteren Verfeinerung der Technik dienen 360-Grad-Drehungen. Eingeleitet wird eine ganze Drehung aus dem Vorwärts- oder Rückwärtssurfen auf dem höchsten Punkt der Walze, oder aus einem Sidesurf heraus. Ziel ist es, das Kajak auf der Walzenkrone an den Rand zu bewegen, wo es sich leicht drehen kann – eine Stelle, die auch als ‚Sweet Spot' oder Drehpunkt bezeichnet wird. Von einem Sweet Spot spricht man in der Regel, wenn beim Surfen auf dem schaumigen Wasser der Walzenkrone beide Bootsspitzen aus dem Wasser schauen und ein guter Kontrast zwischen dem weißen Wasser der Walze und dem grünen Wasser der vorbeiziehenden Strömung entsteht. Bei jeder halben Drehung auf der Walzenkrone zieht das grüne Wasser eine Bootsspitze flußabwärts. Abbildung 15.8 zeigt die Luftaufnahme einer solchen Stelle (Darstellung des Walzenrands im Vordergrund von Abbildung 15.11A).

Leider sind 360-Grad-Drehungen nicht so einfach, wie obige Beschreibung vermuten läßt. Selbst in gut geschnittenen Walzen muß die Stellung des Kajaks immer wieder korrigiert werden, um in der richtigen Position zu bleiben. Zunächst werde ich auf das Kanten und auf die Paddelschläge eingehen, die zur Stabilisierung notwendig sind. Anschließend wird der Idealfall besprochen, in dem man auf dem Sweet Spot stehend die Drehungen ausführt. Es gibt natürlich viele verschiedene Ansätze beim Spielbootfahren und die von mir beschriebenen Techniken sind lediglich Vorschläge.

- **Selbst in gut geschnittenen Walzen muß die Stellung des Kajaks immer wieder korrigiert werden, um in der richtigen Position zu bleiben.**

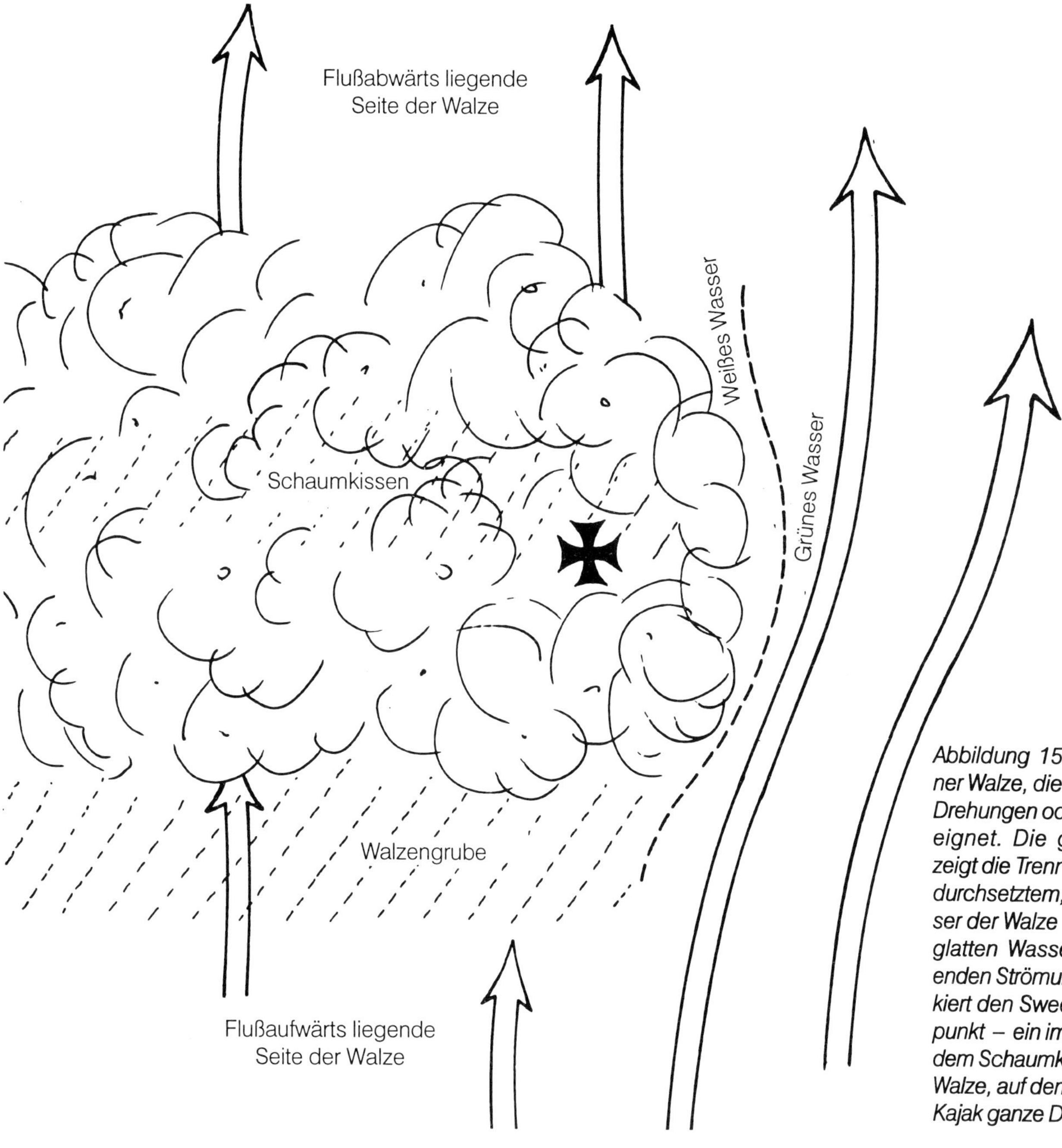

Abbildung 15.8: Darstellung einer Walze, die sich für 360-Grad-Drehungen oder sog. ‚Flat Spins' eignet. Die gestrichelte Linie zeigt die Trennlinie zwischen luftdurchsetztem, kreiselndem Wasser der Walze und dem dunklen, glatten Wasser der vorbeiziehenden Strömung. Das Kreuz markiert den Sweet Spot oder Drehpunkt – ein imaginärer Punkt auf dem Schaumkissen am Rand der Walze, auf dem oder um den das Kajak ganze Drehungen vollführt.

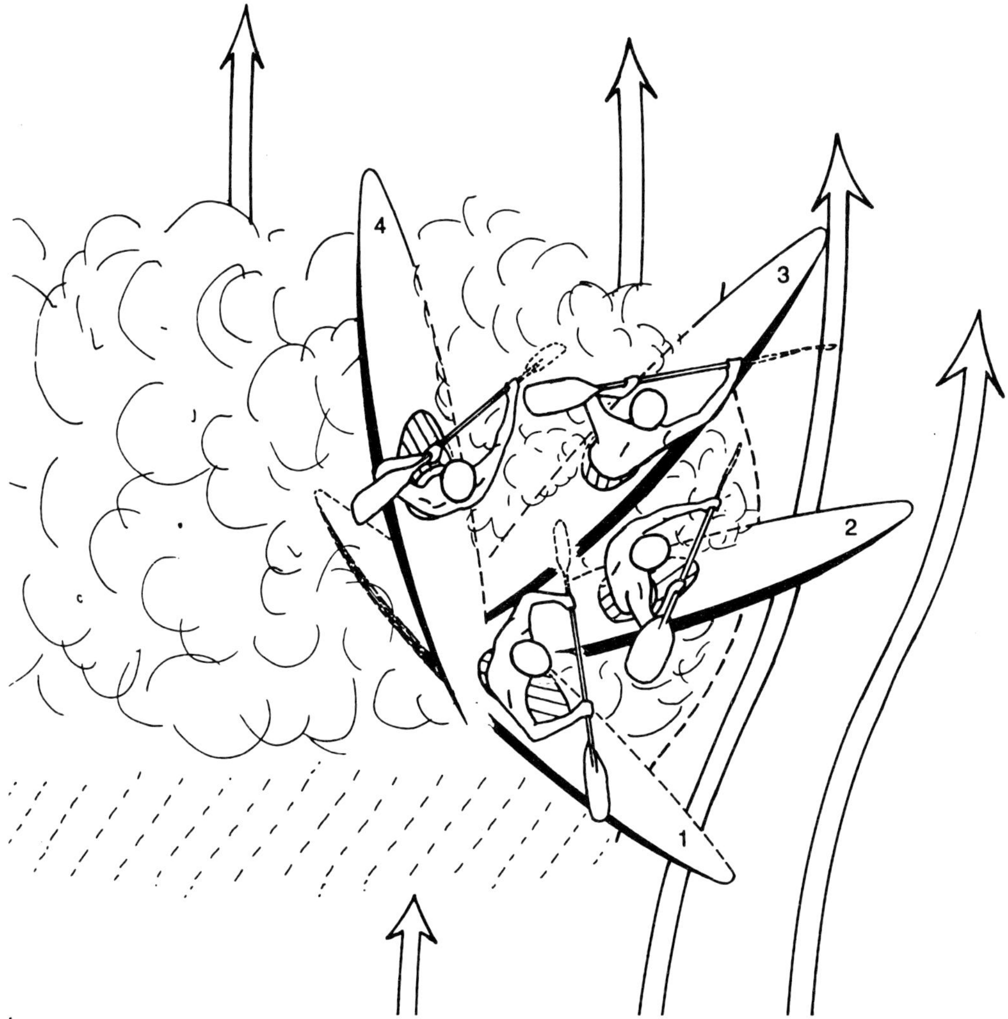

Abbildung 15.9 A: Die erste Hälfte einer 360-Grad-Drehung.

Abbildungen 15.9A und B zeigen eine volle 360-Grad-Drehung. Betrachten Sie diese beiden Abbildungen und lassen Sie die Bewegung vor Ihrem geistigen Auge ablaufen. Die erste Drehung beginnt aus dem Vorwärtssurfen heraus bei Zeichnung Nr. 8, es folgen 1,2,3,4,5,6,7,8,1, etc. Wird die Drehung aus einer Sidesurf Position eingeleitet, beginnen wir bei Nr. 2, dann 3,4,5,6,7,8,1,2, etc. Meine Beschreibung fängt mit Nr. 6 an (als ob die ganze Drehung wie beim Rückwärtspaddeln in einer Sidesurf Position begonnen wird), da das Blickfeld während der ersten vier Schritte flußaufwärts gerichtet ist. Auf diese Weise sind die Paddelschläge während der schwierigeren zweiten Hälfte leichter zu verstehen sein. Wie Abbildung 15.9B zeigt, beginnt die Ganze Drehung mit Rückwärtsschlägen, die das Kajak seitlich aus der Walze schieben (Nr.6). Das Kajak muß weit

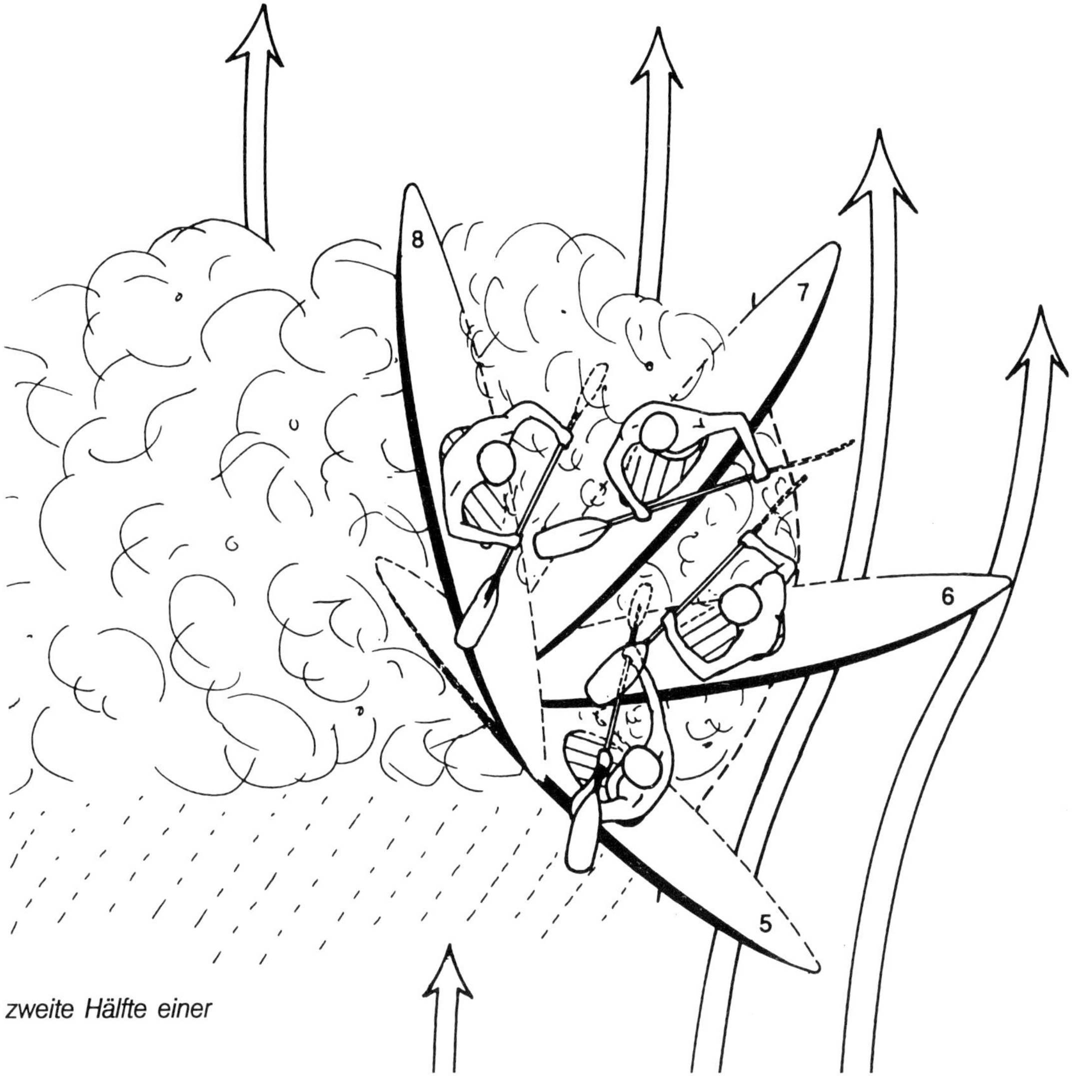

Abbildung 15.9 B: Die zweite Hälfte einer 360-Grad-Drehung.

genug ins grüne Wasser, so daß das Heck flußabwärts gerissen wird und das ganze Kajak auf die Walzenkrone kommt. Setzen Sie sofort das Paddel nahe am Hinterschiff im grünen Wasser als Steuerschlag ein bevor Ihr Boot zu surfen beginnt (siehe Abbildung 15.9B, Nr. 7). Dieser Steuerschlag nützt das Wasser, das durch das Loch hindurch- oder am Loch vorbeifließt, um ein Vorwärtsgleiten in die Walzengrube zu verhindern. Außerdem drückt es das Heck vom grünen Wasser weg und leitet die erste Drehung und das Umkanten ein (Abbildung 15.9B, Nr. 8). Viele Paddler führen diese Bewegung intuitiv aus; das Vorderschiff und die Walzengrube sind im Blickfeld, und die angewandte Technik ist dieselbe wie bei der Richtungsänderung beim Vorwärtssurfen (tatsächlich ist das alles, was man tun muß).

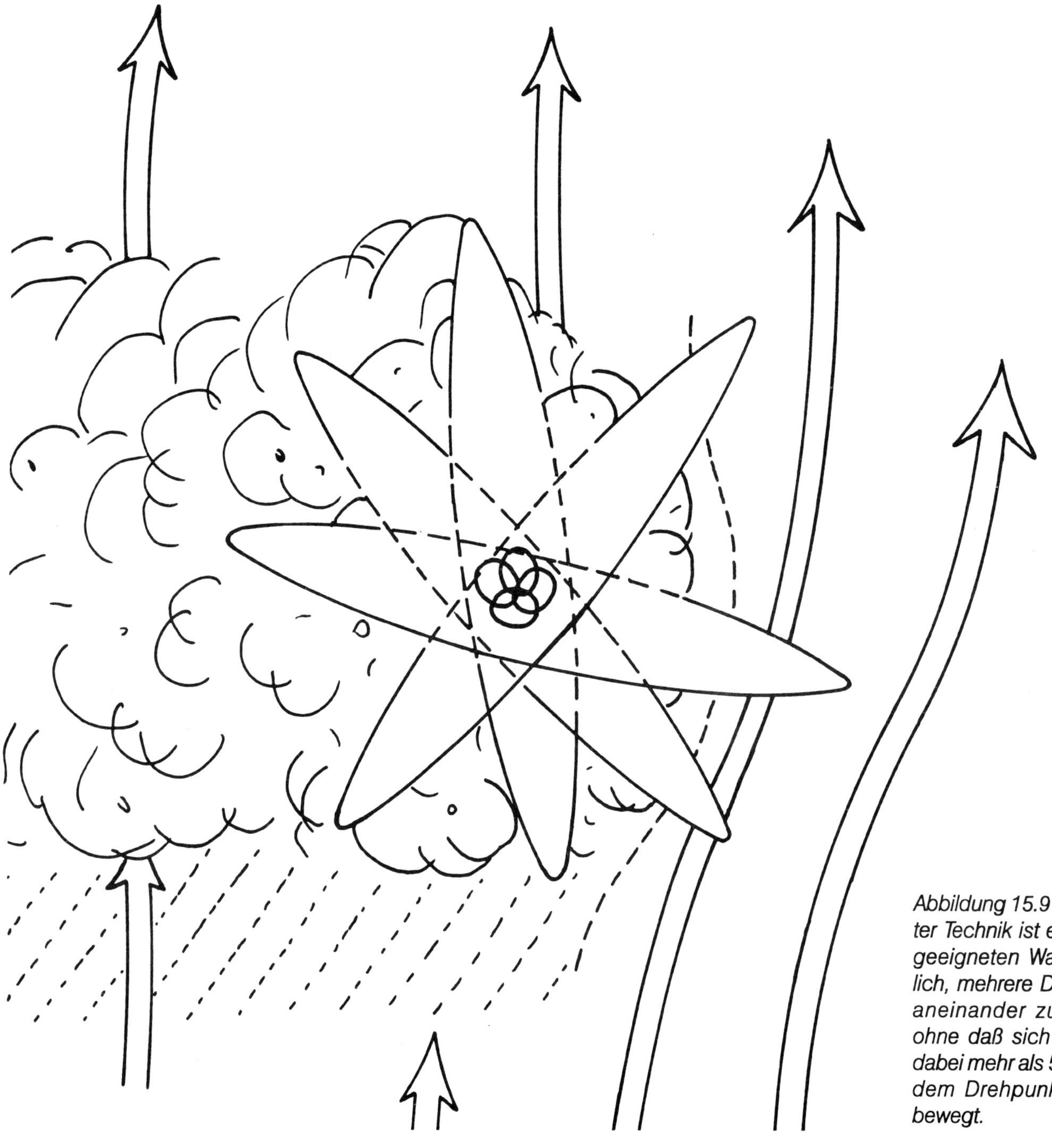

Abbildung 15.9 C: Mit guter Technik ist es in einer geeigneten Walze möglich, mehrere Drehungen aneinander zu setzen, ohne daß sich der Kopf dabei mehr als 50 cm aus dem Drehpunkt heraus bewegt.

Während sich das Kajak der Stellung beim Vorwärtssurfen nähert, kanten Sie es sicher und ruhig um, und lassen es vorwärts wieder in die Walze gleiten. Der Impuls, den das Kajak beim Zurückkehren in die Walze bekommt, wird es wieder an den Rand der Walze und die Spitze in grünes Wasser schieben. Das flußabwärts liegende Paddelblatt kontrolliert die Drehgeschwindigkeit (Abbildung 15.9A, Nr. 1) und die Position relativ zur Verschneidungslinie von grünem und weißem Wasser (Abbildung 15.9A, Nr. 2). An diesem Punkt bewegt ein Vorwärtsschlag das Boot weiter in das grüne Wasser, und höher auf den Walzenkamm (oder über diesen hinweg, wenn die Vowärtsbewegung zu schnell ist); Druck nach hinten auf das Paddel bremst das Kajak (zu starker Druck läßt das Kajak im Sidesurf in der Walzengrube hängenbleiben). Haben Sie ein gutes Gefühl für diese Bewegung entwickelt, fühlen sich Bug und Heck schwerelos an und lassen sich einfach drehen während das Kajak zurück auf die Walzenkrone gleitet.

Die nächste Bewegung, eine Drehung mit dem Rücken zur Walze, ist entscheidend. In diesem Moment können Sie nicht sehen, wie das Heck zur Walzengrube steht. Ist die Bewegung nicht vollkommen unter Kontrolle, wird das Umkanten eher zögerlich erfolgen, während Sie abwarten, ob das Kajak ganz herumdreht. Eine zu langsame Drehung oder kurzes Zögern kann bei diesem Rückwärtssurf eine Kerze zur Folge haben, wenn das Kajak gerade flußaufwärts läuft, und einen Window Shade, wenn die flußaufwärts liegende Kante in die Strömung gerät.

Am besten benutzen wir hier eine ähnliche Technik wie in der ersten Hälfte der Drehung. Dazu nehmen Sie das flußabwärts liegende Paddelblatt aus dem Wasser und stellen das flußaufwärts liegende in das grüne Wasser in der Nähe des Bugs bevor sich das Kajak parallel zur Strömung dreht (Abbildung 15.9A, Nr. 3). Dieses ‚Bugruder' wirkt genau wie der Steuerschlag in der ersten Hälfte der Drehung: es verhindert, daß das Heck nach vorne gleitet und sich in die ankommende Strömung versenkt, es hält das Kajak auf der Walzenkrone und benutzt die Strömung um es zu drehen und umzukanten (Abbildung 15.9A, Nr. 4). Zur Einleitung der nächsten Drehung muß lediglich der Schwung genutzt werden, der sich aus der Rückwärtsbewegung des Kajaks zurück in die Walzengrube ergibt. Dieser Schwung treibt das Kajak teilweise seitlich aus der Walze in das grüne Wasser (Abbildung 15.9B, Nr. 5).

Der Schlüssel zur blinden Hälfte der Drehung ist also dieser ‚Steuerschlag vorne'. Viele Paddler setzen ihn zu spät oder gar nicht ein, da es sich um einen Paddeleinsatz handelt, bei dem die Stellung des Hecks zur Walzengrube nicht zu sehen ist. Alternative Techniken, die hier die Drehung erleichtern (wie das Drücken des flußabwärts liegenden Blattes zum Bug hin, dargestellt in Abbildung 15.9a, Nr. 2), erlauben kein so exaktes Umkanten wie der Steuerschlag vorne.

Gewichtsverlagerungen nach vorne oder nach hinten sind bei 360-Grad-Drehungen, die auf der Walzenkrone stattfinden manchmal entscheidend. Mit einer einfachen Gewichtsverlagerung gleitet der Paddler wieder in die Walze zurück, anstatt flußabwärts geschoben zu werden. Sie muß jedoch im richtigen Augenblick ausgeführt werden, so daß sich Bug oder Heck beim Zurückgleiten in die Walzengrube nicht in die Strömung bohren und das Gewicht bei der nächsten Drehung wieder über der Bootsmitte liegt. Ist dies nicht der Fall, oder lehnt man sich auf das Paddelblatt, dreht sich das Kajak nicht so leicht und exaktes Kanten wird schwierig. In Stellung Nr. 1 und Nr. 5 sind Gewichtsverlagerungen jedoch selten notwendig, da der Druck des Paddels nach vorne oder nach hinten den Schwung kontrolliert und das Kajak auf der Walzenkrone in gute Position bringt.

In ihrer Reinform erfolgen aneinandergereihte 360-Grad-Drehungen nur über eine Paddelverlagerung von flußabwärts nach flußaufwärts vor jedem Umkanten. Flinker Umgang mit dem Paddel gewährleistet, daß die Drehbewegung am Rand der Walze nicht unterbrochen wird. Mit zunehmender Erfahrung werden die Bewegungen kleinräumiger und genauer; starkes Ankanten, kräftige Paddelschläge und starke Auslage sind nicht mehr notwendig. Sie werden mehr und mehr in der Lage sein, die Drehungen miteinander zu verbinden und das Kajak beim Surfen auf der Walzenkrone kreisen zu lassen, rittlings auf dem Sweet Spot, ohne dabei zurück in die Walzengrube kommen zu müssen (siehe Abbildung 15.9C).

Eine beachtliche Veränderung beim Kanten ergibt sich, wenn die einzelnen Drehungen folgendermaßen miteinander verbunden werden: kanten Sie das Kajak nicht an. Eine Drehung auf der Walzenkrone mit waagrecht gehaltenem flachem Boot ist stabil, da die gesamte flußaufwärts liegende Kante an jedem

Punkt der Drehung über Wasser ist. Tatsächlich muß das Boot für wiederholte Drehungen im Sweet Spot fast flach geführt werden, um zu verhindern, daß das Kajak versehentlich in die Strömung schneidet. Auch schnelle Drehungen werden so leichter, da man sein Gewicht immer genau über dem Drehpunkt hält. Hervorragende Technik und ein flachgestelltes Boot erlauben es einem guten Paddler, Drehungen auf vielen schlecht definierten Walzenkronen und selbst auf brechenden Wellen auszuführen. Zögert man an solchen Stellen bei einer Aktion nur eine Sekunde zu lange, oder verursacht man unnötigen Widerstand durch zu starkes Ankanten, so wird das Kajak sofort von der Walzenkrone flußabwärts gedrückt.

Ganze Drehungen sind für viele Paddler eine Herausforderung und stellen hohe Ansprüche an die Technik. Jede Walze ist anders, und man muß sich jedesmal neu auf ihre Eigenarten einstellen. Auch kontrolliertes Surfen ist wichtig. Anfangs werden Sie viel unnötige Arbeit mit dem Paddel verrichten, nach und nach jedoch wird Ihr Kajak immer weniger Impulse über das Paddel benötigen. Lassen Sie die Strömung die Hauptarbeit machen, und 360-Grad-Drehungen sind keine harte Arbeit, sondern spielerischer Zeitvertreib.

Der Polish Ender (Luftrolle)

Ein Vorteil von aneinandergereihten Drehungen besteht darin, daß das Kajak, jedesmal wenn Bug und Heck auf der Walzenkrone über Wasser liegen, in die Vertikale gebracht werden kann. Eine solche vertikale Figur ist der Polish Ender. Er ist eine Mischung zwischen einem Window Shade und einer Pirouette. Das Kajak wird so durch das Loch gedreht, daß sich eine Bootsspitze deutlich durch die Luft bewegt (das Heck steht in der Luft, wenn der Polish Ender aus dem Vorwärtssurfen eingeleitet wird). Hierzu muß die Walze für einen Sidesurf ruhig genug sein, aber auch tief genug für Kerzen.

Beginnen Sie dieses Manöver wie eine normale Kerze, fahren Sie jedoch dann die Walzengrube im leichten Winkel zur Strömung an (siehe Abbildung 15.10). Dadurch wird die flußaufwärts liegende Kante unter Wasser gedrückt und das Heck des Kajaks beginnt sich über Ihren Rücken zu drehen, während es schräg aus dem Wasser heraussteigt. Die Bootsspitzen kreisen um die Sitzluke: Der Bug wird von der Strömung flußabwärts gedrückt, das Heck kommt aus dem Wasser und schwingt flußaufwärts, das Boot vollführt ein Cartwheel über den Bug. Das Kajak steht schließlich wieder oberhalb der Walzenkrone und kann rückwärts in eine Sidesurf-Position gebracht werden.

Der Trick in der Endphase besteht darin, die Aufwärts-/Drehbewegung des Bootes mit einer Drehung des Oberkörpers zu kombinieren (siehe Abbildungen 15.11A-E). Beginnt man die Figur aus dem Vorwärtssurf (siehe Abbildung 15.11A), so lehnt man sich flußaufwärts, sobald sich der Bug in die Strömung bohrt, wie in Abbildung 15.11B dargestellt ist. Dadurch kommt das Heck weiter aus dem Wasser und Ihr Gewicht bleibt oberhalb der Walzenkrone. Hat das Kajak die richtige Position erreicht, um in die Vertikale zu gehen, und merken Sie, wie sich Ihr Gewicht mehr auf die Fußstützen verlagert, drehen Sie Kopf, Oberkörper und Schultern weit flußabwärts (siehe Abbildung 15.11C). Laut Rick Williams, Sieger des Wenachee River Rodeo in Washing-

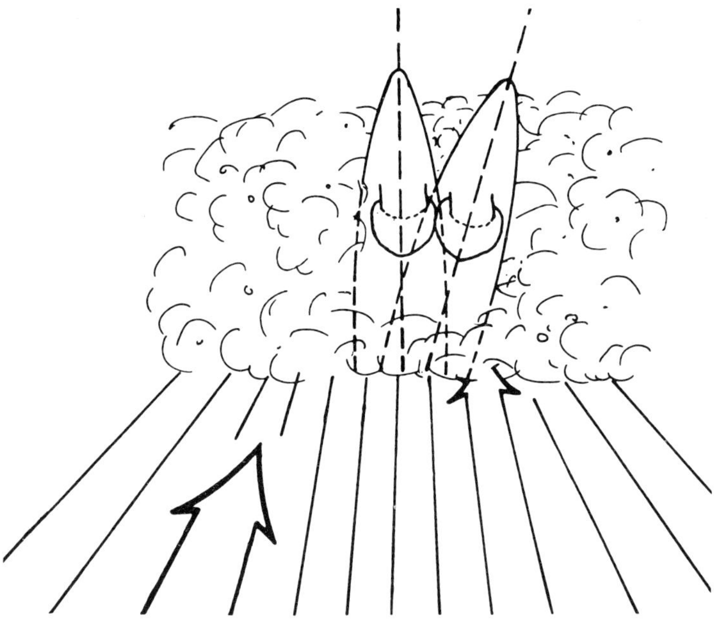

Abbildung 15.10: Die Einfahrt zum Polish Ender (halbes Cartwheel) unterscheidet sich von der Pirouette dadurch, daß das Kajak in einem leichten Winkel zur Strömung gestellt wird.

Abbildung 15.11 A: Der Polish Ender. Obwohl es von diesem Blickwinkel aus schwierig zu erkennen ist, gleitet das Kajak leicht schräg nach rechts (aus der Sicht des Paddlers) in das Wellental. Während sich der Bug in die Strömung gräbt, hebt sich das Heck und dreht sich zum Beobachter.

Abbildung 15.11 B: Begeben Sie sich in Vorlage sobald der Bug sich in die Strömung eingräbt.

Abbildung 15.11C: Halten Sie den Kopf nach oben, während Sie den Oberkörper verdrehen und das Paddel flußabwärts schwingen.

Abbildung 15.11D: Das Kajak wird dem Körper folgen und um die rechte hintere Kante rotieren.

Abbildung 15.11E: Ein Rückwärtsschlag beendet die Bootsrotation (so daß das Gewicht wieder über dem Kajak liegt) und das Kajak gelangt wieder zurück in die Walze.

ton, ist die Bewegung so, als ob man sich das Heck seines Kajaks über die Schulter werfen würde wie einen Sack Kartoffeln. Schwingen Sie das Paddel nach vorne während das Heck aus dem Wasser kommt. Während Sie sich herumdrehen, rollt das Kajak auf seine Seite und das Heck landet im Wasser neben der Walzengrube (siehe Abbildung 15.11D). Das hintere Paddelblatt führt einen kräftigen Rückwärtsschlag aus, mit dem das Kajak wieder zurück in die Walze kommt (siehe Abbildung 15.11E). Die Figur beginnt im Vorwärtssurf und endet im Sidesurf.

Ein gut ausgeführter Polish Ender wird eine Bootsspitze weit aus dem Wasser hebeln und viel Platz schaffen, damit der Paddler sich wieder unter das Boot drehen kann. Halten Sie ihren Kopf hoch während das Kajak komplett um den Körper rotiert, so werden nicht einmal die Haare naß. Nicht selten jedoch kommt das Kajak nicht so weit aus dem Wasser und die Figur wird eher einem Window Shade ähnlich sein. Körper und Paddel kommen mehr oder weniger in die Wellenkrone anstatt darüber hinaus.

Der Polish Ender ist bei Wildwasser Rodeos, in denen die Teilnehmer versuchen, in einem kurzem Zeitraum so viele Tricks wie möglich zu zeigen, eine beliebte Figur. Manche vertikale ‚Moves' werden erst in den letzten Sekunden versucht, da sie das Kajak oft aus der Walze schieben und einen zu großen Zeitverlust bedeuten. Der Polish Ender endet in einem Sidesurf und die nächste Figur kann sofort angesetzt werden. Sie können jedoch auch aus einem Rückwärtssurf beginnen und lassen sich, ähnlich Window Shades und 360-Grad-Drehungen verbinden, und auch ohne Paddel ausführen.

An einem heißen Tag in einer gutmütigen Walze zu spielen ist eine meiner Lieblingsbeschäftigungen. Bei Flußbefahrungen versuche ich in allen Wellen und Walzen ausgiebig zu spielen. Dieser Enthusiasmus führt mich manchmal in Stellen, in denen ich eigentlich wirklich nicht sein wollte. Dort wieder herauszukommen wird dann zum wichtigsten Aspekt des Spielbootfahrens...

16 Das Verlassen von Walzen

Haben Sie manchmal das Gefühl, Sie versinken in der Walze und nicht *Sie* haben die Walze, sondern *die Walze* hat Sie? – Keine Panik! Versuchen Sie als erstes, das Kajak zu stabilisieren, indem Sie die obere Kante konsequent hochgezogen halten. Setzen Sie sich aufrecht ins Boot, sehen Sie sich um und planen Sie den nächsten Schritt. Ist das Loch sehr steil oder unruhig, wird hierzu nicht viel Zeit bleiben. Doch dies spielt keine Rolle. Folgende Möglichkeiten, nach abfallender Präferenz geordnet, stehen Ihnen zur Verfügung: 1. Versuchen Sie, aufrecht im Boot aus der Walze zu paddeln, 2. Versuchen Sie die Walze im gekenterten Boot zu verlassen, 3. Öffnen Sie die Spritzdecke, so daß Wasser eindringt, sich der Auftrieb verringert und das Kajak im Unterwasser aus dem Loch gezogen wird und 4. Schwimmen Sie. Ich habe die dritte Möglichkeit nie absichtlich ausprobiert, obwohl es mir in unruhigen Löchern einige Male die Spritzdecke aufgedrückt hat und mein Boot und ich danach im Unterwasser problemlos die Walze verlassen konnten. Ich habe sehr viel Erfahrung mit der ersten und der zweiten Alternative. Die folgenden Tips sollen Ihnen helfen, Ihr Boot so selten wie möglich verlassen zu müssen.

Als erstes können Sie versuchen, sich mit Hilfe von verbundenen Bogenschlägen vorwärts oder rückwärts an den Rand der Walze zu arbeiten, bzw. sich zu befreien. Beschleunigt man das Kajak dabei so stark wie möglich, erhöhen sich die Chancen, daß die Bootsspitze in die vorbeilaufende Strömung kommt und herausgezogen wird. Wird das Kajak am Walzenrand zu stark abgebremst, können Sie es mit kräftigen Paddelschlägen durch die Walze auf die andere Seite manövrieren und es dort versuchen.

Paddelt man auf beiden Seiten, so erhöht sich die Effektivität der Vorwärts- bzw. Rückwärtsbewegung besonders am Rand von Walzen beträchtlich. Diese Technik erfordert schon einiges Geschick. Das Paddel braucht bei jedem Einsatz flußaufwärts einen starken Anstellwinkel, damit es nicht von der Strömung erfaßt und nach unten gezogen wird. Je schneller die Strömung ist, desto schneller muß dieser Paddelzug vorwärts oder rückwärts auf der flußaufwärts liegenden Seite erfolgen. An den Rändern liegt das Kajak etwas stärker flußabwärts gekantet, so daß das flußaufwärtige Blatt stärker senkrecht zu der kräftigen Strömung steht, die um das Loch herumzieht. Hier muß der Paddelzug nicht so kurz sein.

Bei den ersten Versuchen eines Paddelzugs flußaufwärts sollte man zunächst einen Vorwärtsschlag mit halber Kraft in einem gutmütigen Loch wagen, um ein gutes Gefühl für Gleichgewicht und Führung des Paddels zu entwickeln. Es wird einige Zeit dauern, bis dieses Manöver funktioniert, es ist aber in kleinen bis mittelgroßen Löchern mit starkem Rücklauf oft sehr nützlich. In großen Walzen mit weiter Walzengrube, in der man mit dem Paddel nicht in die abfließende Strömung kommt, oder in steilen Löchern, in denen eine Paddelstütze vonnöten ist, um das Gleichgewicht zu halten, muß eine andere Technik verwendet werden.

Bei den meisten Befreiungsmanövern benutzt man das Paddel, um das Kajak in die eine oder andere Richtung zu bewegen, während man durch Kanten Stabilität erzeugt und durch Auslage das Gewicht über dem Boot und nicht über dem Paddel hält. Dies ist eine gute Bauernregel, die es erlaubt, auf beiden Seiten gefahrlos kräftig zu paddeln. Die Folgen einer Gewichtsverlagerung auf das flußaufwärts liegende Blatt sind offensichtlich; lehnt man sich auf das Blatt flußabwärts und verläßt man sich auf den Auftrieb des Paddels, so ‚fällt' man manchmal flußabwärts, wenn das Kajak seine Position in der Walze verändert. Außerdem verliert die Paddelstütze an Effektivität.

Dies ist der häufigste Fehler: das Gewicht auf einen Ziehschlag flußabwärts in Bugnähe (in der Regel beim Wriggen) zu verlagern, in der Hoffnung, daß die unter der Walze hindurchfließende starke Strömung das Kajak herauszieht. Als Folge kommt das Kajak an den Rand der Walze und dreht sich flußabwärts. Da die Strömung nun mehr parallel zum Kajak verläuft, stützt sie die untere Kante des Kajaks nicht mehr und der Ziehschlag bietet keinen Auftrieb für die Auslage des Oberkörpers (siehe Abbildung 16.1A). Das Paddel kann nicht zum Ziehschlag eingesetzt werden und gleichzeitig direkt gegen die Strömung arbeiten, die parallel zum Kajak verläuft. Das Gewicht wird weder vom Paddel noch vom Kajak getragen, so daß man langsam umkippt und in das Loch zurückgleitet. Der Ziehschlag dient dann eigentlich nur dazu, das Kajak am Rand der Walze umgekippt in einem Rückwärtssurf zu halten.

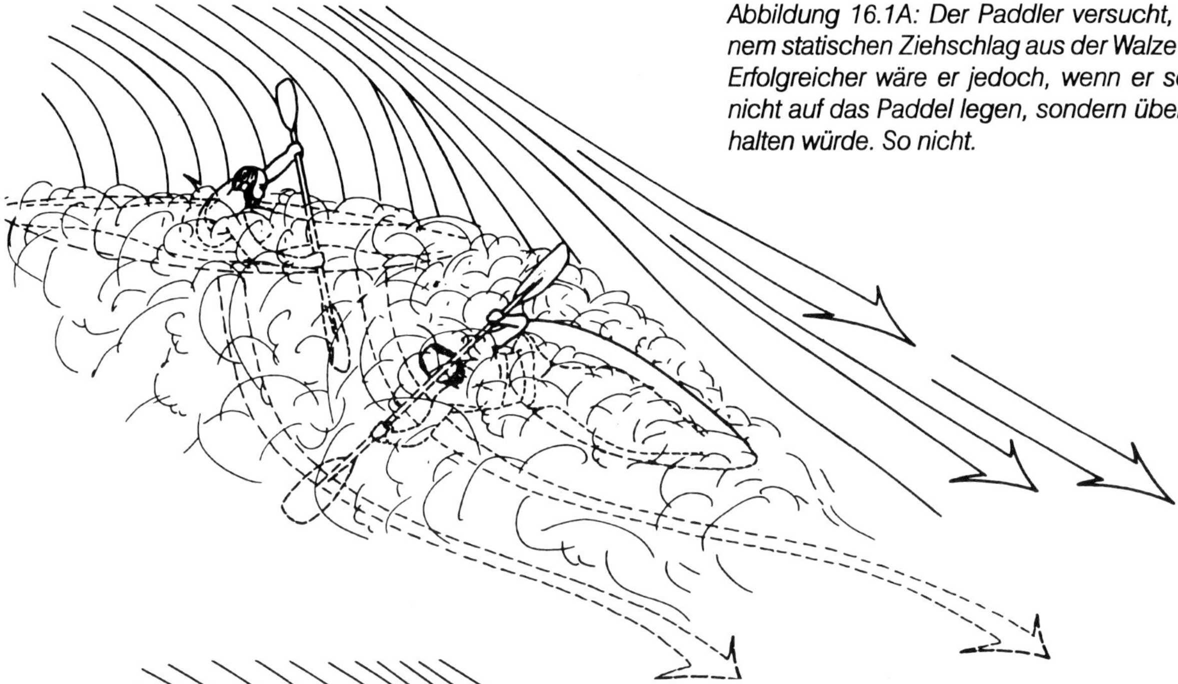

Abbildung 16.1A: Der Paddler versucht, sich mit einem statischen Ziehschlag aus der Walze zu befreien. Erfolgreicher wäre er jedoch, wenn er sein Gewicht nicht auf das Paddel legen, sondern über dem Kajak halten würde. So nicht.

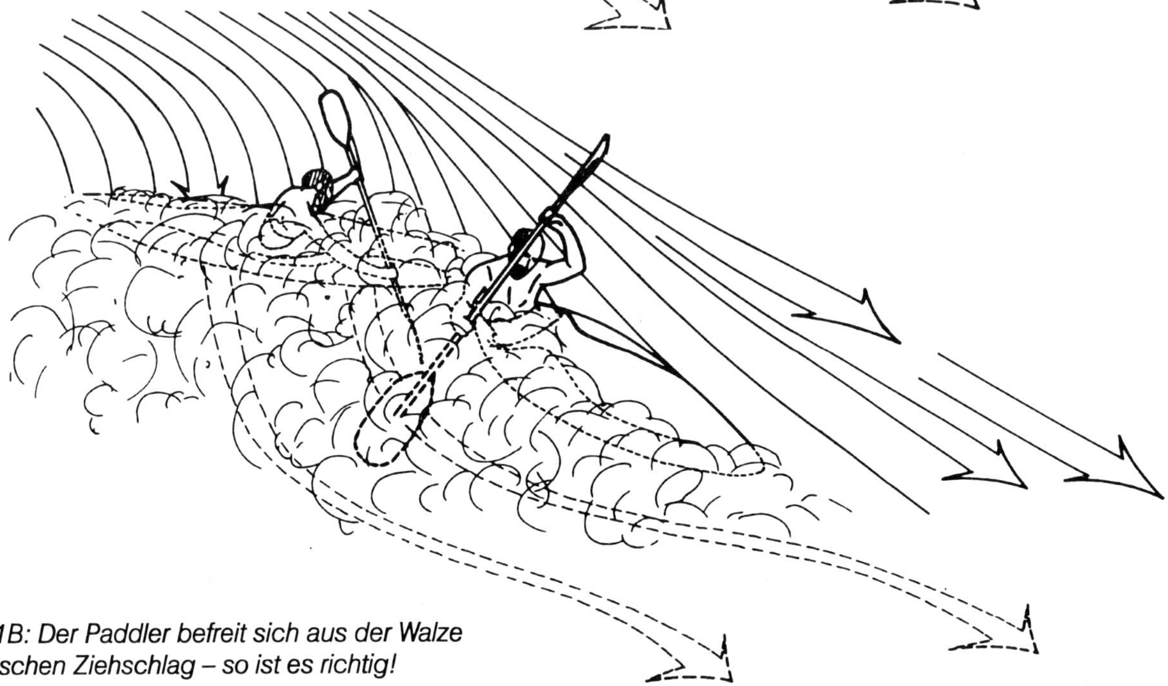

Abbildung 16.1B: Der Paddler befreit sich aus der Walze mit einem statischen Ziehschlag – so ist es richtig!

Ein statischer Ziehschlag, flußabwärts eingesetzt, funktioniert oft sehr gut zum Verlassen von Walzen. Doch lassen Sie das Boot und nicht das Paddel Ihr Gewicht tragen, wie in Abbildung 16.1B dargestellt. Schaffen Sie es nicht beim ersten Mal, sich aus der Walze zu befreien, haben sie noch viele weitere Möglichkeiten.

Eine dieser Möglichkeiten ist es, rückwärts zu paddeln und das Paddel als gehaltenen Rückwärtsschlag in den äußeren Rand der Walze zu stellen, um das Kajak schnell in eine Vorwärtssurf -Position an der Walzenkrone zu bringen. Mit fixierten Ellbogen und guter Schulterrotation kann dieser Rückwärtsschlag mit dem gesamten Rumpf unterstützt werden und erstaunliche Kraft entwickeln. Schaffen Sie es, den Bug aus dem Wasser zu bringen, haben Sie zwei Möglichkeiten: Sie können wieder geradeaus in die Walzengrube hinunterpaddeln, um zu einer Kerze anzusetzen (diese Mühe wäre wahrscheinlich vergebens – Sie sollten nicht darauf wetten, daß eine Kerze das Kajak aus der Walze schiebt) oder die Walze an der Seite mit kräftigen Paddelschlägen verlassen.

Letzteres ist wahrscheinlich die bessere Alternative. Das grüne Wasser am Walzenrand drückt den Bug flußabwärts und befreit das Kajak entweder aus der Walze oder dreht es um 180 Grad um die eigene Achse. Dreht sich das Kajak auf der Verschneidungslinie einmal oder mehrere Male, so führen Sie das Paddel in das grüne Wasser und ziehen sich jedesmal kräftig flußabwärts. Sie können bei der ersten halben Drehung einen Vorwärtsschlag, bei der zweiten einen Rückwärtsschlag ansetzen. Das Kanten ist hier schwierig, erfolgt jedoch nicht anders als bei 360-Grad-Drehungen in angenehmeren Bedingungen. Nur ist das Ziel hier, sich mit jeder Drehung weiter aus dem Loch herauszuarbeiten, anstatt zu versuchen, möglichst lange darin zu bleiben.

Ist es nicht möglich die Walze aufrecht im Boot sitzend zu verlassen, ist es gezwungenermaßen Zeit für eine freiwillige Kenterung – eine hervorragende Strategie. In vielen Löchern genügt es meist, sich einfach nur umkippen zu lassen, richtig fiese (hard core) Ausprägungen jedoch erfordern eine andere Technik. Nach der Kenterung in der Walze (sei sie nun absichtlich oder unabsichtlich geschehen) strecken Sie Körper und Paddel vom Boot weg. Bewegen Sie die Gegenhand weit vom Oberkörper weg, so daß Sie am Schaft hängen wie an einer Klimmzugstange (siehe Abbildung 16.2). Eines der beiden Paddelblätter wird von der Strömung flußabwärts gerissen, während das Kajak noch im Loch hängt. Dieses Blatt wird nun so gedreht, daß es den größten Widerstand zur Strömung bietet. Lassen Sie es

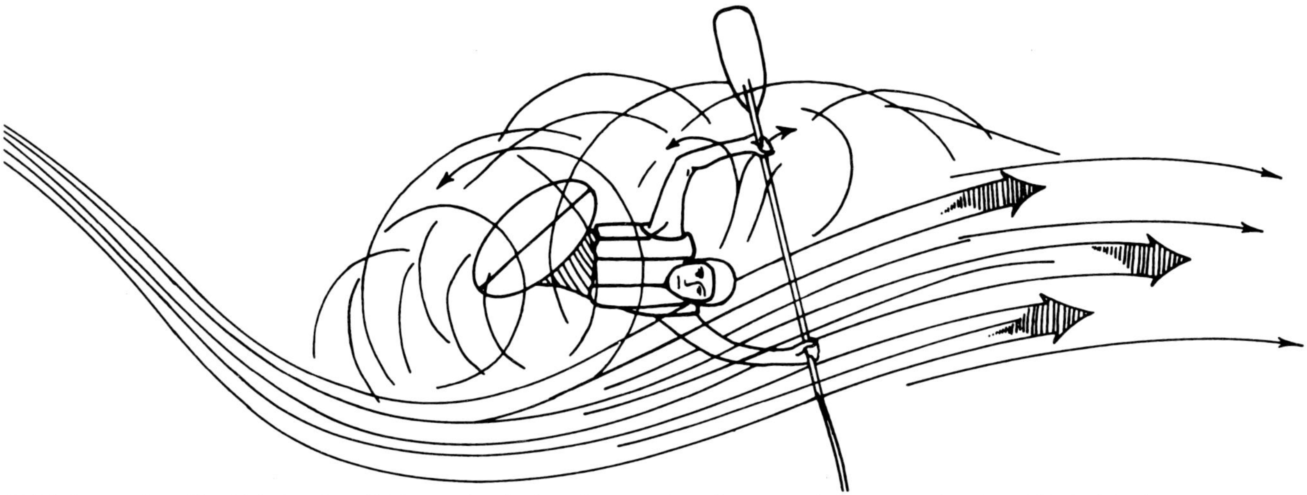

Abbildung 16.2: Sind Sie in einer Walze gekentert und versuchen herauszukommen, strecken Sie beide Arme weg vom Boot, um mit dem Paddel der ablaufenden Strömung den größtmöglichen Widerstand zu bieten. Bleibt die Gegenhand nahe am Oberkörper wie bei der Rolle, wird nicht genügend Widerstand erzeugt.

nicht los. Wird der Zug am Paddel schwächer, hat die Strömung das Kajak aus der Walze gezogen und Sie können wieder hochrollen.

Eine weitere Möglichkeit ist es, das seitliche Verlassen der Walze mit einer Rolle zu verbinden (siehe Abbildung 16.3). Paddeln Sie so weit wie möglich an den Rand der Walze und lassen sich in das grüne Wasser kippen, so daß Paddel und Oberkörper von der vorbeilaufenden Strömung erfaßt werden. An dieser Stelle ist die Chance aus der Walze gespült zu werden größer als im Zentrum.

- **Am besten ist es, hinterhältige, stark rückläufige Walzen zu umfahren.**

Natürlich ist es am besten, fiese, hinterhältige, stark rückläufige Walzen zu umfahren. Obwohl uns auch oft das Schicksal einen Streich spielt, war es doch hin und wieder auch meine eigene Neugierde, die mich in Walzen gelockt hat, die ich besser vermieden hätte. Bevor Sie in eine Walze einfahren, müssen Sie sich überlegen, wie und ob Sie wieder herauskommen. Schauen Sie, wie tief die Walzengrube im Vergleich zur Walzenkrone und zum Rand ist. Es ist sehr viel einfacher, sich aus einer 30 cm tiefen Walze herauszuziehen als aus einer 1 m tiefen. Ziehen die Ränder flußaufwärts, so ist es schwieriger das Loch zu verlassen. Die Ecken einer Walze deren Ränder flußaufwärts ziehen, sind häufig Sackgassen mit Felskanten oder hohen Wasserwänden, während sie bei flußabwärts ziehenden Rändern (sie sind die häufigeren) oft seichte abfließende Rampen bilden.

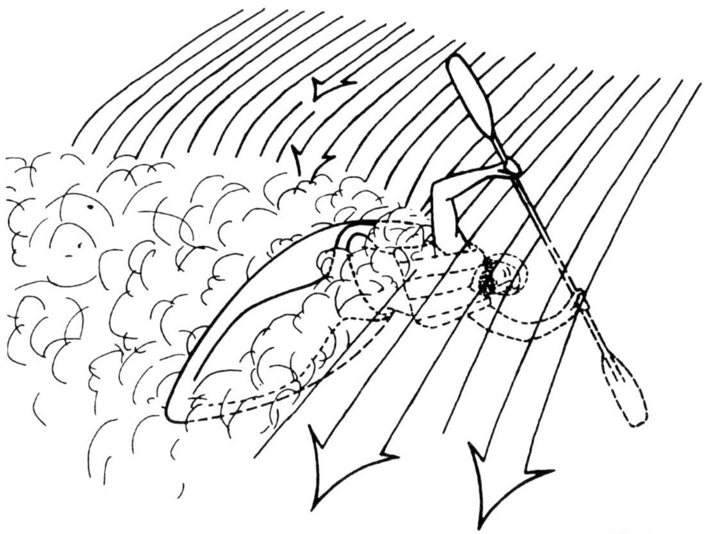

Abbildung 16.3: Ist eine Kenterung notwendig um die Walze zu verlassen, paddeln Sie so weit wie möglich an den Rand und kippen in die starke, flußabwärts vorbeiziehende Strömung. Je weiter Oberkörper und Paddel hinausgelangen, desto größer sind die Chancen, aus der Walze gezogen zu werden.

- **Tiefe Löcher mit steilen flußaufwärts zeigenden Wänden sollten vermieden werden.**

Auch sehr kleine Walzen können tiefe Walzengruben haben – Vorsicht! Solche Walzen zwingen zu starker Auslage, damit die flußaufwärtige Kante aus der Strömung bleibt. Da Sie in dieser Situation nicht mehr aufrecht im Boot sitzen können, benutzen Sie eine gehaltene Paddelstütze um die Auslage zu unterstützen. Ist das Wasserpolster tief und schaumig, wird das Paddel wenig Auftrieb erzeugen – eine recht unangenehme Situation, in der es auch schwierig ist, zu atmen. Löcher mit steilen Wänden flußaufwärts sollten vermieden werden.

Die Länge des Rücklaufs ist bei einer Walze ebenfalls ausschlaggebend dafür, wie schwer oder leicht es ist, sie zu verlassen. Fließt das schaumige Wasser auf eine Länge von mehr als 3 Metern zurück zur Walze, so ist dies schwierig bis unmöglich und man kämpft wie gegen eine riesige Toilettenspülung, die ständig gezogen wird. Walzen mit langem Rücklauf sollten immer umgangen werden.

Suchen Sie nach irgendeiner Unregelmäßigkeit in den Wänden der Walze. Bricht sich die flußabwärtige Wand regelmäßig und läßt verwirbeltes Wasser ablaufen, so bietet sich dort ein Ausgang selbst aus großen Löchern.

Natürlich gibt es kein allgemeingültiges Erfolgsrezept für das Verlassen von Walzen. Der Experte bewegt sein Kajak mit kräftigen Schlägen von einer Seite zur anderen und versucht so, durch die unregelmäßige Bewegung des Bootes selbst, einen Ausgang, eine Unregelmäßigkeit zu erzeugen. Das Boot gleitet und schwingt von einer Seite zur anderen. Wird es von einer Strömung erfaßt, lehnt sich der Paddler zusätzlich in diese Richtung oder hilft mit dem Paddel mit. Wenn Sie versuchen, sich aus einer Walze zu befreien, benutzen Sie Ihr ganzes Können. Erhöhen Sie Widerstand und Auslage und verringern Sie sie dann wieder. Paddeln Sie vorwärts und rückwärts, verlängern Sie jedesmal den Weg, bis der Widerstand von Kajak und Paddel in der abfließenden Strömung größer wird als die Kraft der Walze. Diese Aktionen sollten nicht panikartig geschehen, sondern kontrolliert und in aller Ruhe. Löcher mit starkem Rücklauf erfordern nicht Kraft sondern Technik. Ein kluger, technisch perfekter Paddler wird aus Löchern oft scheinbar mühelos herauskommen.

17 Paddeln mit den Händen in Löchern und Walzen

Es ist kein Versehen, daß dieses Kapitel am Ende steht. Hat man ein Paddel zur Verfügung, so wird es zu oft eingesetzt und man erlernt nie das Wesentliche beim Spielbootfahren. Beim Kajakfahren ohne Paddel lernt man die grundlegendsten Techniken in ihrer Reinform – man wird gezwungen, das Kajak zum Steuern zu benutzen.

Zu denken, daß Kajakfahren ohne Paddel etwas für absolute Könner ist, ist falsch. Im Gegenteil – es bietet eine hervorragende Möglichkeit, auf jedem Könnensstand ein besseres Gefühl für das Boot zu entwickeln. Experten lernen schwierigere Manöver in anspruchsvolleren Stellen, während Anfänger auf leichteren Flüssen üben.

Beim Paddeln mit den Händen ist zu beachten, daß es nicht die gleiche Kontrolle oder Sicherheit bietet; eine Handrolle läßt weniger Spielraum für Fehler und ist in Walzen nicht so zuverlässig wie eine Rolle mit Paddel. Legen Sie Ihr Paddel nie an Stellen aus der Hand, an denen es unangenehm wäre zu schwimmen.

Für Stabilität und Gleichgewicht ist es wichtig, sich im Fluß mit Paddel einfach treiben zu lassen. Setzen Sie Kanten und Auslage in größeren Wellen richtig ein, dann sind Sie bereit für eine richtige Walze. Die Handrolle gibt Sicherheit und Selbstvertrauen, ist jedoch nicht unbedingt notwendig, wenn ein Partner bereit ist, Hilfe zu leisten.

Als erstes versucht man ein gutmütiges Loch im Sidesurf abzureiten. Benutzen Sie beim Einfahren das Paddel und testen Sie die Walze erst mit einer Hand als Stütze, die andere hält das Paddel noch fest. Fühlen Sie sich sicher, werfen Sie das Paddel ihrem Partner im Kehrwasser zu. Sie werden überrascht sein, wie stabil es sich anfühlt. Beim Sidesurf ist das am wenigsten luftdurchsetzte Wasser dort wo das Unterschiff steht, so daß die Handstütze in der Nähe der Kanten erfolgen sollte. Eine Vorlage erniedrigt den Schwerpunkt und macht es einfacher, das Gewicht über dem Boot zu halten. Außerdem können die Arme weiter in das Wasser greifen. Geht der Oberkörper ganz auf das Vorderschiff (siehe Abbildung 17.1), ist es kinderleicht, das Gleichgewicht zu halten.

- **Sie werden erstaunt sein, wie stabil das Kajak in der Walze liegt.**

Ein Window Shade aus dem Sidesurf heraus ist beim Paddeln mit den Händen das einfachste Manöver; er wird durch schnelle Vorlage des Oberkörpers eingeleitet (siehe Abbildung 17.2). Durch die Vorlage ist der Kopf geschützt und der Widerstand des Oberkörpers in der Strömung minimiert, so daß das Kajak während der Rolle nicht aus der Walze gespült wird. Machen Sie sich keine Gedanken darüber, mit welcher Hand Sie aufrollen werden. Die Hand, die nach dem Kentern von der Strömung als erste an die Wasseroberfläche gedrückt wird, ist die richtige. Ein leichter Hüftknick zieht das Kajak wieder unter den Körper und in stabile Sidesurf-Position.

Schon etwas schwieriger ist es, aus einem Kehrwasser heraus in eine Walze oder Welle einzufahren. Die Hände liefern im Vergleich zum Paddel sehr viel weniger Richtungskontrolle und Vorschub, so daß im Kehrwasser bereits Anlauf genommen werden muß, um die Verschneidungslinie mit genügend Schwung zu überqueren. Das Kajak muß genau im richtigen Winkel in die Strömung einfahren. Ein Richtungswechsel nachdem das Kajak die Kehrwasserlinie überquert hat, ist schwierig. Es gibt nur wenige Paddler, die mit den Händen genügend Vortrieb erzeugen, um der Kraft der am Unterschiff angreifenden Strömung entgegenzuwirken. Der Widerstand erhöht sich, das Kajak wird abgebremst und die Strömung zieht das Boot flußabwärts.

- **Beim Überqueren einer Verschneidungslinie muß die Strömung genau in richtigen Winkel getroffen werden, so daß das Kajak den günstigsten Surfspot in der Welle nicht verfehlt.**

Sitzen Sie auf der Welle, ist das Surfen immer noch ein heikles Unterfangen. Der Surfwinkel kann nicht so gut kontrolliert werden, da die Hände die Strömung nicht so effektiv zum Boot hin oder vom Boot wegleiten können wie ein Paddel. Die zur Verfügung stehenden Hilfsmittel sind Kanten, Vor- und Rücklage, Vorwärts- und Rückwärtspaddeln und die Erhöhung des Widerstands mit Hilfe der Arme und Hände auf beiden Seiten des Kajaks. Es ist schwierig, eine Abweichung des Surfwinkels auszugleichen, so daß Korrekturen so früh wie möglich erfolgen müssen.

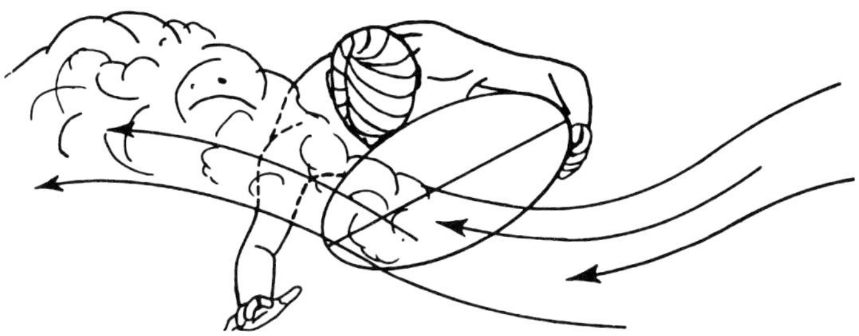

Abbildung 17.1: Beim Sidesurf bleibt die Hand zum Stützen in der Nähe des Bootsrumpfs.

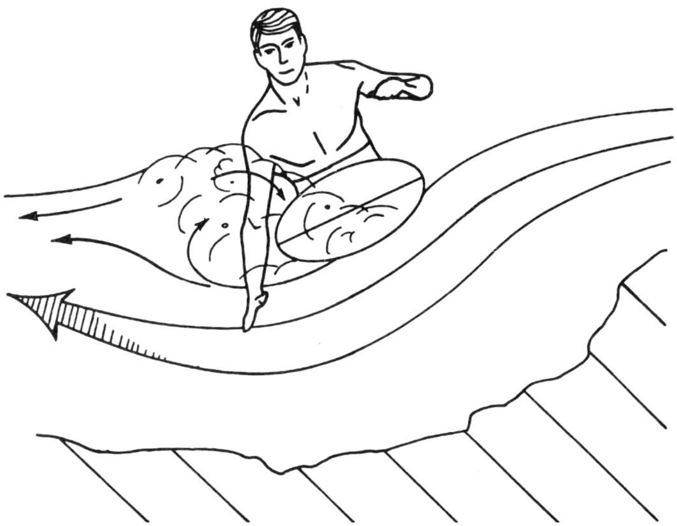

Abbildung 17.2 A: Kentert das Kajak während des Sidesurfs, bestimmt die Strömung die Seite, zu der gerollt wird. Siehe dazu auch Abbildungen 17.2 B-E

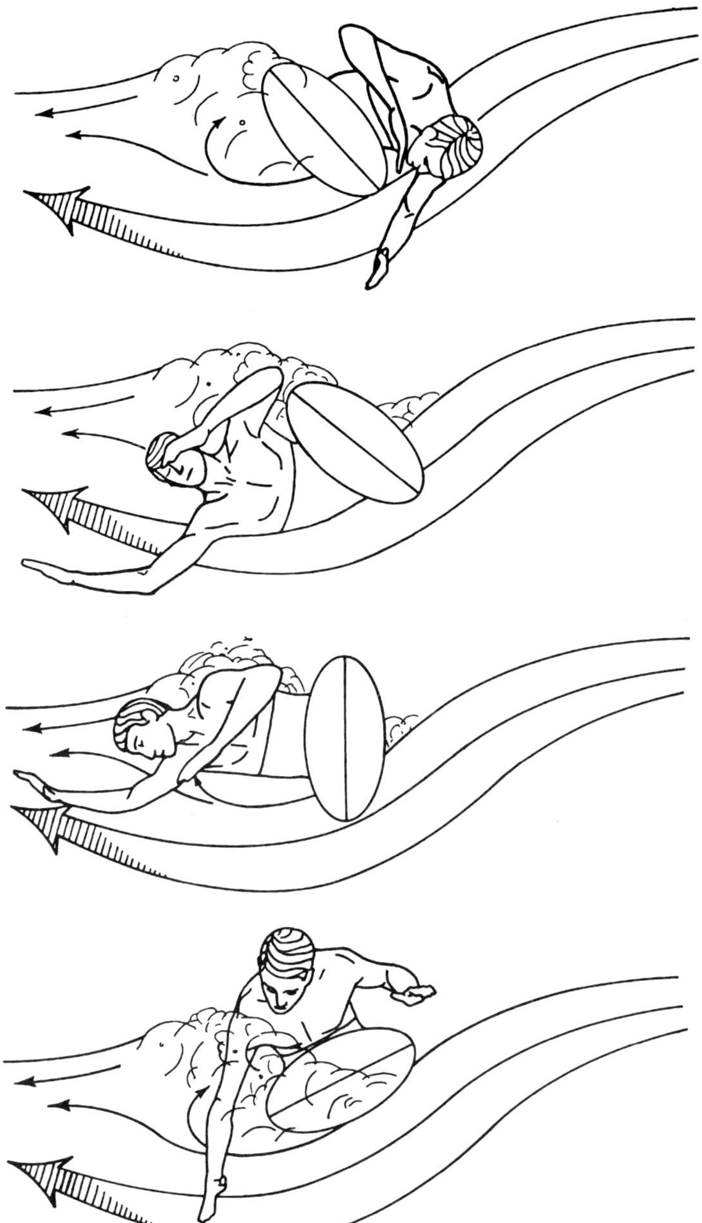

Abbildung 17.2 B-E: Bei der Handrolle unterstützt die Strömung das Kajak, ein langsamer Hüftknick zieht das Kajak wieder unter den Körper.

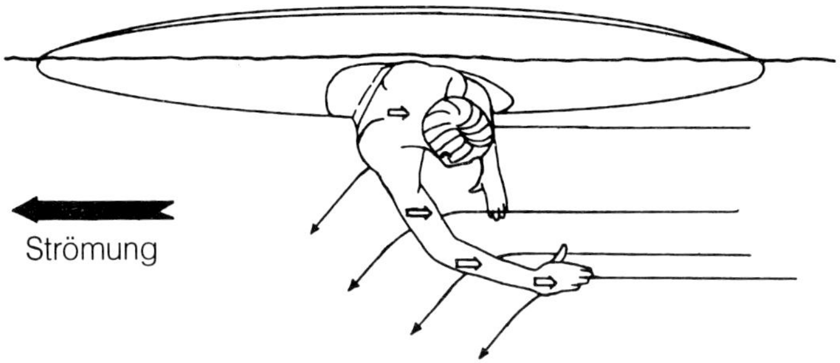

A

B

Abbildungen 17.3 A,B: Diese Abbildungen verdeutlichen den Einfluß, den die Strömung auf die Handrolle hat – zum einen, wenn Arme und Oberkörper gegen die Strömung arbeiten, zum anderen, wenn sie versuchen, in Strömungsrichtung hochzurollen. Die hellen Pfeile zeigen die Bewegungsrichtung des Körpers, die schwarzen Pfeile die Fließrichtung der Strömung. A Eine Doppelschlag-Handrolle mit Vorlage funktioniert sehr gut, wenn gegen die Strömung gearbeitet werden kann. Diese Situation tritt beim Vorwärtssurfen auf. Starker Auftrieb wird erzeugt, wenn die Strömung auf Brust, Arme und Hände trifft. B Dieselbe Rolle ist bei einer Kenterung nach dem Rückwärtssurfen wenig effektiv.

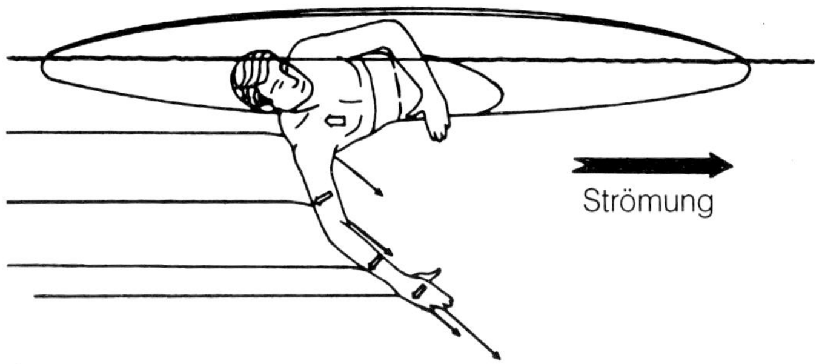

A

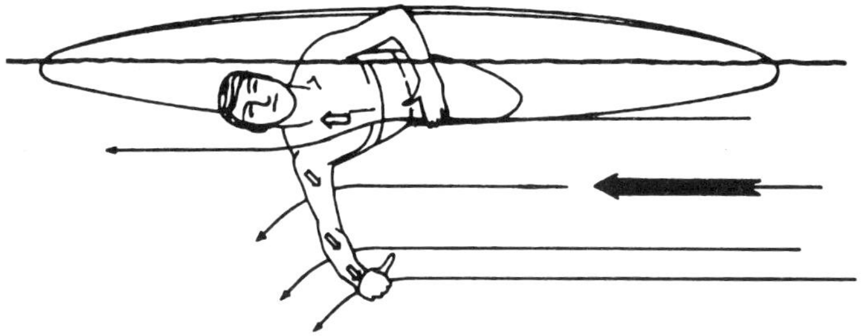

B

Abbildungen 17.4 A,B: Die Doppelschlaghandrolle mit Rücklage funktioniert sowohl gegen, als auch mit der Strömung

- **Korrekturen des Surfwinkels sind mit den Händen nur bedingt möglich. Sie müssen deshalb so früh wie möglich erfolgen.**

Ein Vorteil ist hier, daß beide Hände gleichzeitig zum Paddeln benutzt werden können. Der Handeinsatz auf der flußaufwärts liegenden Seite ist außer beim Sidesurf im Zentrum einer Walze sehr wirkungsvoll. Hier ist der Arm oft zu kurz, um in die Strömung zu gelangen. Auf Walzenkronen oder Wellenkämmen kann das Kajak um die eigene Achse gedreht werden, indem man auf einer Seite vorwärts, auf der anderen rückwärts paddelt.

Kentert das Kajak, so ist es am einfachsten, den Schwung der Kenterung mitzunehmen, in Vorlage zu gehen und auf der anderen Seite gleich wieder hochzurollen. Das Durchrollen geht ohne Paddel viel schneller. Das Aufrollen soll keine eigene Bewegung sein, sondern flüssig mit dem Kentern verbunden werden.

Ich habe festgestellt, daß die Handrollen mit Vorlage und mit Rücklage nicht immer gleich effektiv sind und daß ihre Verläßlichkeit nicht immer gleich gut ist – je nachdem, ob man beim Vorwärts- oder beim Rückwärtssurfen kentert. Um dies zu verstehen, muß man wissen, daß das Gelingen der Handrolle vom Widerstand abhängt, den Oberkörper, Arme und Hände in der Strömung erzeugen können. Kentert man beim Vorwärtssurfen und rollt in Vorlage hoch, so fängt sich die Strömung an Armen und Oberkörper (siehe Abbildung 17.3A). Die gleiche Rolle ist nach dem Rückwärtssurfen sehr viel weniger effektiv, da Hände und Oberkörper sich in die gleiche Richtung wie die Strömung bewegen (siehe Abbildung 17.3B). Die Strömung verringert den vorhandenen Auftrieb und macht die Rolle mit Vorlage ineffektiv.

Eine Rolle mit Rücklage dagegen, bietet in beide Richtungen guten Auftrieb, da die Hand entweder nach vorne oder nach hinten gezogen werden kann, um gegen die Strömung arbeiten zu können (siehe Abbildungen 17.4Aund B). Auch die meisten Spielbootfahrer benutzen die Handrolle mit Rücklage. Auf jeden Fall empfehle ich diese Technik in jeder Situation, in der die Bootsspitze bei der Kenterung flußabwärts zeigt.

Versucht man sich aus einer Walze mit den Händen zu befreien, so muß das Kajak kräftig hin- und herbewegt werden. Bei Rückwärtsschlägen kann wesentlich mehr Kraft ausgeübt werden. Sind Sie also in einer Walze gefangen, paddeln Sie mit den Händen zunächst so weit wie möglich vorwärts, dann rückwärts (wenn möglich mit beiden Händen, ohne die flußaufwärts liegende Kante abzusenken). Am Rand der Walze erreichen beide Hände leichter das Wasser und können das Kajak auf die Walzenkrone oder aus der Walze herauspaddeln.

Können Sie das Boot aufrecht sitzend nicht stark genug beschleunigen, so versuchen Sie so weit wie möglich an die Außenseite der Walze zu gelangen und sich dann in die vorbeiziehende Strömung kippen zu lassen. Richten Sie dann den Oberkörper auf und strecken Sie die Arme aus. Auf diese Art und Weise kommen Sie am ehesten aus einem tiefen Loch wieder heraus, auch wenn Sie dann weiter flußabwärts wieder aufrollen müssen.

Dieser kurze Abriß sollte genügen, um Ihnen einen Überblick zu verschaffen, was Sie auf einer Welle ausprobieren können und wo die Grenzen sind. Mit einem guten Gefühl für das Kajak werden Sie mit verschiedenen Techniken experimentieren können, ohne gleich die Balance zu verlieren. Was Sie dabei lernen, wird einen beachtlichen Einfluß auf Ihren Paddelstil, Ihr Selbstvertrauen und Ihre Erfahrung im Wildwasser haben. Sie werden den Unterschied zwischen zwei Paddlern entdecken, von denen der eine auch einmal ohne Paddel trainiert. Auch wenn beide die gleiche Figur ausführen, wird es bei diesem flüssiger und spielerischer aussehen.

Über den Autor

Paul Dutky begann mit dem Kajakfahren als er in Tennessee lebte, von fort aus befuhr er eine große Reihe von Flüssen im Südosten, bis er 1988 nach Washington zog. Seine Kajakabenteuer haben ihn durch sämtliche Bundesstaaten der Rocky Mountains, nach British Columbia, Costa Rica und Chile geführt. Er arbeitet als Notarzt und lebt in Bremerton im Bundesstaat Washington.

Schlußwort

Mein persönliches Interesse beim Kajakfahren liegt in der Analyse dieser Sportart. Mich faszinieren Fragen wie: Warum gelingt manchen Paddlern die Rolle im ruhigen Wasser problemlos, im bewegten jedoch nicht? Bei der Rolle ziehe ich das Paddel von vorne nach hinten – könnte ich das Paddel nicht auch in der umgekehrten Richtung durch das Wasser ziehen? (Ja, natürlich). Warum fällt einigen Paddlern die Rolle in manchen Kajaks schwerer als in anderen? Und am faszinierendsten ist natürlich die Frage: Warum kann er/sie etwas, das ich nicht schaffe?

Es bereitet mir großen Spaß, die Lösungen dieser Puzzles zu ergründen, besonders wenn ich in einem Kajak sitze, das eine andere Form hat. Ich stelle mein gesamtes Konzept jedesmal wenn ich einen Fluß befahre, neu auf die Probe. Ich habe durch diesen Prozeß sehr viel gelernt, aber ich bin von meinen Erkenntnissen weniger beeindruckt als von der Tatsache, daß ich meinen Standpunkt sehr oft ändern mußte.

Viele Paddelmanöver, die schwierig zu erlernen sind, und deren Perfektion selbst fortgeschrittene Paddler vor Schwierigkeiten stellt, (zum Beispiel die Rolle im Ernstfall oder das Verlassen von Walzen) haben einen Punkt gemeinsam: das Paddel wird zu oft eingesetzt, um schlechte Bootstechnik zu kompensieren. Diese Tatsache überrascht nicht sehr. Das Paddel ist ein greifbares Hilfsmittel, während Gefühl für das Boot dem Beobachter oft verborgen bleibt. In diesem Buch habe ich versucht, das Bewußtsein dafür zu stärken, wie das Kajak selbst benutzt werden kann, um Stabilität und Balance zu verbessern, sei es nun beim Stützen oder beim Spielen in einer Walze. Sie können diese Anregungen kritisch betrachten und testen. Dadurch werden Sie ein eigenes Gespür bezüglich guter und schlechter Technik entwickeln.

Die Gegebenheiten des Flusses können nicht verändert werden, deshalb müssen wir lernen, uns daran anzupassen. Kajakfahren ist logisch, der Verlauf des Wassers folgt natürlichen Gesetzen, und die Kräfte, die auf uns und unser Kajak einwirken, sind zwar gewaltig, doch wir können sie verstehen und uns zunutze machen. Ich hoffe, dieses Buch hat zu einem Verständnis des Zusammenspiels von Kanten und Gleichgewicht beigetragen. Ein gutes Gefühl für das Boot wird Ihnen helfen, Flüsse spielerisch zu befahren und nicht gegen sie ankämpfen zu müssen.

- **Schwierige Bootsmanöver scheitern oft am gleichen Problem: Das Paddel wird zu stark eingesetzt um schlechte Bootsbeherrschung zu kompensieren.**

Der Flußknigge

Vorsicht und Rücksichtnahme beim Paddeln sind dann wichtig, wenn man beginnt, sich längere Zeit an Spielstellen aufzuhalten. Diese ‚ungeschriebenen Gesetze' sind für erfahrene Paddler ein ‚alter Hut', jedoch nicht für Neulinge.

Als Anfänger war ich heilfroh, wenn ich es geschafft hatte, in einem Kehrwasser anzuhalten. Es war mir egal, wie ich hineinkam, oder wieviele Kajaks bereits darin warteten. Ich erinnere mich auch an Situationen, in denen ich in einem Kehrwasser saß und mir Mut machen mußte bevor ich mich in eine Welle wagte, oder in starke Strömung einfuhr. Als ich dann das Kehrwasser verließ, erschrak ich oft, wenn ich direkt hinter mir einen anderen Paddler sah. Allein Erfahrung verleiht uns die Fähigkeit und das Selbstvertrauen, vorausschauender zu fahren und unsere weitere Umgebung im Auge zu behalten. Hier einige Verhaltensregeln:

1. Die Paddler in der Strömung flußaufwärts haben Vorfahrt, spielt man also auf einer Welle und ein Paddler oder ein Raft sind flußaufwärts zu sehen, verläßt man die Welle und läßt sie durch. Man sollte nie kurz vor einem anderen Paddler, der sich flußaufwärts befindet, aus einem Kehrwasser ausfahren.
2. Sieht man bei der Befahrung eines Flusses einen Paddler flußabwärts surfen, fährt man ein Kehrwasser an und wartet dort so lange, bis er die Welle verlassen hat. So nimmt man Rücksicht und hat gleichzeitig die Möglichkeit, die gleiche Spielstelle auszuprobieren.
3. Fährt man in ein Kehrwasser ein, sollte dies möglichst oberhalb oder unterhalb der anderen Paddler geschehen. Warten einige Paddler hintereinander im Kehrwasser, so verläßt man das Kehrwasser unterhalb des letzten Paddlers.
4. Es ist durchaus üblich, in einer Walze mitten im Fluß unvermittelt anzuhalten, um darin zu spielen – aber nur solange andere Paddler nicht direkt hinter uns sind. In so einem Fall sollte man in einem Kehrwasser oberhalb der Welle oder Walze anhalten und warten, bis die anderen vorbei sind.
5. Sowohl im Kehrwasser als auch in der Strömung sollte man sein Boot soweit beherrschen, daß man andere Paddler nicht anfährt oder aufspießt.
6. Beim Surfen sollte man sich auf 1 bis 2 Minuten beschränken, wenn andere Paddler am Ufer warten. Es macht wesentlich mehr Eindruck, wenn man mit einem Lächeln auf dem Gesicht seine ‚Moves' schnell und sauber fährt, anstatt minutenlang nur in einer Welle zu sitzen.
7. Auch wenn ein Paddler aus einer anderen Gruppe in Gefahr gerät, so muß sofort Hilfe geleistet werden, vorausgesetzt das persönliche Können erlaubt dies. Warten Sie nicht bis jemand anders die Initiative ergreift.

Pollner Verlag

Rotdornstraße 7
85764 Oberschleißheim
Fax 089/315 18 90

Der Verlag für gute Kanubücher!

Die Steirische Salza
Ein Naturparadies in Österreich

von Prof. H. Matz — *Preis: 24,– DM*

96 Seiten, 32 farbige- u. 16 einfarbige Abbildungen, 10 Kartenskizzen

Ein Urlaubsführer der allen Facetten des steirischen Salzatals seine Lichtpunkte aufsetzt. Was immer der Text, oder das Objektiv der Kamera erfaßt - den herrlichen Fluß mit seinen Wildbachtrabanten, die Bergseen, oder die geheimnisumwitterten Höhlen – stets ergibt sich ein faszinierendes Bild aus dem farbigen Mosaik des größten Naturschutzgebietes Österreichs.
Bergwanderungen im Bereich des Hochschwabs und der Zeller Staritzen sind ebenso Inhalt des Buches wie romantische Höhlenbesuche, sportliche Kajakfahrten und Touren mit dem Rad.

Durch Österreichs Schluchten – Kajakfahrten und Wanderungen

von Prof. Hans Matz

In diesem Buch führt Prof. Hans Matz seine Leser in die romantische und geheimnisvolle Welt der Schluchten Österreichs. Der Bogen der vorgestellten Klammen und Schluchten spannt sich dabei von kleinen Felsengen im Bregenzer Wald über die figurenreichen Alpenschluchten Tirols bis zu den versteckten Flußklammen Kärntens und der Voralpen. Die trotz ihrer Sachbezogenheit anregenden und fesselnden Beschreibungen vermitteln dem Leser neue Eindrücke aus verborgenen Landschaftsteilen der Alpen und eröffnen ihm bisher wenig bekannte Erlebnisbereiche. Der Verfasser schildert nicht nur Kajakfahrten durch tief eingeschnittene Täler und enge Felsklammen, sondern er zeigt auch dem Fußgänger den Weg durch die Schluchten über Stege, Galerien und Leitertreppen. Begleitet werden die informativen Darstellungen von aussagekräftigen Bildern, die Naturell und Eigenart jeder Klamm, oder Schlucht aus attraktiven Blickwinkeln präsentieren.

Österreichs schönste Wasserfälle

von Hans Matz

168 Seiten, 77 ganzseitige Farbbilder, 23,5 x 22 cm

Aus den weit über 700 größeren und kleineren Wasserfällen Österreichs hat der Verfasser für den vorliegenden Band 75 ausgewählt. Sie werden mit großformatigen Farbaufnahmen vorgestellt, in denen die Atmosphäre und das Wesen jedes einzelnen Falls vortrefflich erfaßt sind. Neben den Bildern bieten Orientierungskarten einen geografischen Überblick, während Fallhöhe, Schüttung, geologisches Umfeld, Anstiegsweg oder günstigste Besuchszeit einer zusammenfassenden Übersicht zu entnehmen sind.

Lustige Kajakschule

von W. Nealy — *3. Auflage*
180 Seiten, 24 x 17 cm, Fadenheftung, reich illustriert — *29,– DM*
Wieder so ein Kajaklehrbuch?

Nein, Nealy´s spitzer Zeichenstift zeigt einen überreichen Erfahrungsschatz aus Wildwassererlebnissen in lustigen und lehrreichen Skizzen. Den Wildwasserneuling sowie auch den mit allen Wassern gewaschenen Könnern ermöglicht das neue Einblicke. Walzen, Wasserfälle, Sicherung, Selbstrettung und Paddlerlatein sind Schlagworte seiner Sammlung an Tips und Tricks für´s Kajakleben. Kurze, wichtige Infos mit einprägsamen Bildern ersetzen lange Erklärungen. Auf 180 Seiten finden Sie die jahrzentelange Erfahrung als Anleitung zum sicheren Wildwasserfahren. So deutlich zeigt´s keiner – dabei mit viel Witz bei allem Ernst.

T-Shirts **für alle Nealy-Fans**

Motive: 1. Rodeo von Foxi, 2. Schaumdeuten, 3. Walze, 4. Waschmaschine, 5. Walzenlady von W. Nealy

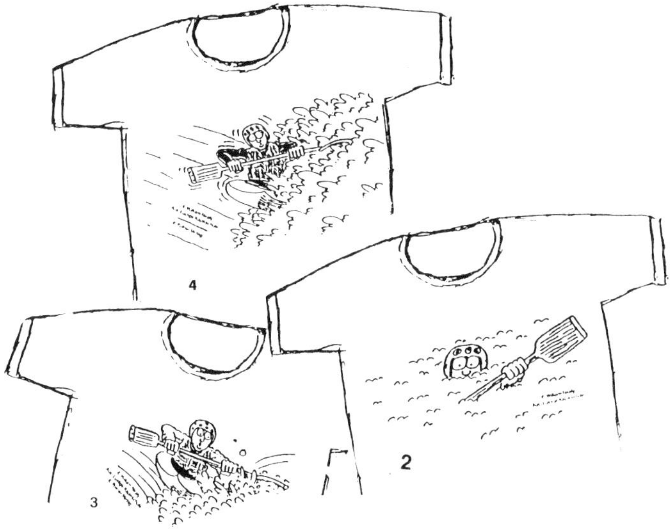

Aufkleber

2,90 DM

Motive: 1. Rodeo von Foxi, 2. Schaumdeuten, 3. Walze, 4. Waschmaschine, 5. Walzenlady von W. Nealy

Kajak-Blindflug

von A. Foxy, 128 Seiten

Er zeigt die wahren Ereignisse des Wildwassersports auf. Sein feinsinniger schwarzer englischer Humor zeigt die Techniken, die Du lernen wirst, die Charaktere, die Dir begegnen werden und die Erzählungen, die Du hören wirst...und sie sind phantastischer als jeder Wasserfall, den Du je sehen wirst.

Skikatastrophen

von W. Nealy, 128 Seiten

Der bekanntest Sportcartoonist der USA hat mit seinem spitzen Stift den Skiwahnsinn auf- und neben der Piste aufgezeigt. Es ist ein Sammelwerk der unglaublichsten Stürze, Fuzzi-Fahrtechniken und Lifterlebnissen! Seine Tips geben gezielt Hilfe, den Skiwahnsinn zu überleben.Mountainbike - Fahrtechnik

Mountainbike - Fahrtechnik

Vom Anfänger zum Könner

von W. Nealy — *19,90 DM*

Alle Tips und Tricks, die jedem Einsteiger zeigen, wie er es zum Könner bringen kann. Seine Zeichnungen und Erklärungen zeigen auf einfache Weise auf was es ankommt. Sein humorvoller Zeichenstil zeigt: Lernen kann auch Spaß machen.

Pollner Verlag
Rotdornstraße 7
85764 Oberschleißheim

Eine freie Rheinfahrt

von Walther von Diest, 56 Zeichnungen, 144 Seiten, 22 x 15,5 cm

Im Sommer 1881 unternahm Walter von Diest mit seinem Freund Ernst von Pfeffer im Kajak eine große, mehrwöchige Wanderfahrt auf dem Rhein, von Biberich nach Antwerpen. Die farbige Schilderung seiner Erlebnisse, die uns – das Paddelboot gleichsam als ‚Zeitmaschine' benützend – in die längst versunkenen Tage unserer Kanu-Pioniere zurückversetzen, veröffentlichte er 1883 unter dem Titel ‚Eine freie Rheinfahrt' in Buchform. Die 56 beigegebenen, meisterhaften Illustrationen von namhaften zeitgenössischen Künstlern vermitteln Streiflichter von einer geruhsamen Zeit.

Seekajak Handbuch

Nigel Foster
150 Bilder, 170 Seiten — *38,– DM*

Das ‚Seekajak Handbuch' ist ein detailliertes, modernes Lehrbuch über diese faszinierende Sportart. Anhand zahlreicher Illustrationen und spezieller Fotos informiert es über Eigenschaften und richtige Verwendung der einzelnen Ausrüstungsteile, sowie über Sicherheitsfragen und Paddeltechniken in den jeweiligen Situationen. Das Handbuch des Seekajakfahrens beschreibt unter Einbeziehung der Gezeiten, Strömungen, Wellen und des Wetters die Planung von Touren und Expeditionen.

Canyoning

von Alfons Zaunhuber
27 Farb-, 10 SW-Bilder, 112 Seiten

Ausrüstung - Technik und Sicherheit - Schwierigkeitsgrade - 20 Canyons im Einzelportrait - 40 Canyons in Kurzbeschreibungen.

Das erste deutschsprachige Handbuch für Schluchtenbegehungen.
Schluchten und Klammen sind eine faszinierende Erlebniswelt. Seit über 100 Jahren treibt es Forscher und Naturfreunde in die Tiefen der geheimnisumwitterten Canyons. Doch erst in den letzten Jahren ist das Schluchtengehen in den Blickpunkt der Öffentlichkeit gerückt. Canyoning ist sowohl Sport als auch Naturerlebnis mit einer Prise Abenteuer.

Rettet die Flüsse

von Bernd Uhrmeister, ca. 180 Seiten — *DM 19,90*

Einst überzog ein Geflecht frei dahinströmender Flüsse und Bäche unsere Erde, prägte die Landschaft und beherbergte eine vielfältige Tier- und Pflanzenwelt. Erste Wunden in dieses Paradies schlug die zu Beginn des Jahrhunderts einsetzende Nutzung der Wasserkraft zur Stromerzeugung. Die stürzenden Wasser der Fälle verschwanden im Druckrohr. Das Fließen erstarrte im Stau. In den Ausleitungsstrecken verweste das Restwasser in fauligen Lachen.

Eine Ahnung von der Schönheit unserer Flüsse aufleuchten zu lassen, ihre Gefährdung zu verdeutlichen, den Widerstand gegen ihre Zerstörung anzufachen und den Einsatz für ihre Erhaltung zu wecken, das sind die Anliegen dieses Buches.

Wandern **Radfahren** **Kanu**

Fordern Sie unseren Prospekt an!

Pollner Verlag

Rotdornstraße 7
85764 Oberschleißheim
Fax 089 / 315 18 90

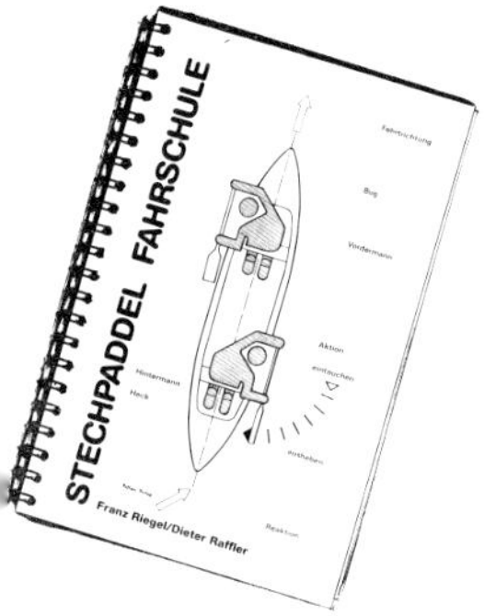

Kinderbücher:
- .. Mond trifft Sonne
- .. Mirabella

Berge:
- .. Karwendel-Panoramen
- .. Gleitschirm total

Foto Film Reisen:
- .. Fernweh Bd. 1
- .. Fernweh Bd. 2
- .. Nationalpark Neusiedler See Bd. 1 - Frischer Wind ...
- .. Nationalpark Neusiedler See Bd. 2 - Panorama Pannonien
- .. Die schönsten Wasserfälle Österreichs
- .. Rettet die Flüsse

Kalender:
- .. Wildwasser-Kalender

Kanuführer:
- .. Durch Österreichs Schluchten
- ... Französische Alpen
- ... Marokko
- .. Korsika I
- .. Korsika II
- .. Wildwasserperlen I Schwarzwald
- .. Wildwasserperlen II Schwarzwald,
- .. Jura, Vogesen
- ... Wildwasserperlen der Hochalpen
- ... Kanuwandern in Schleswig-Holstein
- Neu .... Kanuwandern durch die Mark Brandenburg
- ... Steirische Salza
- .. Der Kamp
- .. Loire
- .. Kanutouren zwischen Ardennen u. Rhön
- .. Kanu- u. Schluchtenführer Tessin
- .. Wildwasserführer Piemont
- .. Traumbäche u. Schmunzelgeschichten
- .. Kanu Total

Sport/Technik :
- .. Lustige Kajakschule
- .. Stechpaddelfahrschule
- .. Schlauchboote: Fahrtechnik – Wildwasser
- .. Seekajak Handbuch
- .. Canyoning – Bergsport im Wasser

Sport-Cartoon´s:
- .. Kajak-Blindflug
- .. Lustige Mountainbike Tips
- .. Skikatastrophen v. W. Nealy
- .. Klettern ist die Hölle v. T. Knight
- .. Ein blauer Planet ist schwer zu finden

Kanu-Literatur:
- ... Das baldverlorene Paradies v. Rittlinger
- .. Der Hadernkahn
- .. In den Schluchten Europas
- .. Eine freie Rheinfahrt

Mountainbike:
- .. Mountainbike Fahrtechnik
- .. Biketrails: Karwendel, Rofan, Mangfallgebirge
- .. MTB Touren um Garmisch-Partenkirchen

Englische Bücher:
- . Alone at See v. H. Lindemann

Klettern ist die Hölle

von T. Knight

Das erste Klettercartoon in Deutschland! Tami Knight´s Schwarzer Humor bringt den Kletterwahnsinn von heute auf eindringliche Weise voll rüber.

Lustige Mountainbike-Tips

von W. Nealy, 128 Seiten

Der Cartoonspezialist William Nealy hat mit spitzem Zeichenstift seine über zehnjährigen Biker-Erlebnisse aufgespießt.

Tessin

von Gert Spilker

Führer – Kanufahren, Canyoning, Wandern, Sehenswertes

Als ‚Sonnenstube der Schweiz' ist das Tessin Millionen von Sommertouristen bekannt. Daß man aber in den glasklaren Bergflüssen herrlich baden, klettern und kajakfahren kann, daß einige der engen, dunklen Felsenschluchten bis heute unerforscht sind und daß die oberitalienischen Seen sich für einen wochenlangen Kanu-Urlaub ganz hervorragend eignen, ist den meisten Aktiven bisher entgangen.

Fordern Sie unseren Prospekt an!

Pollner Verlag

Kanuführer Französische Alpen – Auf wilden Wassern

von Jean Magdinier u. Sven Grimpe 38,– DM

200 Seiten, Fadenheftung, 44 Farb- und 55 SW Fotos, 6 Cartoons

Jean Magdinier, ein mit allen französischen Wildwassern gewaschener Kanute, und Sven Grimpe haben zusammen einen Wildwasserführer über dieses faszinierende, an landschaftlichen Höhepunkten reiche Wildwassergebiet geschrieben. 61 Wildwasserflüsse werden mit kurzem Text und Lageskizze sowie Angaben über Streckenlänge und Schwierigkeiten vorgestellt. Das Besondere dieses Führers sind die 99 Bilder, davon 44 in Farbe. Die Fotos vermitteln durchwegs die hinreißende Stimmung, wie sie die Flußlandschaften der Provence oder des Dauphiné ausstrahlen. Charakter und Atmosphäre der Wildflüsse kommen in den Fotos intensiv zum Ausdruck, sodaß man sich in die Schluchten und Klammen hineinversetzt fühlt.

natur freunde kanu

„Die Naturfreunde" seit 1895 für die Erhaltung der natürlichen Lebensgrundlagen.
Im Bemühen um Sicherheit im Kanusport seit 25 Jahren Ausbildung von Kanusportlehrwarten.
Erlebnisse im Kreise Gleichgesinnter.
Aus- und Fortbildungslehrgänge; Intensivlehrgänge für Kanusportler, Betreuung in Kleingruppen.
Außerdem: Wandern, Bergsteigen, Wintersport, Foto, u.v.a.m.

Touristenverein
Die Naturfreunde
Landesverband Bayern

Kraußstraße 36
90443 Nürnberg

Tel.: (09 11) 23 70 50
Fax: (09 11) 2 37 05 10

Landesfachgruppe:

Manfred Memmert
Dollmannstr. 76

91522 Ansbach

Tel.: (09 81 74 57
Fax: (09 81 74 58
e-Mail:
09817457-0001@t-online.de

ROBSON
WHITEWATEREQUIPMENT
ROBSON - TROCKENPACKSÄCKE
wasserdicht, verschweißte Nähte,
expeditionserprobt,
12 / 20 / 40 / 60 Liter
50 Liter mit Netztasche
80 Liter mit einemSchultergurt
100 Liter mit zwei Schultergurten
Mega-Sports Vertriebs GmbH • Bayerwaldstraße 2 • D-94209 Regen • Tel: 09921-6313 Fax: 09921-1464 e-mail: Robson @ t-online.de

ROCKIT
KATALOG GRATIS 08031/3037-0
WWW.PRIJON.COM
Kompaktes Extremkajak
Hochleistungsthermoplast
HTP
Made by Prijon
5 Jahre Garantie, Rücknahme lebenslang
PRIJON Kayaks
Wurfsackhalterung unter dem Oberschiff
breites, flaches Hinterschiff
Sitz und Schenkelstützen sind verstellbar
deutlicher Scoop
WERBE@GENTUR
ROCKIT
Technische Daten
Maße 285 x 65 cm
Gewicht ca. 17 kg
Volumen 250 l
Fahrer 50-100 kg
Süllrand 81 x 45 cm
Ausstattung
Sitz und Schenkelstützen verstellbar, Integralgriffe, Wasserablaßschraube, Wurfsackhalterung unter dem Oberschiff, Prallplatte aus Aluminium
PRIJON®